本书是多个项目的结项成果，并获得相关资助：

四川师范大学学术著作出版基金资助；

四川中小学教师师德研究中心重点项目："全国教书育人楷模"中学教师的群像研究（CJSD21-1）；

重庆市儿童发展与教师教育研究中心重点项目："全国教书育人楷模"乡村教师群像研究（JSJY2102）；

四川乡村教育发展研究中心重点项目："全国教书育人楷模"乡村教师群像研究（SCXCJY2023A03）；

四川义务教育高质量发展研究中心重点项目："全国教书育人楷模"义务教育阶段教师群像研究

（YWZD-2023-02）；

农村幼儿教育研究中心一般项目："全国教书育人楷模"学前教育教师的群像研究（NYJ20220606）；

四川中小学教师专业发展研究中心一般项目："全国教书育人楷模"小学教师的群像研究

（PDTR2021-03）；

四川高等职业教育研究中心专项项目："全国教书育人楷模"职业教育教师的群像研究（GZY21B17）；

成都市工匠文化研究中心一般项目："全国教书育人楷模"职业教育教师的工匠精神研究（2021YB13）；

四川特殊教育发展研究中心一般项目："全国教书育人楷模"特殊教育教师的群像研究

（SCTJ-2021-B-04）；

广东海洋大学校级课题一般项目：高校"全国教书育人楷模"教师群像研究（GDOUSD2021YB02）；

四川省教育厅高校思想政治工作队伍培训研修中心（西南交通大学）思政专项项目："最美高校辅导

员"成长路径研究（CJSFZ22-68）；

四川省教师教育研究中心一般项目："全国教书育人楷模"中校长群像研究（TER2022-021）；

统筹城乡教育发展研究中心一般项目：乡村教师生命历程研究（TCCXJY-2022-C24）；

四川省教育发展研究中心一般项目：中西部地区"全国教书育人楷模"教师群像研究（CJF21015）。

"全国教书育人楷模"
教师生命历程研究

"全国教书育人楷模" 教师群像研究课题组 / 著

社会科学文献出版社
SOCIAL SCIENCES ACADEMIC PRESS (CHINA)

"全国教书育人楷模"教师群像研究
课题组

负责人

李 攀　易 静

成 员

陈思睿	杨丝洁	刘 鲸	胡若雪	陈 静	陈 勇
苟梦琪	胡志颖	兰天鸿	李 佳	李建平	李明蔚
刘晨曦	刘燕芳	刘禹希	马姝漫	苏 意	唐婼灵
王 倩	肖小杰	熊 婷	杨亦菲	余 莉	邹 娟
张星祎	张建成	赵雨萍	赵 俊	蒋 莹	陈方媛

前　言

伟大的时代呼唤伟大的精神,崇高的事业需要榜样的引领。习近平总书记指出,"老师应该有言为士则、行为世范的自觉,不断提高自身道德修养,以模范行为影响和带动学生,做学生为学、为世、为人的大先生,成为世人效法的榜样"[1]。党的十八大以来,我国教师队伍规模日益壮大,结构更趋稳定,素质不断提高,为推进教育强国建设提供了有力支撑。"全国教书育人楷模"集中体现了新时代人民教师贯彻党的教育方针,牢记立德树人初心,为党育人、为国育才,坚守岗位、无私奉献的精神,是广大教师和教育工作者的杰出代表,书写了新时代铸魂树人新篇章。

数往而知来,新时代教师队伍建设路向应在理论研究和实践探索中不断明晰。研究总结"全国教书育人楷模"群像的成长路径、精神品质、专业特质、职业特征能够帮助我们厘清高素质、专业化教师队伍发展的理论智慧和实践方案。《"全国教书育人楷模"教师生命历程研究》一书聚焦自2010年《教育部关于向全国教书育人楷模学习的决定》文件发布至今在高校、职教、中小学、学前、特校等各级各类教育领域涌现的全国教书育人楷模共143位。我们收集的"楷模教师"典型案例共432个,运用生命历程理论,从社会学、历史学等学科视角,通过对"楷模老师"出生组、转换、轨迹、生命事件、转折点进行梳理和提炼,对其生活轨迹进行了深入描述和理论阐释。

研究分为四个部分。第一部分为生命历程理论视野下的教师专业成

---

[1] 《好老师要做到学为人师行为世范》,中国教育新闻网,2022年9月10日,http://m. jyb. cn/rmtzgjyb/202209/t20220910_2110945315_wap. html。

长，主要对生命历程理论演进的历史脉络以及"楷模教师"专业发展的实践路向进行了分析。第二部分为"楷模教师"学段分布特征及启示，对学前、小学、中学、高校、中职、高职以及特殊学校"楷模教师"群像进行了分析。第三部分为"楷模教师"区域分布特征及启示，对东部地区、中部地区、西部地区"楷模教师"群像进行了分析。第四部分为"楷模教师"角色分布特征及启示，对乡村"楷模教师"、少数民族地区"楷模教师"、"楷模教师"中校长群像、女性"楷模教师"群像进行了分析。从理论研究到鲜活的实践分析，比较全面、客观地总结了不同"楷模教师"群体的成长轨迹、专业特质和有益启示，可以说是对不同群体的"楷模教师"进行了较为精准的"画像"。

本书期盼通过深入研究"全国教书育人楷模"的生命历程，可以为教育高质量发展提供可推广的经验和启示，能够提升社会对教育事业的认同感和对教育工作者的尊重度，能够更好地宣传和弘扬教育事业的价值观和精神风貌，能够为各学段教师职业发展提供借鉴和参考，激励广大教师更好地发挥自身的专业特长，在职业生涯中不断进步和成长。

课题组

2022 年 12 月 29 日

目录
Contents

第四部分　"楷模教师"角色分布特征及启示

导　论

一　研究缘起

　　站在"两个一百年"奋斗目标的历史交汇点上，教师教育之于中华民族伟大复兴的历史意义尤为凸显。2020 年 10 月，党的十九届五中全会审议通过了《中共中央关于制定国民经济和社会发展第十四个五年规划和二〇三五年远景目标的建议》，明确了"建设高质量教育体系"的发展目标。教育的高质量发展是更全面、更均衡、更优化的发展。我国地域广袤，城乡地区发展差异尤为显著，要推动我国教育事业整体高质量发展，构建出相对优质均衡的教育体系格局，关键是保障广大相对滞后的乡村地区教育达到合理的质量水平。在振兴乡村教育事业火热开展的当下，乡村地区师资队伍的缺口却越来越大。一方面，教师流动的速度加快。尽管城乡差距不断缩小，东西部地区的经济发展也在不断走向均衡，但发达地区的优秀师资人才虹吸效应仍然突出存在，这就使得中西部地区和乡村地区的骨干教师跨区域流出。另一方面，当前培养的面向中西部乡村的公费师范生很难在刚接受完高等教育之后，赓即成为实践技能与知识储备同样卓越的专家型教师。师资队伍是兜住整个乡村教育高质量发展底部的关键，专家型教师流出速度快，新手教师成长速度较慢，特别是新手教师"下不去、留不住、教不好"的现象，势必导致中西部欠发达地区师资队伍的青黄不接。因此，我们需要通过对 2010 年以来由教育部联合权威媒体面向公众评选出来的百余位"全国教书育人楷模"的先进事迹进行质性研究，梳理其成长轨迹、职业历程和贡献，挖掘该类群体能够数十年如一日地坚守初心、扎根一线且一心扑在欠发达地区教育事业上的根源，进而为现有的师范毕业生能够"下得去、留得住、教得好"提供适恰建议。

二 概念界定

2010 年教师节前夕，"为贯彻落实全国教育工作会议精神和《国家中长期教育改革和发展规划纲要（2010—2020 年）》，大力弘扬人民教师的高尚师德，激励广大教师和教育工作者积极投身教育改革发展实践，在全社会进一步营造尊师重教的良好风尚，努力建设一支高素质专业化教师队伍，促进教育事业科学发展"①，教育部、中央媒体组织开展了第一届"全国教书育人楷模"评选活动，至 2022 年已开展 13 届。通过各省级教育主管部门评选、推荐，经由包含家长和学生在内的社会各界人士的公开票选、评选委员会严格评选、评选工作领导小组审定等程序，每年有 10 名教师（2013 年、2017 年、2020 年、2022 年除外，这四个年度分别评选出 18 人、11 人、12 人、12 人）当选"全国教书育人楷模"（以下称为"楷模教师"）。"楷模教师"来自学前教育、基础教育、特殊教育、高等教育、职业教育等多个领域和 31 个省（区、市），其中四川省共有 12 名"楷模教师"，高居榜首。

三 研究综述

（一）十年来"楷模教师"的研究综述

1. 关于在教育系统树立楷模的动因研究

首先，一线教师数量和质量的提升速度难以匹配当前经济社会的迅猛发展速度，补充教师资源成为"时代的迫切要求"。"我国教师的整体素质还不能完全适应新时期教育改革和发展的需要，不能完全适应建设教育强国、人力资源强国的需要，离高素质、专业化的要求还有较大的差距。让更多的优秀教师成长起来、涌现出来，是时代的迫切要求，是人民的殷切期盼。"②

其次，从教师个体专业发展的内生角度来看，只有个体发展了，教师队伍才能高质量发展，因此树立楷模也是教师个体发展的需要。"教师是推动教育事业科学发展最重要、最关键、最基础的力量。造就一支师德高

---

① 《教育部关于向全国教书育人楷模学习的决定》，中华人民共和国教育部网站，2010 年 9 月 6 日，http://www.moe.gov.cn/srcsite/A10/s7058/201009/t20100906_108817.html。

② 本刊评论员：《向全国教书育人楷模学习》，《中国民族教育》2011 年第 10 期，第 1 页。

尚、业务精湛、结构合理、充满活力的高素质专业化的教师队伍,是搞好教育改革和发展的关键。"① 还有人认为,优秀教师的成长需要依托外在环境。树立楷模实质上是在为优秀教师创造良好的成长环境。"优秀教师是教育事业最宝贵的资源。楷模的成长不是一蹴而就的,需要时间培养,需要有良好的成长环境。民族地区的教育行政部门要满腔热情地关心、支持教师成长,激发和保护教师投身教育改革创新、推动教育事业科学发展的积极性和创造性,努力改善教师的学习、工作和生活条件,吸引和鼓励优秀人才长期从教、终身从教。要特别重视农村教师队伍建设,千方百计为农村教师排忧解难,为农村教师的成长创造良好的外部环境。"②

2. 对"楷模教师"的共性研究

2010 年,上海市七宝中学等十所中小学联合发起教师节倡议,希望全国教师同行能够"志存高远、爱岗敬业、关爱学生、教书育人、严谨笃学、终身学习、自尊自律、廉洁从教"③。有人认为,"三尺讲台上,他们胸怀祖国、情系人民,热爱教育、情系学生,教书育人、为人师表,甘为人梯、无私奉献,为国家育英才,为人民谋福祉,把满腔热情和全部精力献给人民的教育事业,彰显了新时期人民教师的理想情操、高尚师德和人格魅力"④。宋立文将"楷模教师"的特质归纳为"讲艺术、善沟通,用爱心铺展幸福","勤探索、重特色,用创新书写传奇","做事业、干终身,用坚持铸就辉煌","轻名利、舍小我,用奉献开拓未来"。⑤ 任小艾和白宏太根据 2010 年"楷模教师"的先进事迹得出五点启示:爱是优秀教师共有的特质;责任源于神圣的使命感;育人是教师的第一要务;创新让教育生命长青;在平凡岗位上赢得尊严。⑥ 吴绍芬认为"楷模教师"都具备以下品质:"'顶天立地为人民',重师德铸师魂有民族担当;为脱贫攻坚打通'最后一公里',振兴乡村教育;严谨笃学、扎实学识,用专业自

① 本刊评论员:《向全国教书育人楷模学习》,《中国民族教育》2011 年第 10 期,第 1 页。

② 本刊评论员:《向全国教书育人楷模学习》,《中国民族教育》2011 年第 10 期,第 1 页。

③ 《教师节倡议书》,中华人民共和国教育部网站,2010 年 9 月 6 日,http://www.moe.gov.cn/jyb_xwfb/gzdt_gzdt/moe_1485/201009/t20100906_97375.html。

④ 本刊评论员:《向全国教书育人楷模学习》,《中国民族教育》2011 年第 10 期,第 1 页。

⑤ 宋立文:《春风化雨 立德树人——2011 年度全国教书育人楷模剪影》,《中国德育》2011 年第 10 期,第 75 页。

⑥ 任小艾、白宏太:《"全国教书育人楷模"启示录》,《人民教育》2010 年第 20 期,第 17～19 页。

觉为边疆教育播撒希望"①。陈志伟等认为,"首先,永不满足的精神是他们的人生底色。其次,对规律的敬畏并执着于对规律的追寻是他们成长的主旋律。最后,强烈的问题意识是助推他们成长的引擎"②。

3. 关于"楷模教师"角色定位的研究

2010 年中共中央政治局委员、国务委员刘延东在全国教书育人楷模颁奖大会上指出,要"坚持理想、坚守信念,做党和人民教育事业的奉献者","为国育才、立德树人,做学生健康成长的指导者","刻苦钻研、不懈探索,做教育教学改革的实践者","淡泊名利、志存高远,做社会文明新风的引领者",③ 可以将其归纳为"奉献者、指导者、实践者、引领者"。更为细致的角色分类有以下几种。王梅和杨鑫基于角色理论,"通过对 2010 年至 2019 年 100 位全国教书育人楷模事迹材料文本的内容分析,发现卓越教师的角色形象主要分为 8 种,分别是家国使命践行者、立德树人引领者、教育情怀蕴涵者、教育素养垂范者、教学创新示范者、学生品格影响者、科研事业排头兵、青年教师引路人"④,主要考察维度为使命、理念、情怀、素养、能力、品德等,其中能力维度包含教学与科研。崔慧丽和朱宁波认为"高校教师教书育人楷模的角色类型是学术引导者、严谨教学者、社会服务者、情感育人者"⑤。

4. 关于"楷模教师"功能定位的研究

首先,"楷模教师"在促进我国教育事业不断向前发展方面起到了巨大的榜样和示范作用。"楷模的意义,不仅在于专业的引领,更在于时代精神的指引。"⑥ "在我国教育改革与发展的进程中,涌现出了一大批优秀

① 吴绍芬:《教师:民族高挺的脊梁和永恒的丰碑——2020 年"全国教书育人楷模"候选人综述》,《中国民族教育》2020 年第 9 期,第 6~8 页。

② 陈志伟、余慧娟、程路、李帆、施久铭、赖配根、魏倩、陈刚:《他们为什么优秀?——十年百余名全国教书育人楷模分析报告》,《人民教育》2019 年第 18 期,第 19~21 页。

③ 《在全国教书育人楷模颁奖大会上的讲话》,中华人民共和国教育部网站,2010 年 9 月 19 日,http://www.moe.gov.cn/jyb_xwfb/moe_176/201009/t20100919_108174.html。

④ 王梅、杨鑫:《角色理论视域下卓越教师形象研究——基于 100 位教书育人楷模事迹的内容分析》,《当代教育科学》2020 年第 5 期,第 30 页。

⑤ 崔慧丽、朱宁波:《高校教师教书育人楷模的角色类型和胜任特征分析》,《当代教育科学》2020 年第 3 期,第 29 页。

⑥ 陈志伟、余慧娟、程路、李帆、施久铭、赖配根、魏倩、陈刚:《他们为什么优秀?——十年百余名全国教书育人楷模分析报告》,《人民教育》2019 年第 18 期,第 23 页。

教师，他们以卓越的业绩、突出的贡献和崇高的精神，推动着教育事业不断向前发展，为教师的职业精神塑造和师德师风建设树立了光辉的典范，受到了全社会的广泛赞誉和尊重。"① "他们对时代传递的正能量是可见的、巨大的，他们对广大教师如何追求优秀、卓越乃至我们每一个人如何过好人生，都具有良好的启发、激励作用。"②

其次，"楷模教师"对塑造学生人生观、价值观和世界观有直接作用。他们可以"改变学生价值观、丰富学生的精神世界、改变学生的人生选择、改变弱势群体命运"③。

5. 关于卓越教师的养成路径的研究

首先，卓越教师的养成要有制度和政策的保障。王梅和杨鑫提出了"健全政策保障制度、完善贯通式培养体系、构建协同育师机制、引领教师自我建构的卓越教师养成路径"④。要构建学习教书育人楷模的长效机制需要"三个结合"⑤，一是与贯彻落实《国家中长期教育改革和发展规划纲要（2010—2020年）》精神结合起来，二是与"学习型党组织建设"和"创先争优"活动结合起来，三是与学习当地优秀教师和促进教师专业发展结合起来。要为卓越教师提供充足的成长周期，"作为'大先生'的教师楷模，必须从10年、100年乃至更长的时间宽度，我们才能比较清晰地测量出他们精神脊梁的'高度'"⑥。

其次，提供多样化的卓越教师成长路径。就教师个体来讲，一方面要树立高度的责任感和使命感。"（少数）民族地区广大教师和教育工作者要增强教书育人的责任感、使命感、自觉性，以更加饱满的工作热情、更加昂扬的精神状态、更加执着的事业追求，积极投身教育改革创新实践，为推

① 本刊评论员：《向全国教书育人楷模学习》，《中国民族教育》2011年第10期，第1页。
② 陈志伟、余慧娟、程路、李帆、施久铭、赖配根、魏倩、陈刚：《他们为什么优秀？——十年百余名全国教书育人楷模分析报告》，《人民教育》2019年第18期，第23～24页。
③ 陈志伟、余慧娟、程路、李帆、施久铭、赖配根、魏倩、陈刚：《他们为什么优秀？——十年百余名全国教书育人楷模分析报告》，《人民教育》2019年第18期，第23页。
④ 王梅、杨鑫：《角色理论视域下卓越教师形象研究——基于100位教书育人楷模事迹的内容分析》，《当代教育科学》2020年第5期，第30页。
⑤ 王文宝：《如何构建学习教书育人楷模的长效机制》，《中国德育》2012年第11期，第54页。
⑥ 陈志伟、余慧娟、程路、李帆、施久铭、赖配根、魏倩、陈刚：《他们为什么优秀？——十年百余名全国教书育人楷模分析报告》，《人民教育》2019年第18期，第23～24页。

动教育事业科学发展和全面建设小康社会、实现中华民族伟大复兴贡献力量"①。另一方面要生发出职业的尊严感和敬畏感,"要过上有意义的教育生活,要把庸常的生活升华为散发光辉的人生,则必然要自觉超越个人的小欢喜,把个体的生命、职业的尊严与脚下的大地融为一体"②。

(二)十年来"楷模教师"的研究述评

一方面,理论成果逐渐丰富,理性思考不断深入。有学者已经开始由最初的政策解读与事迹宣传迈向学术研究和理性探讨,从最初的思辨总结走向实证研究。截止到 2022 年 2 月 15 日,在公开发表的学术论文和新闻报道方面,主题为"全国教书育人楷模"的论文共有 49 篇,其中南大核心和北大核心期刊共有 17 篇。2010 年至今,《人民教育》一直保持对"楷模教师"的关注,体现在其对该类群体的事迹报道,但深入的理论分析并不多。《中国民族教育》《中国高等教育》等刊物发表的相关文章主要集中在该类群体中个别教师的先进事迹报道上,如陈立群、李广、莫振高、王宗礼的先进事迹等,除了事迹报道,亦有记者专访、新闻简讯等。在出版的专著和文集方面,教育部新闻办公室于 2011 年和 2012 年出版了第一届、第二届"楷模教师"的先进事迹新闻稿汇编,即《生命与使命同行——走近首届全国教书育人楷模》《幸福在心——走近 2011 年度全国教书育人楷模》。王定华、韩筠于 2017 年按"楷模教师"从教所在的学段,分三卷出版了题名为《师之楷模 国之栋梁——全国教书育人楷模群英谱》的系列专著,即《学前·小学·特教卷》《中等教育卷》《高等教育卷》。周先进于 2011 年对石雪晖的先进事迹进行了专题选编,即《守望,葡萄花开——全国教书育人楷模石雪晖先进事迹选编》。

另一方面,现有的研究还存在一些不足。首先,体现为研究基础的纵深不够。少有学者基于某一理论基础进行深入分析,仅有少数学者从角色理论、胜任力模型理论等角度进行了初步的探索。可以说,深入学科领域的理论研究还很有潜力可挖。其次,现有的研究广度不足。有个别学者针对高等教育领域的"楷模教师"进行了梳理,但从区域角度针对乡村地区

---

① 本刊评论员:《向全国教书育人楷模学习》,《中国民族教育》2011 年第 10 期,第 1 页。
② 陈志伟、余慧娟、程路、李帆、施久铭、赖配根、魏倩、陈刚:《他们为什么优秀?——十年百余名全国教书育人楷模分析报告》,《人民教育》2019 年第 18 期,第 23～24 页。

"楷模教师"的研究还不够多。缺少地域类别的研究，难以挖掘紧贴乡村地区特色、富有少数民族特点的"楷模教师"群像特征。

四　研究方法

（一）本研究的基本思路

本研究利用质性内容分析法分析事迹文本，通过初步分析文本、建构主题类目、使用主类目进行首次编码、编辑分类到主类目的所有文本段、根据归纳数据界定子类目、使用类目系统进行二次编码、基于类目分析、呈现结果（以关联性、视觉图和表格形式呈现）这八个步骤对文本进行分析，从多个视角来建立质性文本分析框架，以期素描"楷模教师"的角色群像。

（二）具体研究方法

本研究采用质性内容分析法对全国教书育人楷模的事迹文本进行分析。质性内容分析法是一种通过系统的代码归类、主题识别和形态模式对文本数据内容进行理解和诠释的研究方法，兼具系统性、明确性、客观性和可验证性，以文本的表达和如何表达为分析重点，是一种强大的数据简化方法。本研究采用生成式归纳法，没有特定的研究假设，从"全国教书育人楷模"的事迹文本中不断提炼研究问题，是一种从下至上"自然浮现"的研究范式，通过对文本内容的分析、提炼、归纳，概括出"楷模教师"的师德特征、教学方法、育人理念等，最终推导出"楷模教师"的具象。

五　研究内容

（一）研究对象

2010～2022 年，由教育部联合权威媒体面向公众评选出来的 143 位"全国教书育人楷模"。

（二）总体框架

第一部分　研究设计：

（1）数据来源与研究方法；

（2）"楷模教师"的基本情况分析。

第二部分　该类群体的群体特征分析：

（1）教学能力胜任特征；

（2）师德楷模特征；

（3）自我角色认知特征。

第三部分　群像特征的意义建构与示范引领：

（1）下得去：家国情怀感染人；

（2）留得住：乡土情结留住人；

（3）教得好：榜样力量带动人。

（三）重点和难点

重点：分析"楷模教师"先进事迹中的单元建立、类目建构以及条目识别过程。

难点：研究对象主要参照教育部发布的"全国教书育人楷模"入选名单。研究者通过官方媒体收集到的有关"楷模教师"事迹的文本资料的完整性并不能完全得到保证，需要通过教育部官网、共产党员网、地方媒体等多方渠道循证。

（四）主要目标

目标1：以"全国教书育人楷模"为原型，分析官方媒体报道的先进事迹，剖析该类群体的角色类型。

目标2：描述群体形象特征，剖析其社会、文化、教育层面的背景与影响因素。

目标3：对当下各类型的师范生培养提供借鉴意义。

（五）主要观点

"楷模教师"能成为教师的榜样，是内生的专业发展需要与外促的适宜环境共同造就的。每一个"楷模教师"的成长经历、教学能力、专业素养等各不相同，只有将该类群体的优秀特质尽可能地逐一解析，才有可能发现其群像特征。只有了解这些榜样的群像特征，才能有针对性地将普通教师培养成卓越教师。

第一部分　生命历程理论视野下的教师专业成长

第一章 生命历程理论演进的历史脉络[*]

作为社会环境的一部分，教师的发展受到社会、家庭、生活环境、教育政策、文化和个人等因素的制约。而要对"楷模教师"的成长历程进行真正的剖析，则应着重于在大时代的社会环境下，对其个体的经历和活动进行深入的探讨。生命历程理论研究个体一生中所经历的事情，及其对个体的作用，进而将个人的生命历程与社会相关联。

第一节 生命历程理论的发展概述

20 世纪 20 年代，生命历程理论开始萌芽，经过百年的演变，已在国外发展得相对完善。格伦·H. 埃尔德在《大萧条的孩子们》中对生命历程理论做出了全面的描述：它不仅是一种探讨个人和团队命运历史的理论，也是一种跨专业的研究领域，包含心理学、人类学、统计学、经济管理、生物学、医药等多个学科，它的出现为人类社会发展研究提供了重要的理论支撑。[①]

一 生命历程理论发展的三个历史阶段

（一）萌芽阶段（20 世纪 20 年代至 40 年代）

芝加哥社会学派最先明确提出了生命历程理论，W. I. 托马斯是其中

---

* 本章系统筹城乡教育发展研究中心立项课题"乡村教师生命历程研究"（课题编号：TC-CXJY‒2022‒C24）的结项成果。

① 〔美〕格伦·H. 埃尔德:《大萧条的孩子们》，田禾、马春华译，译林出版社，2002，第38 页。

的代表，他的著作《身处欧美的波兰农民》（与 F. 兹纳涅茨合著）深受读者的喜爱。由于美国经济的发展，城市化也在加速，大批乡村居民进入大都市，都市人群迅速增加，城市化也变得更加迅猛，这也带来了许多问题，如刑事犯罪、离婚、青年越轨等。

随着社会实践的不断深入，许多学者纷纷开展调查研究，并出版了大量相关著作，其中以芝加哥社会学派的托马斯和兹纳涅茨的《身处欧美的波兰农民》为代表，该书探讨了个体与社会变迁之间的关系。[①] 这本书首次采用生存史和情境界定的方法来探讨社区演变和移民人口的生存路径。在美国社会经济快速发展的时代，大批外国剩余劳动力转移到芝加哥，当中包括许多波兰籍农户。波兰籍农户从乡下搬到了大都市芝加哥，经历了时间、场域和生产方式等重大转变。托马斯通过分析他们的生存进程，根据人生活动的前后次序、个人角色（身份）的转变以及重要人生活动因素，来探究这些转变对他们的深远影响。托马斯通过对这一人群的社会阶层界定，政治、经济、社会、文化活动参与现状和能动性等方面的考察，以及对其成员受教育程度、宗教归属、职业岗位、婚恋状况、团体参与等现状的分析，深入探讨这一人群在社会行为、社会态度等方面的变化规律，从而对社会力量、社会结构、个人能力等相互之间的联系有一个更好的认识。尤其是展现了环境对个体或具体群体的影响，使人生历程中的机遇和挑战得到更好的把握。生命历程理论中的"路线"揭示了社会背景怎样推动个人和特定群体的生命历程，从而彻底改变他们的发展路径，这也是人类主观能动性的重要组成部分。生命历程理论旨在深入探究城市化进程中移民、劳动者、流浪汉等群体的生活轨迹和发展状况，以及他们所面临的现代化问题和社会现象，并从这些特定群体身上提出有效的解决方案，以期完善都市生态，促进发展。

托马斯强调："必须采用全面的研究方法来深入探究移民的生活历史，以便更好地了解不同类型个体的生存经验及其在不同环境中的持续时间。此外，还要追踪这一人群的未来发展，以便获取有关他们生命中的所有遭遇的连续记录。"这部著作可被视为生命历程研究的开端，具

---

① 〔美〕W. I. 托马斯、〔波兰〕F. 兹纳涅茨：《身处欧美的波兰农民》，张友云译，译林出版社，2000，第 43 页。

有重要的意义。[①]

（二）发展阶段（20 世纪 60 年代至 80 年代）

在这个阶段，生命历程理论的发展引发了一场新的研究热潮。这一理论的发展主要受到两个方面的推动。第一，社会时间的变化，特别是世界经济事件、朝鲜战争、越南战争等突发事件，改变了人们的生活方式和精神生活质量。随着社会发展的不断深入，学界开始将社会事件与个人生活紧密联系起来，以探索其中的规律。第二，人们开始意识到个体生命受到历史和环境的影响，并且社会调查的兴起也为这一研究提供了强有力的支持。例如，20 世纪 60 年代流行的纵贯研究，就已经涵盖了生命历程的研究视角。

美国埃尔德等的生命历程理论研究已经在全球范围内取得了巨大的进步，并且不断发展壮大。埃尔德的《大萧条的孩子们》提供了社会学分析的新视角，他将大量的社区变化与个人发展过程紧密联系在一起，并建立了一套分析方法，长期深入地探讨了大萧条经历对个体生命体验的作用。埃尔德指出，经济大萧条不仅深刻地影响了研究对象的童年生活，还在一定程度上塑造了战后美国民众的社会特征，对他们的职业发展、成长历程和今后的社会地位甚至后代都产生了重大影响。在这本书中，埃尔德运用了多种学科的研究方法，包括历史学、社会学和心理学，对大萧条给研究对象带来的经济损失进行了深入的分析，并且发现其对研究对象后代的影响是深远的。埃尔德的研究更深入地探讨了社会历史变迁对个人生活史的影响，拓宽了人们对生活史的认知，从而形成了《时空中的孩子》《生活史动力学》《生活史研究》等著作，为理解个人生活史提供了新的视角。从社会历史发展和文化的角度来看，人们已经建立了一种理论解析个人人生经历的文化思想传统，而且提出了"年龄级生活模型""标准时间表"等重要的概念。

（三）跨越阶段（20 世纪 80 年代至今）

随着时间的推移，生命历程理论已经成为人口学、教育学和社会政策学等领域的重要研究课题，它不仅是社会学和心理学领域的核心理论，而且已经成为一种跨学科的融合理论，在各个领域都有着广泛的应用。

---

① 转引自李强、邓建伟、晓筝《社会变迁与个人发展：生命历程研究的范式与方法》，《社会学研究》1999 年第 6 期，第 2 页。

李强等于 1999 年发表了《社会变迁与个人发展：生命历程研究的范式与方法》一文，其中的重要思想与实践内容开拓了社会学分析的全新视角，为我们更好地认识社区变迁与个性成长提供了重要借鉴。科学研究表明，人生事件可以涵盖多个方面，从接受教育到脱离双亲独立生活，从成家到离异，从生养子女到工作或离职，从居所的迁移到退隐，都可以被考察。此外，还可以考察身份，包括阶层或家庭成员身份、家庭教育、婚恋和受雇情况，甚至还可以考察党派成员资格、宗教归属、志愿者组织及社会活动的积极参与等。研究表明，自身的命运发展过程是由人类社会能力和人类社会组织所决定的。为了更好地理解这一现象，国内学术界涌现了不少有关生命历程理论的作品，其中包蕾萍的《生命历程理论的时间观探析》尤为引人注目，文中明确指出了轨迹、年代、转变等概念，从而为我们提供了一种全新的视角来看待人生过程。学者们如张红、胡薇、袁松、高梅书、徐静、徐永德等，都曾深入研究这一领域，他们的研究对象涵盖了农民工、普通农村妇女、农村青少年、贫困老人等，研究主题涉及社会历史上重大事件，比如留守儿童、下岗、贫困、民工潮、世界工厂、婚恋等社会现实问题。① 人们普遍认可生命历程是指一个人在其一生中所经历的社会、历史、文化等多种变化，以及这些变化对其年龄、社会地位和生活经历的影响和改变。这一领域已成为涵盖法学、人类学、社会主义研究、市场经济研究、心理学、社会生命、传染病学、统计学、社会组织科学研究、老龄医疗和策略分析等多个领域的研究核心，甚至一些发达国家还成立了生命历程科学研究服务中心（Life Science Research Service）。根据已有的文献资料可以清楚地看出，传统的分析方法有两种：一种是从历史的角度对同辈的人生历程进行探究，另一种是从社会文化的角度对同辈的人生历程进行审视。它受社会历史和时代深刻影响，历经自身转变、经济社会变迁和重大事件，在空间演进中产生基于身份定位和人生时序的同龄群体，是社会历史和大时代的产物。从文化的角度来看，年龄阶段是人群生命进程的层次基石，同龄人有一定的时间限制，比如到了某个年龄阶段，他们的生存状况、个人能力和人生经历与他们曾经获得的机会大体是

---

① 徐静、徐永德：《生命历程理论视域下的老年贫困》，《社会学研究》2009 年第 6 期，第 133 页。

呈正相关关系的。从整个社会的角度来看，年龄阶段也会影响到人群的发展，从而产生各种各样的经济社会文化层次，进而影响到整个社会的发展方向，影响到整个社会的社会结构。

建立一个可供参考的生命历程社交计划，能够让不同年龄段的人们有更多的社会文化交流和参与的机会，从而使他们能够按照一定的时间节点（比如 6 岁上小学，12 岁上初中，18 岁中考，22 岁学校毕业，进一步学习或加入工作）来发展自己的人生，从而更好地融入社会，并且更多地实现自身价值。[①] 历史和社会因素如何影响他们的生活轨迹，以及这些影响的先后次序，都可以通过对个体或特定群体生命历程的研究来揭示。[②]

第二节 生命历程理论的基本原理和核心概念

自"一定时空中的生活"原理提出以来，生命历程理论的发展已经超过了半个世纪，理论体系已经相当完善，其基础包括"一定时空中的生活"、"相互联系的生活"、"生活的恰当时间"和"个人的能动性"四个原理。理论的核心概念主要有：出生组、转换、轨迹、生命事件和转折点。

一 生命历程理论的基本原理

生命历程是一个复杂的过程，它涉及人们在不同文化和社会环境中所扮演的不同角色以及经历的生命事件。它的核心思想是：第一，要关注代际传承的社会生活模式；第二，要考虑宏观社会事件及其结构特征对个体的影响；第三，要深入理解人生中年龄的社会意义。[③]

生命历程理论的核心思想可以概括为四大原理。

（一）"一定时空中的生活"原理

这一原理将个体的生命与宏观的社会力量紧密联系起来，它认为，人

---

① 李钧鹏：《生命历程研究中的若干问题》，《济南大学学报》（社会科学版）2011 年第 3 期，第 65 页。

② 李强等：《生命的历程——重大社会事件与中国人的生命轨迹》，浙江人民出版社，1999，第 17 页。

③ 李强、邓建伟、晓筝：《社会变迁与个人发展：生命历程研究的范式与方法》，《社会学研究》1999 年第 6 期，第 15～16 页。

类出生时就会受到时空的影响，比如，出生时的地点、同伴的情况以及当时的社会环境。因此，人类与时间、环境和历史之间存在密切的联系，而不同的时空背景会导致社会呈现不同的状态。比如，在中国，20世纪50年代出生的那一代人与80年代出生的那一代人面临完全不一样的社会状态。50年代出生的那一代人正处于学习文化知识的黄金年龄，却遇上了"文化大革命"，而80年代出生的那一代人，一出生就赶上了改革开放和"恢复高考"的好时机。

（二）"相互联系的生活"原理

人类是一种群居性生物，他们的关系由好友和亲人等构成，这些关系必然地受时代因素的影响，尤其是在特殊的大事件发生时，这些因素更为显著。也就是说，人总是生活在一定的社会关系中，每个人必定会受到他人生命事件的影响。比如，一位父亲生命历程中的重大生命事件会影响到其子女的人生状况。

（三）"生活的恰当时间"原理

"恰当时间"是指：首先，用恰当的方式来应对生命中各种不同的变化；其次，在不同的年龄阶段有差异地组织人生中不同的社会角色和事件；最后，它反映了个人生命历程的不同阶段。

生命历程的发展受到时代背景的影响，不论是改革时代还是保守时代，都会对个体或特殊群体的生活产生重大影响。根据这一理论，某一生命事件发生的时间甚至比它本身更有意义，因为它能够深刻地影响到更多的人。

（四）"个人的能动性"原理

学生的能力在生命历程中发挥着重要作用，尽管外部环境可能会影响学生的抉择，但他们可以通过自己的主体能力来创建适合自己的小情境，并且可以根据自己的个性来做出更加明智的决定。在一定社会结构中，个人的能动性和人生经历可以帮助他们按计划、有组织地实现自己的人生目标，而不是完全依赖外部的社会因素来改变自身的生活状态。

生命历程理论认为，一个人或一群人的生命历程是由一系列事件组成的，这些事件的顺序和变化会对他们的人生产生重大影响。该理论研究的是这些事件之间的关系，以及它们之间的转换和变化。研究表明，学习、就业、家庭生活、恋爱、生育孩子、退休以及家居生活等事件之间存在密切的联系，其中学习对未来的家庭生活和就业有着重要的影响。因此，学习是一个不可忽视的重要因素，它可以为我们提供有价值的信息。研究者们一直在探索个体、社会和时间之间复杂而又密切相关的关系，这也是生命历程理论的核心内容。

二　生命历程理论的核心概念

（一）出生组（cohorts）

出生组是一个重要的概念，它反映了个体在不同时期的生活经历和社会环境，可以帮助我们更好地理解自己的成长历程，并且可以为我们的未来发展提供有益的建议。

（二）转换（transitions）

生命历程理论认为，人的一生是由一系列转换构成的：出生、成年、毕业、获得第一份工作、独立生活、婚恋、退休等。这些转换对人的一生都有着重要的意义和价值，因此，生命研究者们对它们深深地着迷。

（三）轨迹（trajectories）

轨迹是描述一个人生活状态的概念，它不仅反映了一个人的总体发展趋势，而且可以用来表征一个人的生活状态。它由前文提到的"转换"组成，既有稳定性，也有变动性，体现个体生活经历与时代互动的丰富性。

（四）生命事件（life events）

生命事件是指个体经历的重大变化，它们可能会改变个体的未来发展方向，从而影响个体的生活。生命事件和转换有着本质的不同：前者是一种突发性的、短暂的过程，后者则是一种缓慢而持久的过程。在一种复杂的环境中，性别、种族、阶层、宗教信仰等因素会不断酝酿和发酵，从而导致各种变化和发展。

（五）转折点（turning points）

现代世界为人们提供了多样化的机会，但也使普通人的生活方式发生了巨大的变化，脱离了原有的轨迹。转折点指的是一种偏移，它的持续时间比转换短，但影响力却远远超过了转换。"将历史和社会结构紧密联系一起描述人类"对个体生命过程有着极其重要的意义，因为它可以彻底改变个人的生活。生命历程理论研究框架一般包括三个方面：首先，注重时间在整体生命过程中的社会发展作用；其次，探讨社会生活方式的代际传播；最后，关注社会现象和社会变迁对个体生活的深远影响。研究个人生活史的重要性不容忽视，需要从不同的时间和空间来考察，特别是要关注历史背景、年龄变化等因素。换句话说，就是要通过社会结构和历史记录来深入了解个体的成长历程。[①]

三 生命历程理论的基本意涵

生命历程理论旨在研究人类社会事物和历史如何直接影响个体的人生轨道、个体意义和社会意义。该理论通过分析结构方程、生存表、生命率、成长曲线模型和发生史，以及它们如何产生直接影响个体的生命意义和社会意义等，探索个体生命的变化、转变和累积状况，寻找个体生命事物与社会结构之间的联系。

生命历程理论认为，随着时光的推移，个人所扮演的社会角色和遇到的事物会发生变化，从而影响个人的未来。它认为个人的生命历程由一系列的重大事件组成，包括生命经验、年龄意义、时机抉择以及这些重大事件发生的前后次序。在这里，年龄意义指的是个人在某一特定阶段所获得的资源，如机会、能力、权利和报酬等。生命历程理论强调，个人一生的路径与经济社会发展过程、地理空间、社会结构和文化存在密切的联系，它们不仅影响着个人的年龄阶段，还影响着代际传递，以及个体生活与社会结构内部的作用，不断地改变着人际关系。[②]

生命历程理论作为一种新的理论，始终是学术界科研人员关注的重点，它深入探讨了"特定人群"中"楷模教师"群体的生存发展情况、家庭生活、教学和事业路径等问题，为我们开辟了解读"楷模教师"群体的新思路和新视角，丰富了教师理论研究领域的多元性和多样性，有利于我们对教师群体进行具体的研究，对"楷模教师"群体的生活轨迹进行深入的描述和理论阐释。

[①] 周彦兵：《生命历程理论视域下新生代农民工继续教育需求与供给研究》，博士学位论文，西南大学，2016，第29页。

[②] 江立华、袁校卫：《生命历程理论的知识传统与话语体系》，《科学社会主义》2014年第3期，第50页。

第二章 "楷模教师"专业发展的
实践路向*

第一节 "楷模教师"的生命历程发展样态

笔者对 13 年来 143 名"全国教书育人楷模"教师进行分析发现，热爱教师事业、潜心教书育人是他们的共同点，无一例外。教师职业认同是指一个教师能从心底接受教师这个职业，并能对教师职业的各个方面做出积极的感知和正面的评价，从而愿意长期从事教师职业的主观心理感受。荷兰学者科瑟根在教师行为改变的"洋葱头模型"中明确指出，教师职业认同与教师使命是影响教师行为改变的核心要素。选择教育事业，表面上是教师一时一地的决定和选择，但实际上却是历史时空中的生命、过往生命里的馈赠、相互联系着的生命、具有能动性的主体等诸多因素交互作用的结果。本章就以生命历程理论的四个核心主题为分析框架，对"楷模教师"的生命历程发展样态进行深入探讨。

一 历史时空中的生命：社会条件与生命阶段互构

生命历程理论认为，任何个体的生命历程都必须存在于特定的历史时空中并被形塑，而且社会历史条件的变化对个体的影响也取决于个体当时所处的生命阶段。社会制度和历史时间并非空洞的存在，而是与个体的具

---

* 本章系统筹城乡教育发展研究中心立项课题"乡村教师生命历程研究"（课题编号：TC-CXJY – 2022 – C24）的结项成果。

体生活相契合，共同影响职业生涯的轨迹和走向，公民的生命历程随着新政策制度的出台也会受到巨大的影响，① "楷模教师"的成长也是社会历史条件与其所处的生命阶段相互影响、相互建构的结果。

（一）20 世纪七八十年代：恢复高考和改革开放

自 1977 年恢复高考制度起，每年都有数百万青年学生参加高考，全社会的读书学习热情在高考制度的促进下持续高涨。1978 年改革开放政策的确立，使当时的中国经济、文化、教育事业面目一新，更是让各行各业都得到恢复和发展。1978 年教育部颁发《关于加强和发展师范教育的意见》，强调大力发展和办好师范教育，并要求各地努力办好中等师范教育。改革开放之后实行的基本国策以及颁发的文件促进了教育的发展和人们生活的转变，入学人口实现了大幅度的提升，入学环境也得到了大幅度的改善，为 "70 后" "80 后"老师带来了更多的发展机遇。

"楷模教师"大多出生于 20 世纪 50 年代至 70 年代，成长于 60 年代至 80 年代，他们选择教师职业，最直接的原因就是改革开放和经济发展的历史条件发生变化，他们遇到了时代风口，享受了时代红利。与此同时，从他们当时所处的生命阶段来看，恢复高考也使他们看到了重拾书本的希望，看到了知识改变命运的希望。比如，1979 年，盘县特区师范招生，左相平抓住改变的机会，义无反顾地参加升学考试，最终以优异成绩成为周边几十里村寨唯一被盘县特区师范录取的考生。② 何桂琴通过自己的努力，在 1987 年考入固原师范高等专科学校数学系，作为一名回族女学生，这在当时来说是颇为不易的。③

（二）20 世纪八九十年代：中师热潮

20 世纪八九十年代是中等师范学校蓬勃发展的黄金时期，考取中等师范学校对农村的优秀学子来说是一条转变身份、改变命运的路径，是国家

---

① 李强、邓建伟、晓筝：《社会变迁与个人发展：生命历程研究的范式与方法》，《社会学研究》1999 年第 6 期，第 6 页。

② 张婷：《左相平：做人民满意的人民教师》，当代先锋网，2019 年 6 月 23 日，http://www.ddcpc.cn/news/201906/t20190623_501633.shtml。

③ 《"教书是我最大的幸福"——宁夏回族自治区固原市回民中学教师何桂琴》，中华人民共和国教育部网站，2013 年 1 月 29 日，http://www.moe.gov.cn/jyb_xwfb/xw_zt/moe_357/s7093/s7099/s7100/s7101/201301/t20130129_147297.html。

需要和个人发展整合的生动案例。改革开放之初，教师数量严重不足，建设一支数量充足、合格稳定的教师队伍成为社会发展的迫切需要。也正是在这样特定的时空背景下，免费入学、包当干部、年龄优势、无升学风险等有利条件，使中等师范学校成为初中生追捧的"香饽饽"，成为获得"铁饭碗"的前提。

1982 年，15 岁的窦桂梅走出山村，走进吉林师范学校。她说："从中师毕业一直进修到教育学博士，从 23 岁到 32 岁，再到 47 岁，在作为居家女人最为辛劳的时期，我从专科一直读到师大研究生课程，再到获取了教育学博士学位，经历了从专科、本科、硕士到博士的漫长进修过程。一路上，不断学习一直是我的追求。"[①] 1999 年，张丽莉以优异的成绩考入依兰师范学校五年制大专班文科班，张丽莉学习目的明确，不用老师操心，学习成绩始终在班级前几名，在经历母亲离世的重大变故后，仍在专升本考试中以优异的成绩考上了哈尔滨师范大学。[②] 在中师热潮的时代背景下，20 世纪八九十年代中师生的身份，使一些"楷模教师"开启了教师生涯。他们抓住了在中等师范学校学习的机会，为之后的教育之路奠定了坚实的基础，实现了一定时空背景下的身份转变和向上流动。

二 过往生命里的馈赠：年少初心与育人本领提升

生命历程理论认为，生活的时间性指的是在生命历程变迁中的社会性时间，社会性时间指的是角色的产生和延续，以及相关的年龄期望和信念。这一理论认为，某一生活事件发生的时间甚至比事件本身更具意义，强调了人与环境的匹配。[③] 生活事件对个人生活发展的影响，很大程度上取决于它发生在什么时间，即发生在人一生中的哪个阶段。当然，由于不同年龄段的当事人经历不同，同样的历史事件给"楷模教师"带来的体验以及他们的选择和适应程度是不一样的。

① 《学习"教书育人楷模"窦桂梅：从"替补"成长为特级》，"孙吴县中等职业技术学校"微信公众号，2022 年 8 月 10 日，https://mp.weixin.qq.com/s/duEde9D4JfYoYk0ktfpABQ。
② 《她诠释了师魂的真谛——记黑龙江省佳木斯市第十九中学教师张丽莉》，中华人民共和国教育部网站，2012 年 7 月 4 日，http://www.moe.gov.cn/jyb_xwfb/xw_zt/moe_357/s7093/s7099/s7127/s7128/201308/t20130814_155693.html。
③ 李强、邓建伟、晓筝：《社会变迁与个人发展：生命历程研究的范式与方法》，《社会学研究》1999 年第 6 期，第 7 页。

（一）童年时期：兴趣使然，榜样影响

童年时期是人生的奠基时期，每个人在成长过程中都要经历这个时期，童年为个人发展奠定了基础。从发展阶段看，童年时期是个人承担社会义务的起点，这个时期个人的发展速度相对平稳，身体以及心理方面都在缓慢成长，个人的交往范围也随之扩大，开始接触文化知识，有计划地进行系统学习和有目的地认识外部世界。

谈起自己的从业经历，韩亚兰半开玩笑地说道："我觉得我自己就像为职教而生一样。"他从小就喜欢动手，也善于动手，"经常帮邻里换锅底、配钥匙、修手电筒、修自来水笔等"。十一二岁的时候，韩亚兰就自己动手做了一台矿石收音机。[①] 王祖德立志成为教师的动力源泉来自其身为民办教师的父亲："饮水思源，我教书育人的精神源泉来自父亲。父亲是个民办教师。每天早晨，干完农活，匆匆扒两口饭就去学校，离家70多里，父亲却保持着20多年的全勤记录；家里姊妹多，负担重，口粮不足，父亲还经常带学生回家吃住……父亲爱生如子的品格，为我后来的教书育人提供了不竭的精神动力。""楷模教师"的兴趣爱好、个性品质、家庭氛围和人生经历对其个人职业成长起到了引导作用。

（二）青年时期：品学兼优，积极上进

青年期是生命中的一个时段，是生命的黄金时段。有人认为它是人生发展的"加速期"，有人认为它是生命的"转折期"，还有人认为它是生命历程的一个特殊分段。

张金波出生在东北农村，受做过私塾先生的祖父的儒家思想熏陶，从小就仁义忠厚。他天资聪颖、品学兼优，国家恢复高考制度的第一年，他考入朝阳市师范学校，成为当年全乡考学出去的两个人之一。[②] 而石雪晖从湖南益阳沅江的一个农场考到湖南农业大学读书。1976年8月，石雪晖以优异成绩留校的时候，心中的理想是当一个好老师，为此她一次次地参加各种培训班，参加各种考试，以弥补"工农兵学员"的不足。终于，

---

① 陈琴琴：《广东省首个全国"教书楷模"出在顺德》，顺德城市网，2012年9月10日，http://www.shundecity.com/a/sdjy/2012/1210/42612.html。

② 鲁杨：《2011年全国教书育人楷模：辽宁省建平县职业教育中心校长张金波》，央视网，2022年9月1日，http://edu.cctv.com/2022/09/01/ARTIiytYrCmuFhyLgNVB3ZRm220901.shtml。

1987 年 10 月，她被派到日本做访问学者——这在当时的"工农兵学员"里凤毛麟角。① 青年期人们进入抽象思维阶段，"楷模教师"在上学期间刻苦学习，提升了专业技能，凭借着自己的努力积极进取，更加坚定自己的职业选择，增强了职业信念。对于"楷模教师"来说，这个时期是积累经验、学习技能的关键时期。

（三）成年期：初心使命，责任担当

成年期是先前各阶段发展结果集中表现的时期，此时身心发展变化的特点比较平稳，是生理学上的成熟期。成年期个体的思维方式由以形式逻辑思维为主转为以辩证逻辑思维为主，智力发展到达全盛时期，在不断建构个人意义的过程中，实现对自身职业和身份的认同。

于漪 1951 年从复旦大学毕业后，在教育领域奋斗了几十年。于漪说："评上特级教师的一个重要原因是我带的 77 届两个班学生 100% 考上了大学。"她在教育界有着极高的名望，20 世纪 90 年代初，于漪退休，有民办学校开出 60 万元的年薪聘请她去当校长，但被她婉拒了。她说："如果我把时间、精力用于培养优秀教师，可以发挥更大作用，带动更多学生。"教育必须薪火相传，一代胜过一代。从教生涯中，于漪总是想方设法让青年教师尽快成长。她首创教师与教师的师徒"带教"方法，组成教师培养三级网络——师傅带徒弟、教研组集体培养、组长负责。在她的发掘和培育下，一批批青年教师脱颖而出，并组成了全国罕见的"特级教师"团队。② 顾昌华不仅注重对学生的精心培育，还通过组建科研服务团队吸纳了大批青年教师，成为他们在教学科研工作中的好师傅和领路人。作为省级优秀科技特派员，她深入农企为其提供技术支持，与企业联合申报项目，以项目带动企业的技术升级与改造，提升企业的产品生命力。③ "楷模教师"自身

① 李伦娥：《一任冰雪耀春晖——记党的十八大代表、湖南农业大学石雪晖教授》，中华人民共和国教育部网站，2012 年 11 月 7 日，http://www.moe.gov.cn/jyb_xwfb/moe_2082/s6236/s6715/201211/t20121107_144169.html。

② 董少校：《生命之花为教育绽放——访首届全国教书育人楷模于漪》，中华人民共和国教育部网站，2018 年 8 月 29 日，http://www.moe.gov.cn/jyb_xwfb/s5147/201808/t20180829_346433.html。

③ 《武陵深处献身职教的"菇仙姑"——记贵州省铜仁职业技术学院教师顾昌华》，中华人民共和国教育部网站，2019 年 9 月 4 日，http://www.moe.gov.cn/jyb_xwfb/xw_zt/moe_357/jyzt_2019n/2019_zt24/jygzzfc/jsyrkm/km2019/201909/t20190904_397465.html。

对于教育的热爱促使其义无反顾地扎根一线教育事业，他们的职业规划目标清晰，且矢志不渝，最终实现自身的职业价值，获得社会的认可。

三　相互联系着的生命：关系建立与社会网络支持

生命历程理论认为，人总是生活在由亲戚和朋友所构成的社会关系之中，每代人、每个个体注定要受到别人生命历程中所发生的生活事件的影响。个人是通过一定的社会关系，才被整合入特定的群体的。[①] 乔治·麦克林说："人与他人一起共在。一个人并非孤独地拥有世界，而是进入这个世界，其他人也是一样。"教师作为教学活动的主体，不是孤立的存在，而是与他人发生关联的社会性存在。"楷模教师"的成长进步要受到领导、前辈的引领，与学生、同事发生关联和交互作用，家庭的支持作用也是极其重要的。

（一）学生：品格影响者

一切教育工作的出发点和落脚点都是为了学生，而教育工作的主要负责人是教师。"楷模教师"对学生的品格形成起到潜移默化又深远持久的作用，他们与学生互相影响，互相学习，也共同成长。

潘懋元先生从 15 岁开始从教，在他近 80 年的教书育人生涯中，接受过他的恩泽的学生不计其数。他创建高等教育学科，得天下英才而育之，全国主要高等教育研究单位几乎都有他的学生，他们将他的教育和办学思想付诸实践。在厦大教育研究院的学生眼中，潘懋元先生不仅是一个"传道授业解惑"的导师，还是自己做人的航标和榜样。潘懋元先生常说的一句话是："导师对学生在专业知识上的具体帮助不是最重要的，重要的是方向上的指引、方法上的点拨及人格上的影响。"他一直身体力行，告诉学生"欲为学，先做人"[②]。虽然在学业上是典型的严师，但生活中的张国伟教授却很有亲和力，他经常同研究生们谈心，了解他们的思想动态、生活情况甚至婚恋家庭状况，帮助他们解决实际困难。学生们真切地感受到自己确实找到了一位发自内心喜欢、敬重的专业导师，进入了一个团结和

---

① 李强、邓建伟、晓筝：《社会变迁与个人发展：生命历程研究的范式与方法》，《社会学研究》1999 年第 6 期，第 7 页。

② 《人不下鞍，马不停蹄——记厦门大学教授潘懋元》，中华人民共和国教育部网站，2019 年 9 月 4 日，http://www.moe.gov.cn/jyb_xwfb/xw_zt/moe_357/jyzt_2019n/2019_zt24/jygzzfc/jsyrkm/km2014/201909/t20190925_400870.html。

谐的研究群体。在这样的环境激励下,这些学生无不学有所成。① 言传身教,潜移默化,"楷模教师"凭借独特的人格魅力,塑造良好的师生关系,采取恰当的教育手段多方面地影响着学生的品格发展。

(二)同事:教书引路人

代代传承,师师影响。每一位优秀的教师都是从新手小白逐步成长起来的,教师的成长需要时间、需要自身努力,更需要前人的悉心指导。"楷模教师"一路的成长,离不开领导的关心和信任,离不开同事的帮助和指导,离不开老教师的言传和身教,更离不开学生的陪伴和成长。

安文军说:"在祁丰学校开始我的职业生涯时,张立宏、马建成等教师是在教育教学路上扶我一程的好老师。闲暇之余,他们常把大家召集在一起,谈天说地,他们的教育故事、教学经验让我受益匪浅,使我对教育教学工作由陌生走向了熟悉。遇到优质课评选时,我们发挥团队精神,打造最完美的课堂教学方案,总能载誉而归;面对毕业班的复习工作,我们通力合作,拧成一股绳,解决教学中的难题。正是遇到这样的同事,才让我信心百倍地投身到教育工作中,更加坚定了最初的职业选择。"② 孙浩以个人名义自愿结对帮扶了3名乡村教师,每学期,孙浩总会抽出时间自己开车一个多小时到邻村的学校,看结对教师上课:"他上一遍,我指出问题;然后我再上一遍,和他共同探讨,提出改进建议。"如今,他私下帮扶的一位教师已于2018年被评为安徽省特级教师,另两位教师先后荣获安徽省优质课程一、二等奖。"一个人的进步不算啥,能带动更多人成长才是更大的进步。"当年那个摸着石头过河的愣头小伙已成为"全国教书育人楷模",被更多人知道的孙浩想用自己的经历告诉那些依然在基层默默奋斗的乡村教师们:"勇敢去做,付出努力,一定会有收获。"③ "楷模教师"在从业初期获得同事的帮助,在教学实践、学术成果上积累了丰富的

---

① 《2014 年度全国教书育人楷模先进事迹介绍》,中华人民共和国教育部网站,2014 年 9 月 2 日,http://www.moe.gov.cn/jyb_xwfb/xw_fbh/moe_2069/s7861/s8284/s8285/201409/t20140902_174441.html。

② 安文军:《教书育人初心不改》,中国教育新闻网,2022 年 9 月 13 日,http://www.jyb.cn/rmtzcg/xwy/wzxw/202209/t20220913_2110945706.html。

③ 方梦宇:《"守护村小,带动更多人成长"——记 2020 年全国教书育人楷模、安徽省宿州市埇桥区汴河中心小学教师孙浩》,中华人民共和国教育部网站,2020 年 9 月 18 日,http://www.moe.gov.cn/jyb_xwfb/moe_2082/zl_2020n/2020_zl48/202009/t20200918_488730.html。

经验后，也发挥自身的专业优势，进行传帮带，发挥作用，助力青年教师快速成长。

(三) 家庭：坚定支持者

家庭是港湾，事业是航船，工作和家庭是两个相辅相成的个体，而不是矛盾体，只有双方都正常运转才能造就美好。每个"楷模教师"家庭都以其特定的方式影响或者支持着"楷模教师"的成长。

2001 年，张玉滚从南阳第二师范学校毕业，作为一名从大山里走出来的优秀人才，父母希望他能到城市去发展。老校长吴龙奇的一番话让张玉滚陷入了深深的思考，于是，他说服了父母，留在了黑虎庙小学。当张玉滚看到有些年龄小的学生做的饭半生不熟时，就主动承担起孩子们的后勤保障工作。不仅如此，他还动员在外打工的妻子回来帮他给学生们做饭。多年来，黑虎庙小学没有一个学生因为贫困辍学，张玉滚和学生们同吃同住，和妻子一起料理学生的日常生活，并用自己微薄的收入资助了 300 余名学生，让他们继续求学。[1] 汪秀丽说："为了山城的孩子，把砝码投向工作那一端。"人到中年，正是上有老、下有小的"爬坡"年龄，身为女性，家庭和生活的担子也越来越重。1998 年 5 月，全市职业教育现场会在学校召开，而家中 3 位亲人相继离世，汪秀丽却没有请一天假。2003 年"非典"期间，张家口市职教中心对口高考首次冲刺天津大学单招考试，女儿在家备战高考，她却没有时间陪女儿，最终学校有 5 名学生考入天津大学。2004 年，她奔波在寻求实训楼建设资金的路途中时，90 岁的公公独自在家摔伤了腿，她虽然心急如焚，却赶不回去。[2] "楷模教师"在岗位上用行动践行初心和使命，用奉献诠释责任和担当。对学生，他们爱生如子；对同事，他们团结合作；对教学，他们一丝不苟；对家人，他们问心有愧。家人的理解与支持是对"楷模教师""舍小家，为大家"的最好回应。

---

① 王烁：《乡村教育守望者张玉滚：扎根深山十七载 把山路走成通天大道》，中华人民共和国教育部网站，2018 年 8 月 31 日，http://www.moe.gov.cn/jyb_xwfb/xw_zt/moe_357/jyzt_2018n/2018_zt17/zt1817_yw/201808/t20180831_346832.html。

② 《2013 年度全国教书育人楷模先进事迹介绍》，中华人民共和国教育部网站，2013 年 9 月 2 日，http://www.moe.gov.cn/jyb_xwfb/xw_fbh/moe_2069/s7135/s7589/s7590/201309/t20130902_156693.html。

四 具有能动性的主体：自我意识与行为选择建构

生命历程理论认为，人总是在一定社会环境之中有计划、有选择地推进自己的生命历程，人在社会中所做出的选择除了受到历史和社会环境影响外，还受到个人的经历和性格特征的影响。①"楷模教师"的成长过程是一个不断自我认同和自我完善的过程，是一个不断学习、不断实践、不断创造的过程，教师在成长过程中需要借助外部的力量，更加需要自我成长（见图 2 - 1）。

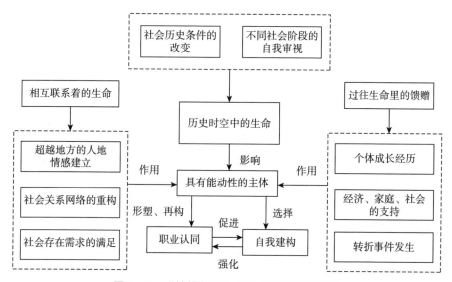

图 2 - 1 "楷模教师"的生命历程发展样态

（一）认同：勇气与热情

美国知名教育学者帕克·帕尔默在《教学勇气——漫步教师心灵》一书中，为了重新点燃教师对人类最困难、最重要的教育事业的热情，带领教师进行了一次心灵之旅。他认为，"优秀教学是源自自己的心灵，优秀教师是不把自己的教学简单地降低在技术层面，而是在自身认同和自身完整的基础上让自己的教学源自自己的心灵"。尽管表现形式不一，但是"楷模教师"都有这样一个特点：他们全身心投入教学，和学生做深层次的灵魂交

---

① 李强、邓建伟、晓筝：《社会变迁与个人发展：生命历程研究的范式与方法》，《社会学研究》1999 年第 6 期，第 6 页。

流。他们能编织一张复杂的网，这张网连接着学生、课堂以及他们自己。

人们非常熟悉的教师代表——张桂梅老师，她有着"燃灯校长"的称呼，坚守滇西深度贫困山区教育事业数十年。她一生无儿无女，却是华坪儿童之家百余个孤儿的"妈妈"，创办了全国第一所全免费女子高中，帮助 2000 多名贫困女孩圆梦大学，用一生的时间拯救了山区的一代人。① 桂贤娣在教育战线辛勤耕耘 30 年，始终把立德树人作为自己的使命牢记在心，将爱贯穿于教育教学的各个环节，将爱洒向每一位学生，担当起一名人民教师的历史责任。② 毫无疑问，"楷模教师"都将教育视作人生追求，从寸寸青丝到头发花白，他们未曾改变的是对学生的爱心、对教育事业的信仰。百余名"楷模教师"成长的历程各不相同，但他们对教师职业深入骨髓的热爱却是相同的。这份深深的热爱成为他们在这个行业做出不凡成就的基础。

（二）养成：探究与反思

"楷模教师"能力的提升不仅取决于课堂教学，还体现在探讨和反思上。课堂教学是实践活动，探讨和反思则是对实践活动的一个回顾，一次探讨反思也就是一次成长。著名教育家叶澜说："一个教师写一辈子教案难以成为名师，但如果写三年反思则有可能成为名师。"③ 著名教育心理学家林崇德说："优秀教师 = 教学实践 + 反思。"④

李吉林老师作为情境教学的开创者，研究情境教学 40 余年。从情境教学到情境教育、情境课程，再到儿童的学习，李吉林老师一路走来，为儿童创设美、智、趣的情境，探索、研究、发展、构建了中国式儿童情境学习范式，树立起素质教育的一面鲜艳的旗帜。⑤《滚动日记》让张建华走进

---

① 杨云慧：《红土高原一枝梅——记云南省丽江市华坪县女子高级中学党总支记、校长张桂梅》，中华人民共和国教育部网站，2019 年 12 月 3 日，http://www. moe. gov. cn/jyb_xwfb/moe_2082/zl_2019n/2019_zl84/201912/t20191203_410561. html。

② 《2011 全国教书育人楷模 桂贤娣：爱的教科书》，中华人民共和国教育部网站，2012 年 8 月 20 日，http://www. moe. gov. cn/jyb_xwfb/s5147/201208/t20120820_140782. html。

③ 叶澜、白益民、王枬、陶志琼：《教师角色与教师发展新探》，教育科学出版社，2001，第 90 页。

④ 刘健智、谢晖：《关于教学反思的探讨》，《中国教育学刊》2010 年第 1 期，第 88 页。

⑤ 王琦、孙大陆、陈晓宇、商亮：《"潜在智慧是一个人才最可贵的东西"——记江苏省南通师范学校第二附属小学教师李吉林》，中华人民共和国教育部网站，2011 年 9 月 14 日，http://www. moe. gov. cn/jyb_xwfb/moe_2082/s5936/s5885/201109/t20110914_124130. html。

了学生、家长的心里。文字留迹,教育无痕。仅 2013～2014 年,这样的《滚动日记》就写了厚厚的 26 本,她为孩子们写了 2000 余篇、约 200 万字的评语回应。学写作,更学做人。学生喜欢,家长感动。《滚动日记》成了"立德树人"的妙药灵丹。① 正是出于对"怎样才能让儿童主动、快乐地学习"的反思,李吉林开始了情境教学的研究;正是出于反复思考"如何让学生爱上语文、爱上写作",才有了张建华跟学生的《滚动日记》。勇于发现问题,善于反思,让自己的思维处于活跃的状态,使专业素质不断提高、业务能力不断精进,是"楷模教师"的共同特征。

(三)生发:创新与实干

教师要做"学为人师,行为世范"的好老师,要做心怀"国之大者"的大先生,要做学生为学、为事、为人的示范者,促进学生全面成长。习近平总书记指出,伟大事业都始于梦想、基于创新、成于实干。② 广大科技工作者要把论文写在祖国的大地上,把科技成果应用在实现现代化的伟大事业中。③

华中科技大学同济医学院第一临床学院院长胡豫教授瞄准国际前沿,敏锐挖掘新趋势,不断拓展医学教育改革的新思路,带领团队构建涵盖"诊断筛查、患者收治、重症救治、康复管理"的全链条防治网,积极推进教育教学与信息技术、科研创新有机融合,培养了大批卓越的医学人才。④ 新疆农职院动物科技分院院长丑武江先后开办了以企业名称命名的"泰昆班""天康班"等订单班,动物科技分院 2000 多名学生中有 70% 进入了校企合作班。到 2020 年,畜牧、兽医等专业的毕业生就业率达到 100%。"工学融合,在企业中办学"的"金牛班"人才培养模式,成为新疆乃至全国职

---

① 《太行山深处的快乐耕耘者——记河北省阜平县阜平镇大园村大园小学教师张建华》,中华人民共和国教育部网站,2018 年 8 月 30 日,http://www.moe.gov.cn/jyb_xwfb/xw_zt/moe_357/jyzt_2018n/2018_zt15/zt1815_km/201808/t20180830_346614.html。

② 新华社:《习近平会见探月工程嫦娥四号任务参研参试人员代表》,中国政府网,2019 年 2 月 20 日,http://www.gov.cn/xinwen/2019-02/20/content_5367237.htm。

③ 习近平:《为建设世界科技强国而奋斗——在全国科技创新大会、两院院士大会、中国科协第九次全国代表大会上的讲话》,中国政府网,2016 年 5 月 30 日,http://www.gov.cn/xinwen/2016-05/30/content_5078085.htm#2。

④ 《医学教育改革探路者——记华中科技大学同济医学院第一临床学院院长、教授胡豫》,中华人民共和国教育部网站,2020 年 9 月 9 日,http://www.moe.gov.cn/jyb_xwfb/xw_zt/moe_357/jyzt_2020n/2020_zt16/2020jiaoshuyurenkaimo/202009/t20200909_486640.html。

业教育办学模式创新的一个标杆。[①] 敢于创新，德技双馨，"楷模教师"从不满足于只做传授书本知识的教书匠，而是努力成为塑造学生品格、品行、品味的"大先生"，用点滴平凡书写师者大爱。

第二节　教师专业成长的楷模启示

生命历程理论不仅把历史与现在联系起来，而且搭建了个体行动者与社会环境之间的理论桥梁，[②] 使我们能够更加清晰地看到个体的每个选择、转变和整个生命历程背后的影响因素及其相互作用。"楷模教师"的成就，是特定的社会历史条件、他们自己的个体性、过往生命历程的正向累积效应与重要网络成员的影响等多种因素相互作用的结果。他们的精神特质契合党和国家对新时代教师队伍建设的定位和要求，展现了新时代的教师形象。

一　实施强师惠师政策，增强教师职业吸引力

"经师易求，人师难得。"[③] 教师承载着传播知识、传播思想、传播真理、塑造灵魂、塑造生命、塑造新人的时代重任。习近平总书记强调，让教师成为让人羡慕的职业。[④] 要实施强师惠师政策，切实提高教师的政治地位、社会地位、职业地位和待遇收入，增强教师职业吸引力，让教师有奋进之志，无后顾之忧。一是要完善工资待遇保障制度，落实补助政策、建立激励制度、优化教育资源配置等，增强乡村教师职业的吸引力。二是要切实保障教师权益，倾斜职称评聘、搭建成长平台、做好安身安心工程等，让教育更有温度。三是要营造尊师重教氛围，宣传优秀教师事迹，让

---

① 《2013年度全国教书育人楷模先进事迹介绍》，中华人民共和国教育部网站，2013年9月2日，http://www.moe.gov.cn/jyb_xwfb/xw_fbh/moe_2069/s7135/s7589/s7590/201309/t20130902_156693.html。

② 吴开泽：《生命历程视角的城市居民二套房获得》，《社会》2016年第1期，第216页。

③ 习近平：《思政课是落实立德树人根本任务的关键课程》，中国政府网，2020年8月31日，https://www.gov.cn/xinwen/2020-08/31/content_5538760.htm。

④ 陈宝生：《让教师成为让人羡慕的职业——深入学习贯彻习近平总书记在八一学校看望慰问师生时的重要讲话精神》，人民网，2016年12月8日，http://theory.people.com.cn/n1/2016/1208/c40531-28934244.html?from=singlemessage。

全社会更加关心、支持教育事业，使广大教师尊严感、幸福感、认同感、荣誉感持续提升，让教师真正成为"太阳底下最光辉的职业"。如安徽省创新实施强师惠师政策，有力地推动了全省教师队伍建设发生历史性变化。

二 建立职前职后一体化贯通培养模式，培养卓越教师2.0

"把未来从教要求作为培养师范生的出发点和落脚点。"[1] 从师范生成长为一名卓越教师，需要经历一个较长的发展过程，包括院校招生选拔、师范生培养、教师职后教育三个主要阶段，需要建立教师教育职前职后一体化贯通培养模式。一是推进多元招生选拔改革，教师生源选拔是卓越教师培养路径的起点。传统的师范生选拔标准以高考分数为主，还要加入对学生的教育信念、教师素养、职业愿景等方面的考查，遴选出真正有从教意愿和潜能的学生，实现学生与学校的双向选择和匹配。二是优化师范生教育培养过程，师范生教育是培养卓越教师的核心。高校的学习使师范生完成了教育教学理论知识的学习，学生的性格、品行、价值观逐步形成并稳定。要注重师德养成、完善课程设置、加强教育实践、滋养乡土情怀，切实提高师范生培养质量，努力培养新时代创新型、复合型教师。三是变革职后教师培训模式，职后教师培训是卓越教师培养的关键。教师的专业发展是一个终身学习过程，更多的教育教学隐性知识是在入职后的实践中获得的。要满足教师培训的真实需求，创新教师培训模式，提高教师培训成效，增强教师职业认同感，立足"让优秀的人培养更优秀的人"，做有信仰、有情怀、有本领、有担当的教育工作者，实现从合格到卓越的飞跃。如厦门市首期"卓越教师"培育用直播课检验培训效果。

三 构建协同培养机制，助推教师队伍发展

"深化高校、地方政府、中小学校（G‒U‒S）教师教育协同发展改革创新。"[2] 卓越教师的养成需要多方协同助力，高校、政府和各级各类学

---

① 李刚、卢晓琳、杨频萍：《江苏三地开展"七年贯通培养定向师范生"试点》，人民网，2021年7月22日，http://js.people.com.cn/n2/2021/0722/c360307‒34831402.html。

② 李中国、辛丽春、赵家春：《G‒U‒S教师教育协同创新模式实践探索——以山东省教师教育改革为例》，《教育研究》2013年第12期，第144页。

校等主体应该加强交流合作，助力卓越教师成长。国内许多院校也开展三方协同培养实践，主要围绕三方面开展：一是创新管理体制，实行条块协作；二是整合课程资源，加强实践与理论互补；三是改革人才培养模式，力求职前与职后贯通融合。这些有益的实践探索，反映了全面深化教育改革与系统推进卓越教师培养的基本精神与实践原则。如湖北师范大学以创建教师教育综合改革国家级实验区为抓手，积极构建"三位一体"协同培养机制，推动教育资源共享、人才成长对接、培养培训一体、教育教研融通，努力在合作共享中携手推动高校和地方教育高质量发展。

四 引导教师深耕课堂，促进教师自我构建

"教育的本质是一棵树摇动另一棵树，一朵云推动另一朵云，一个灵魂唤醒另一个灵魂。"[1] 教师实现专业发展不仅仅依靠外在环境的支持，更依赖于内在发生机制——自我建构。教师自我建构是教师对从事教育教学实践活动中的感受进行自我接纳、自我认同、自我反思、自我成长的过程。一是要"站好课堂"，教师最大的幸福感来自课堂，新教师要"站上课堂"，骨干教师要"站稳课堂"，卓越教师要"站好课堂"。二是与学生共成长，这既是对师生关系的一种改善，也是教师自我成长的一种行之有效的途径。三是重反思研究，做有思考的实践，做好实践后的反思，不断改进，才能在"反思—实践—反思"的螺旋式上升中更好地实现自身课堂教学能力的提升。从课堂反思起步，到课题研究的提升，走向教学主张凝练与研究，也是一条有效的自我发展之路，可以帮助教师实现专业认知、专业情感、专业意志和专业行为的提升。

"楷模"的意义，不仅仅在于专业的引领，更在于时代精神的指引。[2] 全国教书育人楷模、人民教育家于漪给青年教师这样的寄语："人民教师肩负着培养下一代的使命，责任大如天，这关系到国家和民族的命运，因此，即便遇到再大的困难，都要迎难而上。中国的教师一定要有这样的志气和精神，这是与中华民族的精神骨肉相连的。""全国教书育人楷模"向我们传递了时代的正能量，为广大教师如何从"站稳讲台"到"走向卓

① 〔德〕雅斯贝尔斯：《什么是教育》，邹进译，生活·读书·新知三联书店，1991，第68页。
② 陈志伟、余慧娟、程路、李帆、施久铭、赖配根、魏倩、陈刚：《他们为什么优秀？——十年百余名全国教书育人楷模分析报告》，《人民教育》2019年第18期，第23页。

越"提供了参考，激励广大优秀教师接续奋斗，坚守育人初心。

　　青年教师必须要有思想、有高度，从事教育事业要有内心的觉醒，要把自身的命运和国家的命运联系起来，要放眼世界，抱着舍我其谁的教育理想，担负教书育人的使命。

第二部分 "楷模教师"学段分布特征及启示

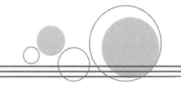

第三章 学前"楷模教师"的群像[*]

百年大计，教育为本；教育大计，教师为本。我国学前教育正从"幼有所育"走向"幼有优育"。《中国教育现代化2035》指出，到2035年我国学前教育的发展目标是"普及有质量的学前教育"。促进教师专业发展是实现"有质量的学前教育"的重要途径之一。而这样的期望体现在国家学前教育事业的方方面面，最突出的就是典型的树立。2010年以来，教育部联合权威媒体发起、由社会公众评选出百余位"全国教书育人楷模"。本章通过对其中14位学前"楷模教师"的先进事迹进行文本分析，梳理其职业发展轨迹、职业贡献，试图挖掘促进其教师生涯发展的积极因素，并尝试提出新时代学前教育教师队伍建设的优化路径。当选的14名学前"楷模教师"中，最小的年龄为33岁，最大的年龄为65岁，平均年龄为46岁，中位数年龄为44.5岁，广泛分布在全国12个省区市。有86%的教师为园长，有71%的教师在城市（见表3-1）。

表3-1 2010～2022年学前"楷模教师"基本信息

序号	当选年份	姓名	性别	出生年份	当选年龄(岁)	当选时从教年限(年)	所在省区市	所在单位
1	2010	吴邵萍	女	1965	45	27	江苏	江苏省南京市北京东路小学附属幼儿园
2	2011	石利颖	女	1974	37	18	北京	北京市第五幼儿园

* 本章系农村幼儿教育研究中心立项课题"'全国教书育人楷模'学前教育教师的群像研究"（课题编号：NYJ20220606）的结项成果。

续表

序号	当选年份	姓名	性别	出生年份	当选年龄(岁)	当选时从教年限(年)	所在省区市	所在单位
3	2012	孙明霞	女	1968	44	26	安徽	安徽省淮南市直机关幼儿园
4	2013	刘志	女	1963	50	26	甘肃	甘肃省兰州市实验幼儿园
5	2014	李广	男	1958	56	38	河北	河北省围场县棋盘山学区中心校莫里莫幼儿园
6	2015	高歌今	女	1966	49	30	天津	天津市河东区第一幼儿园
7	2016	游向红	女	1962	54	35	北京	北京市丰台区第二幼儿园
8	2017	艾米拉古丽·阿不都	女	1983	34	15	新疆	新疆维吾尔自治区喀什地区巴楚县多来提巴格乡幼儿园
9	2018	应彩云	女	1963	55	35	上海	上海市杨浦区本溪路幼儿园
10	2019	封莉容	女	1954	65	39	上海	上海宋庆龄学校
11	2019	范徽丽	女	1976	43	25	广西	广西北海市涠洲岛幼儿园
12	2020	何梅	女	1987	33	14	贵州	贵州省毕节市赫章县城关镇中心幼儿园
13	2021	郭文艳	女	1983	38	19	河南	河南省辉县市西平罗乡中心幼儿园
14	2022	孙怡	女	1980	42	22	新疆	新疆生产建设兵团第二师铁门关市第一幼儿园

资料来源：教育部网站、《中国教育报》、《中国教师报》等。

第一节 学前"楷模教师"群体的成长轨迹

党的十六大以来，优先发展教育的战略得到有效实施，尤其体现为学前教育加速发展。党和国家给予学前教育高度重视，凸显了学前教育在整个教育体系中不可或缺的地位。学前教育阶段是儿童成长和发展的奠基阶段，关系到儿童的未来、民族的未来。从事学前教育工作的教师都在平凡的岗位上做出了不平凡的贡献。梳理学前"楷模教师"的成长轨迹，一起领略他们的幼教情怀，不仅可以为教师队伍的建设起到示范作用，而且可以潜移默化地坚定我们的教育信念。

一 结缘幼教：义无反顾

在应试教育的背景下，以功利为主的价值取向导致人们更关注孩子的初中和高中阶段，学前教育一直没能得到应有的重视，或者说儿童教育没有得到应有的重视。这种价值观念，在一定程度上阻碍了学前教育事业的发展，阻碍了建设优质学前教师队伍的进度。虽然有很多优秀的人才不想做学前教育教师，但是很庆幸，也有很多关心儿童成长、热爱学前教育事业的优秀人才义无反顾地扎根到学前教育一线事业。

学前"楷模教师"与幼教结缘的缘由可能都不大相同。有的是因为热爱而义无反顾到一线工作的。1987 年，刘志从西北师范大学学前教育专业毕业。作为优秀毕业生的她做出一个令亲朋好友意想不到的决定：到兰州市实验幼儿园做一名普通幼儿教师。当时，学前教育还不被人们所关注，刘志的决定让大家很不理解，也替她惋惜，但这丝毫没有动摇她的决心。刘志是当年唯一到一线幼儿园任教的专业毕业生，她一直坚守在一线。①

有的学前"楷模教师"因为政府和国家要发展偏远地区的学前教育事业主动承担重任，如艾米拉古丽·阿不都。2002 年，艾米拉古丽从哈密师范学校的汉语专业毕业，被分配到多来提巴格乡的小学工作。由于工作出色，2009 年 9 月，她被任命为多来提巴格乡双语幼儿园园长。一方面，当一名幼儿园老师一直是她的梦想；另一方面，她在小学当汉语老师时，深感学习汉语应当自幼开始，而当地因教育资源短缺，没有一所幼儿园，那些孩子都没有上过幼儿园。她想，如果她教的孩子能上幼儿园，能有基本的汉语听说能力该有多好。2009 年乡里决定开办幼儿园，她积极参加了公开选拔园长活动，因自身条件优异，被任命为巴楚县多来提巴格乡双语幼儿园园长。② 有类似经历的还有在乡村办学的李广，③ 以及从城市到农村的

① 冲碑忠：《做每个孩子的真心朋友——记全国教书育人楷模、甘肃省兰州市实验幼儿园园长刘志》，中华人民共和国教育部网站，2013 年 9 月 11 日，http://www. moe. gov. cn/jyb_xwfb/s5147/201309/t20130911_157249. html。
② 蒋夫尔、忠建丰：《用真心和爱心对待每个孩子——记新疆巴楚县多来提巴格乡幼儿园园长艾米拉古丽·阿不都》，中华人民共和国教育部网站，2017 年 9 月 25 日，http://www. moe. gov. cn/jyb_xwfb/moe_2082/zl_2017n/2017_zl43/201709/t20170925_315209. html。
③ 潘琴琴、耿建扩：《教育楷模李广：营造山村孩子的世外桃源》，中国新闻网，2018 年 8 月 6 日，https://www. chinanews. com. cn/sh/2018/08 - 06/8590686. shtml。

郭文艳。郭文艳毕业于新乡市第一师范学校学前教育专业。2012 年，辉县市教育局响应国家的政策号召，大力发展学前教育，郭文艳参加了辉县市教育局组织的招教考试，考取了位于辉县市中心、办学条件较好、办园历史悠久的辉县市第二幼儿园。就在这时候，辉县市为促进城乡教育均衡发展而建设的西平罗乡中心幼儿园正需要教师，从小生在农村、长在农村的郭文艳对农村有深厚的感情，于是没有犹豫，没有彷徨，她满怀热情，义无反顾地放弃了城里的优越条件，背起行囊来到了这所位于深山的幼儿园，开启了她的乡村教育探索之路。①

有的老师是通过工作分配的方式到学前领域工作的，如上海宋庆龄学校党支部书记、校长、宋庆龄幼儿园名誉园长封莉容。封莉容 17 岁到上海崇明前哨农场务农，从幼儿师范学校毕业后，于 1980 年被分配到宋庆龄创办的中国福利会幼儿园工作，封莉容把这份工作当作"人生最大的幸运"。从此，她无怨无悔、忠诚奉献于这份崇高的事业。②

总之，尽管学前"楷模老师"们当初选择学前教育事业的原因各有不同，但学前教育事业的发展离不开他们义无反顾的奉献。正是因为这种义无反顾的精神，他们才能扬己所长，在自己的岗位上钻研，获得不凡成就，促进我国学前教育事业的发展。学前"楷模教师"用他们的亲身经历向我们说明：一个人只有做自己喜欢做的事并能够扬己所长，进而把兴趣变成职业，把职业变成事业，才能获得人生幸福。

二　扎根幼教：倾情奉献

我国目前的学前教育正从"幼有所育"转向"幼有优育"。出现这种好的发展趋势，一方面是因为经济的发展和国家政策的支持；另一方面离不开许多学前教育优秀教师的实践。他们不畏艰难，勇于开拓，让偏远地区的孩子能够接受公平而有质量的学前教育；他们勤勤恳恳，坚

① 《家园共育的探路者——记河南省新乡市辉县市西平罗乡中心幼儿园园长郭文艳》，中华人民共和国教育部网站，2019 年 9 月 8 日，http://www.moe.gov.cn/jyb_xwfb/xw_zt/moe_357/2021/2021_zt18/jjsyr/202109/t20210906_559836.html。
② 《以爱传承，做缔造未来的燃灯者——记上海宋庆龄学校党支部书记、校长、宋庆龄幼儿园名誉园长封莉容》，中华人民共和国教育部网站，2019 年 9 月 4 日，http://www.moe.gov.cn/jyb_xwfb/xw_zt/moe_357/jyzt_2019n/2019_zt20/jsfc/jsyrkm/km2019/201909/t20190904_397455.html。

守一线，以儿童发展为本，注重终身学习，不断促进学前教育事业向前发展。

（一）以人为本，践行人人享有公平而有质量的教育追求

长期以来，我国各个教育阶段的教育公平都面临严峻的挑战。教育不公平会影响人的一生。让人人享有公平而有质量的教育，促进每个人全面发展，是社会主义教育公平的本质体现。随着生活水平的提高，人民对公平而有质量的教育的需求日益增加。家长都迫切希望自己的孩子"不能输在起跑线上"。学前教育是正式教育的"起点"，保证每个儿童享有公平而有质量的学前教育，是实现我国教育现代化的前提。范徽丽在成长的过程中，因父亲重男轻女，没有能够去上高中，所以对教育公平的追求一直根植于心。在她担任北海市机关幼儿园园长期间，一次跟随教育局领导到海岛考察，发现当地的孩子根本没有接受学前教育的机会，所以她义无反顾地从城市来到海岛，办起了学前教育。[①] 李广是围场县棋盘山学区中心校莫里莫幼儿园的教师，由于条件艰苦，幼儿园的老师们走了一波又一波，但他凭着对教育事业的无限忠诚与热爱，倾情守护山娃近 40 年。缺少经费，就开垦校山，用其劳动所得修缮幼儿园。去城里的幼儿园参观时，他看到城里的幼儿园有很多玩具，觉得愧对了孩子们，回来就收集材料给孩子们亲手做教具。[②] 范徽丽、李广等"楷模教师"都具有高尚的幼教情怀，在没有条件的情况下，努力地创造条件让孩子们尽可能接受公平而有质量的教育，成为偏远山区孩子的人生灯塔，改变了山村孩子的命运基调。

（二）践行终身学习的理念

在投身学前教育一线之后，"楷模老师"们意识到，幼儿教育不是随随便便就能做好的，必须不断学习，践行终身学习的理念。他们不仅从书本中学、从实践中学、从研究中学、从他人身上学、从别的幼儿园学、从孩子身上学，而且注重自身的示范作用，带动身边的老师和家长一起学习关于孩子的知识。贵州省毕节市赫章县城关镇中心幼儿园教师何梅是从小

---

① 蒋素利：《范徽丽：海岛幼教的拓荒者》，《当代广西》2018 年第 22 期，第 23 页。
② 潘琴琴、耿建扩：《教育楷模李广：营造山村孩子的世外桃源》，中国新闻网，2018 年 8 月 6 日，https://www.chinanews.com.cn/sh/2018/08 - 06/8590686.shtml。

学转岗到幼儿园的，专业上的短板让她不敢放慢学习的脚步。何梅说："别人休息的时候我在学习，别人玩耍的时候我在学习，别人旅游的时候，我到其他幼儿园观摩学习……"① 正是因为她努力地学习，只用了一年时间，就实现了从一名小学教师到幼儿教师的完美蜕变。

（三）坚守一线，不计较个人得失

不管是作为普通教师还是作为园长，学前"楷模教师"都时刻坚守在教学一线。甘肃省兰州市实验幼儿园园长刘志每天总是第一个到园，最后一个离园，深入班级了解孩子的饮食、午休以及教育教学活动开展情况。她最喜欢做的事情就是与孩子们聊天、一起玩游戏，全园孩子的名字她几乎都能一一叫出来。她了解和掌握了大多数孩子的特点，在与家长沟通时，常常给他们一些合理的育儿建议，赢得了广大家长与同行的尊敬和爱戴。② 安徽省淮南市直机关幼儿园园长孙明霞工作多年，坚持每天早上 6 点多到幼儿园，7 点钟准时站在门口，微笑着迎接每一位学生和家长。入学第一天，孙明霞的手机号码和办公室电话就向所有家长公开。工作时间内，家长们如果想要反映问题，走进园长办公室，门后永远都有一张温暖的笑脸；休息日，她经常在办公室里加班。③

（四）重视教研，不断促进自身专业成长

"楷模教师"都十分重视研究，并把自己学到的知识毫无保留地分享给别人。研而不教则浅，教而不研则空，教研是老师最好的成长方式之一。学前"楷模教师"始终坚守在教育一线，眼中有孩子，关心每一个孩子，日常善用观察法来记录每一个孩子的成长，把孩子成长过程中的一点一滴都作为自己的研究对象。在此过程中，学前"楷模教师"不仅促进了自身的专业成长，更重要的是能更好地为幼儿的发展提供支持，进而促进国家学前教育事业的发展。南京市北京东路小学附属幼儿园园长吴邵萍始

---

① 俞曼悦：《爱在左 责任在右——记贵州省赫章县城关镇中心幼儿园教师何梅》，中华人民共和国教育部网站，2020 年 9 月 9 日，http://www.moe.gov.cn/jyb_xwfb/xw_zt/moe_357/jyzt_2020n/2020_zt16/2020jiaoshuyurenkaimo/202009/t20200909_486649.html。

② 葛燕燕：《2013 年度全国教书育人楷模刘志先进事迹介绍》，共产党员网，2014 年 9 月 10 日，https://www.12371.cn/2013/09/10/ARTI1378798833275968.shtml。

③ 赵娴娜、贾娜：《"孩子就是全世界"——记安徽省淮南市直机关幼儿园园长孙明霞》，中华人民共和国教育部网站，2012 年 9 月 25 日，http://www.moe.gov.cn/jyb_xwfb/moe_2082/s6236/s6843/201209/t20120925_142674.html。

终致力于教育教学改革实践和科学探索，醉心于课题研究。从"八五"到"十一五"期间，她参与和独立主持了很多国家级、江苏省重点研究课题，并在课题研究的过程中出版了《开放性课程在行动》等专著，主编了《托班课程》等书籍。这些研究成果的出版，为一线幼儿教师的教育教学实践提供了直接的参照和支持，对幼儿教育的发展产生了重要影响。①

幼儿时期是人发展的奠基阶段，在这个时期儿童的可塑性强，是大脑、语言等发展的关键时期，对人一生的发展至关重要。所以说，幼儿教育的发展关系到千家万户，关系到民族的未来。学前"楷模教师"综合幼儿发展的多方面因素，利用本土资源开展特色教育活动。艾米拉古丽为了缩小其所在的幼儿园与县城幼儿园的差距，让幼儿园的教师团队不断摸索适合农村幼儿发展的教育模式，根据农村幼儿特点编制课程，做到以游戏为主，动静交替，引导幼儿在玩中学，寓教于乐。② 除此之外，学前"楷模老师"们还不局限于本园的发展，同时心系国家学前教育事业的整体发展。封莉容坚持"好的教育必须以国家教育发展为己任"。封莉容亲自带领优秀师资到祖国最贫困、最需要的地方参加义务文化教育扶贫，进行业务指导、帮困带教。她三进内蒙古，还到江西、安徽、广西等地开展文化扶贫工作，为当地教师开设讲座，提供教育咨询，得到当地教师和教育主管部门的认可与好评。每年，内蒙古、新疆、西藏姊妹园（校）的教师都会来沪学习，封莉容总是安排最好的老师带教他们，同时将校园完全向他们开放，尽心尽力地回答前来学习的教师的每一个提问，尽可能地为他们提供帮助。现在，上述三地的姊妹园（校）都成为当地学前教育的"领头羊"。③ 学前教育事业的发展关乎儿童的未来，关乎家家户户，关乎民族复兴，是千秋万代的伟大事业。学前"楷模教师"为此做了重要贡献。

---

① 陈瑞昌：《"爱就是我的教材"——记南京市北京东路小学附属幼儿园园长吴邵萍》，中华人民共和国教育部网站，2010 年 9 月 26 日，http://www.moe.gov.cn/jyb_xwfb/moe_2082/s5936/s4620/201009/t20100926_108749.html。

② 周珊：《用爱心托起明天的太阳——第八届全国教书育人楷模艾米拉古丽·阿不都访谈录》，搜狐网，2018 年 6 月 28 日，https://www.sohu.com/a/238299344_615014。

③ 《以爱传承，做缔造未来的燃灯者——记上海宋庆龄学校党支部书记、校长、宋庆龄幼儿园名誉园长封莉容》，中华人民共和国教育部网站，2019 年 9 月 4 日，http://www.moe.gov.cn/jyb_xwfb/xw_zt/moe_357/jyzt_2019n/2019_zt20/jsfc/jsyrkm/km2019/t20190904_397455.html。

第二节 保教并重：学前"楷模教师"的专业特质

一 师幼互动

(一) 教师具有教育的敏感性和机智

教育与教育爱不可有须臾的分离。教育爱就是说老师必须以教育学的眼光看待孩子，老师作为一个保护、培养孩子的观察者，要意识到正在成长的孩子的存在，并且让孩子感受到老师的存在。而确保教育爱有效实施的不二法宝就是老师要有教育的敏感性和机智，即有进入孩子的世界的能力，知道什么该说、什么不该说，什么该提、什么不该提。[①] 教育是一种与人相处的学问，一种成年人与孩子相处的学问，从这个意义上说，教育的智慧和敏感性比教育的技术性更加重要。而若缺少教育的智慧和敏感性，所谓的"教育"就极可能变成一种对孩子的实质性"伤害"。石利颖强调学习孩子做游戏的方法，强调了解孩子行为背后的想法，让自己成为一个孩子，回到跟他们一样的年龄，才能走进他们的心灵，读懂他们的梦想。[②] 每一个清晨，封莉容都会站在校园的长廊里向孩子们鞠躬，道一声早上好，再聊上几句。这些看似平凡的动作，她坚持了几十年。[③] 通过平凡的举动，她不仅"看到"了孩子，也让孩子体验到"被看到"的感觉，让孩子意识到自己是一个存在的人、一个独立的人和一个成长中的人。常常被老师用教育学的眼光"看到"的孩子是幸运的。

(二) 了解和研究儿童，正确认识儿童，以促进儿童发展为己任

教育爱不是教师的"一厢情愿"，它是满足儿童生命成长的"必需

---

① 〔加〕马克斯·范梅南、李树英：《教育的情调》，李树英译，教育科学出版社，2019，第5、13页。

② 赵婀娜：《北京市第五幼儿园高级教师石利颖——和孩子们一起成长》，中华人民共和国教育部网站，2012 年 10 月 18 日，http://www.moe.gov.cn/jyb_xwfb/s5147/201210/t20121018_143403.html。

③ 《以爱传承，做缔造未来的燃灯者——记上海宋庆龄学校党支部书记、校长、宋庆龄幼儿园名誉园长封莉容》，中华人民共和国教育部网站，2019 年 9 月 4 日，http://www.moe.gov.cn/jyb_xwfb/xw_zt/moe_357/jyzt_2019n/2019_zt20/jsfc/jsyrkm/km2019/201909/t20190904_397455.html。

品"。儿童需要什么样的爱？教师的爱怎样才能"送达"儿童的心上？这是我们面临的学术难题。如果不能"走进"儿童世界，理解儿童，就很难说教育爱是儿童所需的。每个儿童都有自己的世界，我们应该怎样站在儿童的立场上，努力以儿童的方式走进儿童的世界，切实地关心儿童、理解儿童，顺应儿童发展的内在可能性去引导儿童、成就儿童呢？首先就是要研究儿童，关注其独特性。① 吴邵萍说："幼儿教育是细节教育，幼儿的一点一滴，都是我的研究对象。"她将教学和科研相结合，研究紧贴教学实际。吴邵萍说，"家长和社会最常犯的一个错误，就是把学前教育误认为是知识教育，而忽略培育思维和情感的重要性"，"幼儿教育就是培养好习惯，行为习惯和思维方式才是影响孩子一生的大事情"。在吴邵萍的带领下，南京市北京东路小学附属幼儿园从幼儿主体发展的需要出发，向幼儿开放最大的发展空间。每次与孩子说话，吴邵萍总是蹲下去，从来也不拿手指着孩子，永远都是柔声细语、嘴角含笑，永远都是"请"的姿态，永远都与幼儿保持平等。拿书给心情低落的孩子，要选择不规则形状的，这样可以引起他的注意；与孩子相处时，永远是肯定和赞扬的状态……诸如此类的细节，吴邵萍每时每刻都在身体力行。②

二 家园合作

家庭教育是人类教育的起源、人类教育的主体，家庭教育对儿童发展的影响是终身的。应彩云提出，孩子就是家庭的产物，尤其是对学龄前的孩子来说，在学前教育中，家庭教育要比幼儿园教育有效得多，并提出在家里要让孩子养成良好的行为习惯，包括文明举止，在发现美好事物的过程中学习，不可缺少亲子阅读。③ 在宋庆龄幼儿园，由封莉容组织成立的家委会由家长运作，全程参与幼儿园的教学和管理。家长每天轮流值班，在早晨的园门口迎接孩子、鞠躬问好；到课堂上当老师，告诉孩子生活情

① 〔加〕马克斯·范梅南、李树英：《教育的情调》，李树英译，教育科学出版社，2019，第12页。

② 陈瑞昌：《"爱就是我的教材"——记南京市北京东路小学附属幼儿园园长吴邵萍》，中华人民共和国教育部网站，2010年9月26日，http://www.moe.gov.cn/jyb_xwfb/moe_2082/s5936/s4620/201009/t20100926_108749.html。

③ 转引自上海市特级教师特级校长联谊会、上海图书馆、解放日报编《成长解码——特级教师开课啦》，上海教育出版社，2019，第11页。

趣、生活常识；还参与后勤管理、卫生安全、膳食搭配。校车安全曾经牵动了全社会的神经，宋庆龄幼儿园的家委会自发对校车进行定期检查，"懂行的家长还会拿尺子测量轮胎防滑纹的深浅"。在家长的帮助督促下，宋庆龄幼儿园的校车车队获得了"全国工人先锋号"的荣誉称号。[①] 而农村地区的家园共育旨在改变家长错误的教育观念以及向家长普及幼儿教育知识，引导家长重视学前教育。在少数民族地区办学的艾米拉古丽·阿不都，为了解决村民的思想问题，定期组织家访，向家长灌输幼教理论，帮他们分析孩子心理，教他们处理问题的方法。在农忙季节，家长早上八九点钟就把孩子送到了学校，天黑了才接走。农闲的时候，她利用家长开放日组织"家庭运动会""家园联谊亲子游戏"等亲子活动，增进父母与孩子的相互了解，为家长搭建了家园沟通的桥梁。[②] 学前"楷模老师"们都把家长看作幼儿园重要的合作伙伴，本着尊重、平等、合作的原则，争取家长的理解、支持和主动参与，并积极帮助家长提高教育能力。

三　同辈互助

"楷模老师"们注重建立学习共同体。巴斯认为，生活在学校的成年人之间的关系对学校的特点和质量以及学生的成绩来说比任何因素都更为重要。建立学习共同体，也就是吸引教师参与教育研究和实践，建立合作的同伴关系。教师在与其他教师的互动过程中，学习是非常重要的一点，是教师专业发展的必要途径，也是教师终身发展的必要组成部分。[③]

自《国家中长期教育改革和发展规划纲要（2010—2020 年）》颁布以来，我国学前教育事业获得了快速发展，党和国家在持续扩大学前教育资源供给的同时，也在不断提升学前教育发展质量，而优化学前教育师资队伍就是提升学前教育发展质量的重要手段之一，各类教师培养和培训政策

---

① 《以爱传承，做缔造未来的燃灯者——记上海宋庆龄学校党支部书记、校长、宋庆龄幼儿园名誉园长封莉容》，中华人民共和国教育部网站，2019 年 9 月 4 日，http://www.moe.gov.cn/jyb_xwfb/xw_zt/moe_357/jyzt_2019n/2019_zt20/jsfc/jsyrkm/km2019/201909/t20190904_397455.html。

② 《艾米拉古丽·阿不都：成为孩子和家长需要的老师》，搜狐网，2017 年 9 月 14 日，https://www.sohu.com/a/191973705_549584。

③ 〔美〕约翰·D.布兰思福特等：《人是如何学习的：大脑、心理、经验及学校》，程可拉、孙亚玲、王旭卿译，华东师范大学出版社，2013，第 171 页。

不断被付诸实践。由于我国学前教育事业发展底子薄、欠账多且区域发展不均衡，要打造一支高水平的学前教师队伍仍面临诸多困难，尤其是经济发展较为滞后的地区、农村和民办幼儿园的师资队伍建设面临严重的困难，推进区域内学前教师专业素养均衡发展便成了推进学前教育师资队伍建设的重要突破口。学前"楷模老师"们不限于个人的发展，他们心系中国的学前教育事业，一边进行学术研究，一边传播个人的成功经验，发挥个人以及示范园的辐射带动作用。艾米拉古丽从小学教师向幼儿教师过渡的过程中强烈地感受到不仅自己需要提升，其他老师的业务水平也要不断提升，她组织夜校学习班，带领全园教师每日下班后一起学普通话，讲公开课，和外出参加培训的老师一起交流学习。① 办好幼儿园，必须要有一支师德高尚、业务精湛、充满活力的保教队伍。为此，刘志提出了幼儿园队伍的发展目标：园长——专家型、教师——研究型。刘志带头组织园本教研与园本培训，以教科研促进教师专业化成长，把培养和指导青年教师、提高其业务水平作为重要任务来抓。刘志建立了兰州市第一个学前教育名师工作室、第一个幼儿园班主任工作室，其中有 5 位教师被高校特聘为幼师"国培"项目培训教师。② 高歌今创新集团化连锁办园模式，积极探索优质公办园办分园，扩大公办优质教育资源，使天津市河东区第一幼儿园成为学前教育"排头兵"。③ 为了更快提高年轻老师的教学质量，吴邵萍一直在一线指导。她会听每一位老师的课，特别是新老师的课，并且会课后逐一反馈。除了听其他老师的课，吴邵萍每学期还会上示范课、举办讲座。她细致而严格地指导年轻老师，连教具的收放顺序都会一一指导到位。有人问她，都是园长了，还有必要给年轻教师演示教具吗？吴邵萍的回答是肯定的。④

① 樊未晨：《艾米拉古丽·阿不都：一切为了孩子》，中青年在线网，2017 年 9 月 11 日，http://news.cyol.com/content/2017-09/11/content_16486787.htm。
② 冲碑忠：《做每个孩子的真心朋友——记全国教书育人楷模、甘肃省兰州市实验幼儿园园长刘志》，中华人民共和国教育部网站，2013 年 9 月 11 日，http://www.moe.gov.cn/jyb_xwfb/s5147/201309/t20130911_157249.html。
③ 陈少远：《"我在给孩子们打地基"——记天津市河东区第一幼儿园园长高歌今》，中华人民共和国教育部网站，2015 年 9 月 29 日，http://www.moe.gov.cn/jyb_xwfb/xw_zt/moe_357/jyzt_2015nztzl/2015_zt09/15zt09_2015jsyr/201509/t20150929_211246.html。
④ 张春铭：《吴邵萍：智慧园长的幸福人生》，中华人民共和国教育部网站，2011 年 2 月 18 日，http://www.moe.gov.cn/jyb_xwfb/xw_zt/moe_357/s3582/s4672/s4899/s4900/201102/t20110218_115068.html。

基于建构主义的观点，这种教师之间在情境中的交流可以让教师深化对儿童、对教育、对自己的教学实践的理解。

第三节　学前教师专业发展的有益启示

一　建立高素质教师队伍

建立一支高学历、高素质的幼儿园教师队伍既是提升我国学前教育事业发展水平的客观要求，也是促进幼儿成长的内在需要。[1] 从世界范围来看，很多西方发达国家幼儿园教师的学历水平已经达到本科层次，甚至很多教师已经取得硕士学位，且在入职前就已有丰富的实践经历。[2] 我国学前教育师资的培养体制从三级师范过渡到二级师范后，在一定程度上缓解了幼儿园教师学历层次整体偏低的情况，但在培养过程中仍面临理论与实践脱节等障碍，以致培养出来的学生不能很好地顺应和引领学前教育的实践发展。[3] 幼儿园教师是一种专业性很强的职业，高水平的幼儿园教师不仅要具备良好的专业技能，还要具备卓越的教育智慧和专业发展能力，对他们的培养也应当具有时代性、开放性和综合性。近年来，为解决学前教育师资培养过程中长期以来存在的师范性和学术性无法得到有效调和等问题，我国开始尝试创新学前教育师资培养体制来优化对幼儿园教师的培养，以期使他们在胜任幼儿园日常教育教学工作的基础上具备良好的研究和自我发展能力。[4] 2012 年 9 月教育部印发《幼儿园教师专业标准（试行）》（以下简称《专业标准》），明确指出幼儿园教师队伍建设的基本理念，即"师德为先、幼儿为本、能力为重、终身学习"。

---

① 吴琼：《我国幼儿园师资保障质量评估与提升策略》，《学前教育研究》2021 年第 1 期，第 57 页。
② 杨晓萍、何孔潮：《美国幼儿教师职前培养的历史、现状与走向》，《比较教育研究》2013 年第 2 期，第 9 页。
③ 张根健、卜凡帅：《学前教育师资供给侧结构性改革的内涵与策略》，《学前教育研究》2021 年第 3 期，第 81 页。
④ 张升峰、荐秋：《初中起点本科层次学前教育师资培养模式探索》，《学前教育研究》2022 年第 7 期，第 91 页。

（一）师德为先

应始终把师风师德建设摆在教师队伍建设的首要位置，坚持把思想政治教育、法治教育、心理健康教育、安全教育和民族团结教育等作为师德教育的重要内容，贯穿教师职前、职后培养全过程。出台学前教师职业道德行为准则，明确师德要求，明确师德红线。建立优秀老师和师德典型表彰制度，定期开展先进典型树立活动。完善师德考核办法和师德档案管理制度，将师德作为教师日常考核和年度考核的重要内容，考核结果存入教师档案，作为评优评先、表彰奖励、职称评审、岗位竞聘的重要依据，对师德失范行为实行"一票否决制"。

教师是学生的领航人，幼儿时期是一个人受教育的启蒙阶段，教师对幼儿成长的影响可能会伴随幼儿一生。首先，确保教师的师德，可以避免一些行为失范的老师对幼儿造成身心伤害，以至于对孩子造成无可挽回的终生伤害；其次，低龄的孩子具有向师性的特点，所以教师应起到以身作则的作用，以自身的高尚品德、模范行为来潜移默化地影响幼儿的品德发展；最后，营造良好的校园氛围，教师的师德是营造良好校园氛围的基础，一个学校的校风校纪直接影响到这个学校培养人才目标的完成。

（二）幼儿为本

教育的目的在人。学前教育应以幼儿为中心，以幼儿的发展为本。首先，脑科学的发展为我们揭示了 0~6 岁是幼儿大脑、语言等发展的关键期。抓住幼儿发展的关键期有利于促进幼儿的全面发展。教师应立足于幼儿的发展，以幼儿为本，尽最大可能促进每个幼儿的全面发展。其次，应当注意的是，幼儿的发展是德智体美劳等的全面发展。以"幼儿为本"的教育理念早已有之，但人们往往在实践中受"不能输在起跑线上"的社会价值观影响，忽视幼儿的全面发展，造成对幼儿的伤害。教师应以幼儿为本，抵制这种不良的价值倾向，同时多与家长沟通交流，帮助家长树立科学的育儿观，促进儿童健康成长和发展。最后，孩子们是带着有关事件如何运行的前概念来到课堂的，教师应以幼儿为本，尊重幼儿的兴趣，满足幼儿的个性化需求，联系幼儿的生活经验，让他们在拥有事实性知识的基础上拥有理解性的学习机会。

总之，幼儿园应以幼儿为中心，以幼儿发展为本，教师要时刻用教育的眼光看待幼儿，保持对其独特性的关注，既意识到幼儿的"存在"，也要让幼儿体验到"存在"，即让幼儿感觉到自己是独特的人、存在的人和成长中的人。

（三）能力为重

作为一名合格的学前教师，一定要注重培养自身对幼儿的保教能力、研究幼儿的能力和专业发展的能力，培养自身的教育敏感性。学前教师要了解关于幼儿的知识，要具备保育知识和一些通识性知识，在工作中运用这些知识，促进幼儿身心健康与全面发展。在教学中，时刻保持对儿童的关注，开展的教学活动要联系儿童的生活、兴趣、需要，保持对其独特性的关注，探索生命成长的真谛，一切为了学生的发展。在工作中，教师应与同事、家长、社区等做好沟通与合作，这样既有助于工作顺利开展，也有助于幼儿健康发展。

（四）终身学习

如今是终身学习的时代，作为学前教育教师，应具备终身学习的能力。国家可以通过政策支持构建职前、职后一体化贯通培养模式，帮助学前教师成长。

构建高质量的支持教师终身学习的体制和环境非常重要。首先，要创设学习机会。一线教师的学习机会主要包括：自己的教学实践、与其他教师的互动、在自己的学校内参与学位课程学习，参加具体的由高校开设的教师提高课程进而向教育专家学习、报名参加研究生课程、课外学习。因为教师继续学习的途径非常广泛，所以很难进行一般性归纳和对教师学习质量进行判断。但是有一点很清楚，如果用资金来衡量，相对来说教师学习的机会并不多，因为国家为一线教师的正规学习投入的资金很少。[1] 其次，要提高教师学习的质量。即使为教师的继续发展提供正式资源，就质量而言，有效学习也是各不相同的。《人是如何学习的：大脑、心理、经验及学校》一书从学习环境的角度分析了教师学习的质量，即在多大程度上教师的学习是以学习者为中心、以知识为中心、以评价为中心和以共同

---

① 〔美〕约翰·D.布兰思福特等：《人是如何学习的：大脑、心理、经验及学校》，程可拉、孙亚玲、王旭卿译，华东师范大学出版社，2013，第172页。

体为中心的。① 其中，以学习者为中心强调考虑学习者的先前知识、经验和兴趣；以知识为中心强调合理的知识结构，包括学科知识与教学知识的统一；以评价为中心强调给教师及时有效的反馈；以共同体为中心强调教师间的合作与互助。

二　创新与发展本土理论

我国的学前教育有悠久的历史，西周时期就出现了小学，春秋战国时期也有很多私学性质的蒙学，汉代有书馆，到元明清时期更是出现了普及面广且制度化的社学。但我国古代对儿童的教育大多局限在习惯、道德、知识的培养上，没有形成系统的学前教育理论。在民国时期，陈鹤琴先生创办了中国第一所幼儿园——鼓楼幼稚园，并提出了"活教育"理论，为我国学前教育事业的发展奠定了思想基础，积累了实践经验。但到目前为止，我国的学前教育理论建设还很薄弱，且我国的经济发展水平极不均衡，存在地区差异和城乡差异，需要老师们根据自己的实践经验并综合考虑地方资源，发展地方学前教育理论。

三　进一步强化家园合作

家庭教育是促进儿童发展的重要一环，对儿童的成长和发展有着至关重要的影响，老师们经常抱怨"5 + 2 = 0"，即儿童在校五天养成的好习惯等，回家两天就功亏一篑了。所以探索家园合作的实践是促进儿童发展的重要举措。而信息化、人工智能也为家园合作共育提供了好的平台。

（一）国家政策支持

国家应因地制宜出台相应的家园合作政策，明确幼儿园主导、家长积极参与、社会支持的家园合作模式。国际上已经开始为 0～6 岁儿童提供一体化的保教服务，包括横向的家庭、社区、社会相关组织、企事业单位多个责任主体之间的紧密联结，纵向的 0～6 岁儿童发展的整体性思考及系统性规划。我国目前学前教育的对象主要是 3～6 岁的儿童，而科学研究发现，0～3 岁是儿童脑部发育的重要时期。国家可以加大对学前教育的投资力

---

① 〔美〕约翰·D. 布兰思福特等：《人是如何学习的：大脑、心理、经验及学校》，程可拉、孙亚玲、王旭卿译，华东师范大学出版社，2013，第178页。

度，出台相关政策，利用幼儿园的人力资源和环境资源等优势，帮助家长正确育儿，缓解家长的育儿焦虑，促进儿童的健康成长。

（二）探索合作路径

每个儿童都是具有独立性、独特性的个体，是成长的个体，但他们的成长和发展也遵循一些普遍的规律。幼儿园园长应发挥示范、引领作用，开展学前教育教学研究，促成一线老师与学前教育专家合作，探索适合本幼儿园的家园合作路径。比如郭文艳因地制宜，在中国农业大学教授孙庆忠的指导下，为家园合作换了一个新思路，即带领幼教团队成立了全国第一所以幼儿园为依托的乡村社区大学——川中社区大学。川中社区大学被定义为"不是家长学校，不是农民技术学校，是成人终身学习的公民学校"。这一创举，不仅造福了家长，也改变了当地居民的面貌，改造了乡村社会，在一定程度上践行了晏阳初的平民教育思想。[1]

（三）应用人工智能

在教育信息化 2.0 的时代背景下，幼儿园应灵活运用多种信息技术手段，回应和满足新时期家园合作的新挑战与新要求。如幼儿园可以充分利用自身优势，精心设计并制作线上幼儿教育课程，通过多种途径向家长推送；开展线上育儿讲座与专题育儿指导，为家长提供全方位的育儿指导；借助互联网随时随地与家长沟通幼儿发展的有关问题，完成线上家访；突破时空限制召开线上家长会，提高家园合作的智能化与智慧化水平。

信息技术为建立包括教师、管理人员、学生、家长、实践科学家和其他感兴趣的人在内的本地共同体和全球共同体创造了可能。[2] 基于因特网的教师共同体逐渐成为消除教师孤立无援感的越来越重要的工具。

① 刘肖、庞珂：《用青春谱写乡村教育美丽篇章——记河南省辉县市西平罗乡中心幼儿园园长郭文艳》，光明网，2021 年 9 月 24 日，https://m.gmw.cn/baijia/2021-09/24/35187088.html。
② 〔美〕约翰·D. 布兰思福特等：《人是如何学习的：大脑、心理、经验及学校》，程可拉、孙亚玲、王旭卿译，华东师范大学出版社，2013，第 185 页。

第四章　小学"楷模教师"的群像[*]

　　百年大计，教育为本；教育大计，教师为本。要想提高教育质量，建立高素质、专业化的教师队伍十分重要。^① 小学作为基础教育阶段，是学生各方面成长发展的关键时期，教师的素质会直接影响学生的综合素质。《中共中央 国务院关于全面深化新时代教师队伍建设改革的意见》对教师队伍建设提出了要求和指导。从 2010 年开始，教育部联合权威媒体发起、由社会公众评选"全国教书育人楷模"，当选者教育界学习的榜样，可以为教师队伍的建设起到积极的示范作用。本章通过对 27 位小学教师的先进事例材料进行文本分析，梳理其成长轨迹，分析其教学过程，发现"楷模教师"群体具备一些共同的优秀特质，对于师范生的培养具有重要的指导和启示作用。在 27 位小学"楷模教师"中，当选年龄最小的为 34 岁，最大的为 73 岁，平均年龄为 48 岁，中位数年龄为 49 岁，分布在全国 20 个省区市（见表 4 - 1）。

表 4 - 1　2010 ~ 2022 年小学"楷模教师"基本信息

序号	当选年份	姓名	性别	出生年份	当选年龄（岁）	当选时从教年限（年）	所在省区市	所在单位
1	2010	王生英	女	1956	54	37	河南	河南省林州市横水镇卸甲平村小学

---

* 本章系四川中小学教师专业发展研究中心立项课题"'全国教书育人楷模'小学教师的群像研究"（课题编号：PDTR2021）的结项成果。

① 《中共中央 国务院关于全面深化新时代教师队伍建设改革的意见》，中国政府网，2018 年 1 月 20 日，http://www.gov.cn/xinwen/2018 - 01/31/content_5262659.htm。

续表

序号	当选年份	姓名	性别	出生年份	当选年龄（岁）	当选时从教年限（年）	所在省区市	所在单位
2	2010	普琼	男	1976	34	7	西藏	西藏自治区仲巴县仁多乡完全小学
3	2011	桂贤娣	女	1961	50	30	湖北	湖北省武汉市汉阳区钟家村小学
4	2011	李吉林	女	1938	73	55	江苏	江苏省南通师范学校第二附属小学
5	2012	范妹锁	男	1965	47	27	山西	山西省晋中市榆次区长凝镇东长凝小学
6	2012	吕映红	女	1963	49	28	山东	山东省诸城市枳沟镇枳沟小学
7	2013	张星其	男	1955	58	不详	四川	四川省雅安市雨城区上里镇共和村小学
8	2013	俞国平	男	1972	41	23	浙江	浙江省乐清育英学校小学分校
9	2014	陆繁伟	男	1971	43	23	山东	山东省枣庄市共青希望学校
10	2014	仲威平	女	1966	48	27	黑龙江	黑龙江省铁力市工农乡中心学校
11	2015	曾维奋	男	1974	41	13	海南	海南省澄迈县永发中心学校儒林小学
12	2015	熊照才	男	1960	55	31	云南	云南省麻栗坡县董干镇上弄小学
13	2016	文天立	男	1957	59	40	四川	四川省广元市青川县红光小学
14	2016	支月英	女	1961	55	36	江西	江西省宜春市奉新县澡下镇白洋教学点
15	2016	王宏	男	1965	51	28	青海	青海省玉树藏族自治州称多县歇武镇中心寄宿制学校
16	2017	丁小彦	女	1965	52	26	重庆	重庆市巴蜀小学
17	2017	刘发英	女	1970	47	25	湖北	湖北省宜昌市长阳土家族自治县龙舟坪镇花坪小学
18	2018	张建华	女	1974	44	25	河北	河北省保定市阜平县阜平镇大元村大园小学
19	2018	张玉滚	男	1980	38	17	河南	河南省南阳市镇平县高丘镇黑虎庙小学

序号	当选年份	姓名	性别	出生年份	当选年龄(岁)	当选时从教年限(年)	所在省区市	所在单位
20	2019	拉姆	女	1985	34	13	西藏	西藏自治区双湖县协德乡完全小学
21	2020	窦桂梅	女	1967	53	34	北京	清华大学附属小学
22	2020	孙浩	男	1980	40	20	安徽	安徽省宿州市埇桥区汴河中心小学
23	2020	丁海燕	女	1967	53	34	陕西	陕西省咸阳市旬邑县马栏齐心九年制寄宿学校
24	2021	叶海辉	男	1971	50	27	浙江	浙江省台州市玉环市坎门海都小学
25	2021	强巴次仁	男	1978	43	21	西藏	西藏自治区日喀则市萨嘎县昌果乡完全小学
26	2022	郭晓芳	女	1979	43	21	湖南	湖南省长沙市芙蓉区育英学校
27	2022	安文军	男	1969	53	30	甘肃	甘肃省张掖市肃南县明花学校

资料来源:教育部网站、《中国教育报》、《中国教师报》等。

第一节 小学"楷模教师"群体的成长轨迹

一 求学和从教的经历

不忘初心,方得始终。从"楷模教师"的事迹中不难发现,很多人从小便立志成为教师。几十年坚守在大山深处的残疾女教师王生英,小时候体会到山区孩子上学的不易,便立志长大后当一名教师,让村里的孩子都上得起学。[①] 和她一样的一位残疾教师曾维奋,从小的梦想就是成为一名教师,从没变过。[②]"楷模教师"这个荣誉称号并非一朝一夕就能获得的,"楷模

---

① 郭炳德:《王生英:太行山下的"瓦尔瓦拉"》,中华人民共和国教育部网站,2010 年 12 月 1 日,http://www.moe.gov.cn/jyb_xwfb/xw_zt/moe_357/s3582/s4672/s4887/s4888/201011/t20101130_112054.html。

② 李晓梅:《澄迈双拐老师坚守乡村讲台 13 年 上课时从不坐椅子》,南海网,2014 年 5 月 23 日,http://www.hinews.cn/news/system/2014/05/23/016687268.shtml。

教师"们或是坚守在教学一线，或是扎根在偏远的大山深处。他们用十年甚至是数十年的坚守成就了一个个偏远地区的孩子。根植在他们血液里的乡土情怀和坚定的教育信念，使他们在教学过程中始终坚守初心，如支月英老师、张建华老师等。文天立老师更是用爱心和责任心扎根偏远山区教育一线 40 年。

二 成长过程中的时代背景

不同的时代会造就不同的人才。在不同的时代背景之下总会涌现出各种为社会做出杰出贡献的人。在教育领域，他们就是"楷模教师"。"20世纪 70 年代末，我们的传统语文教学还处在封闭式状态，这极大影响了儿童的发展。"为了让学生学好语文，李吉林老师进行了情境教学的探索。她是时代精神的践行者，在教育教学过程中传播和弘扬了社会主义核心价值观。[1] 改革开放以来，现代化建设不断推进，城乡发展差距大，我国教育资源也出现了区域发展不平衡的情况。中西部的偏远地区受地域条件和历史发展的限制，经济落后，教育的发展也相对缓慢。这些地区教学和生活条件差、环境恶劣，难以留住教师，很多老师会选择去更好的地方发展。但是，也有"楷模老师"选择扎根在这些地区，如把知识和爱带到大山的张桂梅、西藏地区的小学校长拉姆、湖北省龙舟坪镇花坪小学的刘发英。现今，在党中央、国务院的高度重视和全面部署下，优秀教师队伍不断壮大，尊师重教风尚与日俱增。[2] 在新冠疫情暴发时，窦桂梅老师谨记国家需要的时候就是担当的时候，为全国的小学生录制了网课。郭晓芳老师将高品质的思政大课覆盖到全省偏远山区和教育发展的薄弱地区，[3] 让千万学生爱上网络思政课。

① 郑晋鸣、曹煜：《"一切为了儿童的发展"——记儿童教育家、"情境教育"创始人李吉林》，中华人民共和国教育部网站，2011 年 9 月 15 日，http://www.moe.gov.cn/jyb_xwfb/moe_2082/s5936/s5885/201109/t20110915_124197.html。
② 王琦、孙大陆、陈晓宇、商亮：《"潜在智慧是一个人才最可贵的东西"——记江苏省南通师范学校第二附属小学教师李吉林》，中华人民共和国教育部网站，2011 年 9 月 14 日，http://www.moe.gov.cn/jyb_xwfb/moe_2082/s5936/s5885/201109/t20110914_124130.html。
③ 徐鹏、阳锡叶：《从追"网红"到追"网课"——湖南探索新时代中小学网络思政育人的实践》，中华教育新闻网，2021 年 8 月 11 日，http://www.jyb.cn/rmtzgjyb/202108/t20210811_612502.html。

三 成长过程中的关键事件

笔者对"楷模教师"先进事迹进行分析，发现在他们的成长轨迹中存在一些关键事件，这些关键事件不仅会增强教师的专业能力，还会影响教师的整个职业生涯。根据生命历程理论，个人生命事件的发生时间会严重影响到个人的生命历程轨迹，生命事件发生时间的重要性甚至超过事件本身。[①] 俞国平老师面对重重质疑，放弃稳定的公办学校工作，毅然决然到民办学校任教，撑起民办教育的一片天。从小亲历乡村艰辛生活的丁海燕，决心通过自己的努力，让山里的娃娃们看到外面更广阔的世界，拥有和父辈们不一样的人生。[②] 体育老师叶海辉的入伍经历深刻影响了他的性格和想法，执教多年，他不仅自制了 4200 多件体育器材，还创编了近 2000 例体育游戏。[③] 安文军老师读书时得遇良师，便决心也要成为一名好老师。这些关键事件让"楷模教师"更加坚定了自己的教育信念，也为他们为教育事业无私奉献埋下了伏笔。

第二节 一专多能：小学"楷模教师"的专业特质

笔者对"楷模教师"的先进事迹材料分析后发现，他们之所以能够成为教师队伍中的楷模，是因为在他们身上具有一些共同的优秀特质，特别是在教学方面真正达到了小学教师"一专多能"的职业标准。他们努力践行着"学高为师，身正为范"的教育初心，秉承教书育人的理念，积极开创教育教学的新园地。"楷模教师"是教育教学的领路人，是高尚师德师风的发扬者，也是中华传统美德的继承者。

---

① 张翠娥、王杰：《弱势的累积：生命历程视角下农村贫困家庭的生成机制》，《华中农业大学学报》（社会科学版）2017 年第 2 期，第 24 页。

② 《深山红烛"丁妈妈"——记陕西省咸阳市旬邑县马栏齐心九年制寄宿学校教师丁海燕》，中华人民共和国教育部网站，2020 年 9 月 9 日，http://www.moe.gov.cn/jyb_ xwfb/xw_zt/ moe_357/jyzt_2020n/2020_zt16/2020jiaoshuyurenkaimo/202009/t20200909_ 486652. html。

③ 《从坦克兵到"网红体育老师"——记浙江省玉环市坎门海都小学体育教师叶海辉》，中华人民共和国退役军人事务部网站，2022 年 3 月 16 日，http://www.mva.gov.cn/fuwu/xxfw/ qywh/202203/t20220317_58028. html。

一 教学理念的科学

一方面，理念是行动的先导。小学"楷模教师"在进行教学时充分展现了其科学的教学理念。李吉林老师作为情境教学的开创者，认为教育应该感动孩子，让他们身临其境。在学习课文时，她认为仅让学生会认字、理解课文的意思、会朗读和会背诵是不够的，还要让学生获得一种真切感，与此同时联想到一种广远的意境。[①] 老师在教学中要十分注重学生非智力因素的发展，既要保证教学质量，又要让孩子快乐。这与应试教育背景下的教育观念形成了鲜明的对比。情境教学强调在教学过程中发展学生的个性，重视儿童在学习过程中的情感体验，更利于提高学生的核心素养，与当前提倡的素质教育的精神相契合。此外，尤为重要的是，"楷模教师"的个人品质会对教学行为产生深刻的影响。"楷模教师"的先进事迹材料显示，他们忠于教育事业，在教学的过程中无私奉献、淡泊名利，以高尚的师德师风践行着教书育人的神圣使命。正是这样的教学观念，使他们在自己的教育岗位上兢兢业业，坚持立德树人，如以家为校的吕映红老师和王生英老师选择坚守在贫困偏远的家乡数十载。另一方面，教学行为体现教学理念。"楷模教师"做出了良好的教学行为示范，如在教学过程中注重言传身教、与学生共同成长、快乐教书的张建华老师，以及在教学中，与学生进行心与心的真诚交流，像阳光一样温暖每个孩子心灵的桂贤娣老师。

二 教学方式的创新

提高教学活动的质量、水平、效益，是千百年来教育界不懈追求的目标和方向。[②] 科学的教学方式有利于教学活动的开展，会收到良好的课堂教学效果。笔者通过对"楷模教师"先进事迹材料的文本分析，发现"楷模教师"群体进行了一系列的教育教学探索和改革创新。俞国平老师的教

---

① 王琦、孙大陆、陈晓宇、商亮：《"潜在智慧是一个人才最可贵的东西"——记江苏省南通师范学校第二附属小学教师李吉林》，中华人民共和国教育部网站，2011 年 9 月 14 日，http://www.moe.gov.cn/jyb_xwfb/moe_2082/s5936/s5885/201109/t20110914_124130.html。
② 裴娣娜主编《教学论》，教育科学出版社，2007，第 21 页。

学方式不仅教授知识,更是一种直击灵魂的心灵交流。① 他的教学方式独树一帜,为了进行情境教学,会组织学生到户外进行实地观察,让学生切身感受自然,促进学生情感、意志等非智力因素和潜在智慧的发展。张建华老师为了帮助学生积累作文素材,在班上发起了写日记的活动,学生们以发帖、跟帖的形式形成了几十万字的滚动日记,而她本人为了教好学生写作文,每天坚持阅读和写作。为了让苗族学生掌握知识,熊照才老师逐渐摸索出一套"双语"教学方法。② 丁小彦老师自创了"预习六步法",在课堂上,她检查学生预习情况,并用核心问题串起教学,引导学生的习得方法,从而形成能力。③ 窦桂梅老师创设了"1 + X"的课程体系和主题教学。这些"楷模教师"创新的教学方式激发了学生学习的兴趣,使他们在获得知识的同时,能提高自主性和创造活力,与现在提倡的素质教育的精神高度契合。

三 教学目标的全面

教学目标对教学实践具有十分重要的意义和价值。教学目标为教学实践提供了具体的方向指引,使教学实践成为在一定目标指向下的洋溢着生命活力的创造过程。④ 教师教学目标的选择体现了其教学的价值取向。教师作为教书育人的专门性职业,要制定全面而科学的教学目标,这就要求教师不仅是知识的传递者,更是学生全面发展的塑造者。"楷模教师"在教学实践中真正做到了教书与育人并举。"我愿是一只骆驼,背负教书育人的使命",把一切放下,真正站在儿童的角度,遵循儿童的发展来教学育人,回归教书育人的本真,⑤ 这是俞国平老师坚守的教学目标。李吉林

① 黄之宏、郭云豪:《教师节系列报道之六:廿载教书育人梦 记全国教书育人楷模俞国平》,温州教育网,2013 年 9 月 9 日,http://edu. wenzhou. gov. cn/art/2013/9/9/art_1324555_7597844. html。
② 董鲁皖龙、陈少远:《苗寨里最受尊敬的先生——记云南省麻栗坡县上弄小学教师熊照才》,中华人民共和国教育部网站,2015 年 9 月 23 日,http://www. moe. gov. cn/jyb_xwfb/xw_zt/moe_357/jyzt_2015nztzl/2015_zt09/15zt09_2015jsyr/201509/t20150929_211356. html。
③ 《三峡走出的"土专家"——记重庆巴蜀小学教师丁小彦》,中华人民共和国教育部网站,2017 年 9 月 5 日,http://www. moe. gov. cn/jyb_xwfb/xw_zt/moe_357/jyzt_2017nztzl/2017_zt07/17zt06_qgjsyrkm/201709/t20170905_313429. html。
④ 裴娣娜主编《教学论》,教育科学出版社,2007,第 96 页。
⑤ 蒋亦丰:《心中有学生 倾听花开的声音——记全国教书育人楷模、浙江乐清育英学校小学分校校长俞国平》,中华人民共和国教育部网站,2013 年 9 月 5 日,http://www. moe. gov. cn/jyb_xwfb/s5147/201309/t20130905_156967. html。

老师在语文教学的过程中育人，让孩子感受人文的熏陶，使孩子的道德、情感、智慧能得到很好的开发和培养。张建华老师秉承活动育人的理念，不仅教给学生知识，还要做学生精神的引领者。因此，"楷模教师"的教学目标是以学生为本，让学生全面发展。

四 教学过程的反思

教学过程反思不仅能够提高教师教学的质量，还能提升教师的专业能力。因此，勤于反思、善于反思是教师教学过程中的必要环节。"楷模教师"在教学过程中总是不断进行自我反思。张建华老师每节课都会反思，一篇课文甚至会从不同的角度写出好几篇反思文章，她著有10万字的反思专辑。窦桂梅老师有一个习惯，任何一节常态教学课她都要写3遍以上的教案。受新冠疫情影响，学生要在家上直播课，为了保证每一节直播课的质量，窦桂梅老师组织教职工协同合作，整体形成校长领衔、专家引领、特级同行、伙伴互助、自我反思的扎实教研链条。① 桂贤娣老师在教学过程中反思，创立了"小学语文情感教学法""用情用智育人法"，总结出"班主任因生给爱教育法""教师与家长真诚相处系列方法""班主任护生小工程"等教学方法。② 基础教育课程改革强调教师在教学过程中应与学生积极互动、共同发展，要处理好传授知识与培养能力的关系，注重培养学生的独立性和自主性，引导学生质疑、调查、探究，在实践中学习。③

第三节 小学教师专业发展的有益启示

教师是教育的第一资源，是建设高质量教育体系、实施高质量教育的

---

① 施剑松：《"国家需要，就是我们的使命"——记2020年全国教书育人楷模、清华大学附属小学校长窦桂梅》，中华人民共和国教育部网站，2020年9月18日，http://www.moe.gov.cn/jyb_xwfb/moe_2082/zl_2020n/2020_zl48/202009/t20200918_488726.html。

② 《2011全国教书育人楷模 桂贤娣：爱的教科书》，中华人民共和国教育部网站，2012年8月20日，http://www.moe.gov.cn/jyb_xwfb/s5147/201208/t20120820_140782.html。

③ 《教育部关于印发〈基础教育课程改革纲要（试行）〉的通知》，中华人民共和国教育部网站，2001年6月8日，http://www.moe.gov.cn/srcsite/A26/jcj_kcjcgh/200106/t20010608_167343.html。

根本力量。① 《新时代基础教育强师计划》强调系统提升我国教师的教书育人能力，全面推进高质量教师队伍建设。为了推进高质量教师队伍的建设，就要培养高素质的师范人才。"楷模教师"作为教育界的行家里手，对于当今师范生的培养具有重要的借鉴和先导意义。

一　培养乡土型教师

《乡村振兴战略规划（2018—2022 年）》指出：要实行更加积极、更加开放、更加有效的人才政策，以推进乡村振兴。② 乡土型教师作为农村基础教育的主力军，对于乡村教育教学发展具有重要意义。一方面，培养乡土型教师不仅有助于乡村教师队伍的建设，而且有助于发挥乡村教师的主动性，激发乡村教师教学的活力，从而促进乡村振兴和发展。另一方面，培养乡土型教师可以保障乡村教师队伍的稳定性，实现"下得去，留得住，教得好"的良好局面，③ 教师可在这样的环境中不断探索科学的教学理念。笔者基于对小学"楷模教师"先进事迹材料的文本分析，发现其中有相当一部分教师具有乡土情怀，这促使他们坚守在偏远贫困地区的乡村学校，无私奉献，如张建华、熊照才、刘发英老师等都是师范院校毕业后回到自己的家乡任教。因此，要把培养乡土型教师作为师范生培养的重要方向。而培养乡土型教师需要教育行政部门、相关政府部门、地方师范院校、乡村教师等多方主体协同发力，构建乡村教师本土化培养体系。④一是教育行政部门和地方师范院校要在课程设置方面增加与乡村教育有关的内容，培育师范生的乡土教育情怀；二是地方政府要完善乡村教育的保障机制，吸引师范毕业生到乡村任教；三是要提高师范生的道德修养，唤起他们的热情，激发其自觉参与乡村教育的责任感。

---

① 《全面推进高质量教师队伍建设》，中华人民共和国教育部网站，2022 年 4 月 25 日，http://www.moe.gov.cn/jyb_xwfb/s5148/202204/t20220425_621410.html。
② 《中共中央 国务院印发〈乡村振兴战略规划（2018—2022 年）〉》，中国政府网，2018 年 9 月 26 日，http://www.gov.cn/zhengce/2018-09/26/content_5325534.htm。
③ 《国务院办公厅印发〈乡村教师支持计划（2015—2020 年）〉》，中国政府网，2015 年 6 月 8 日，http://www.gov.cn/xinwen/2015-06/08/content_2875260.htm。
④ 彭泽平、黄媛玲：《乡村振兴战略视域下乡村教师本土化培养：内涵、价值与实践路径》，《现代教育管理》2021 年第 8 期，第 69 页。

二　培养创新型教师

新时代建设创新型国家与高质量教育体系，需要高素质专业化创新型教师队伍作为保障。创新型教师更有能力处置教育教学中的问题与困难，助力学生的成长与发展，获得事业的成功，还能缓解职业倦怠，提升职业的幸福感和成就感。小学"楷模教师"为我们提供了"创造性教学"和"为创造力而教"的范例，如李吉林老师不断探索教育教学新方式，开创了情境教学法，用情境引领素质教育，促进学生语言认知、非智力因素和潜在智慧的发展；桂贤娣老师创立了"小学语文情感教学法"等一系列新的教学方法，因材施教，发展学生的个性和特长。创造性教学在小学"楷模教师"群体中屡见不鲜，因此成为创新型教师是对师范生的必然要求。根据创新型教师的主要特征，在培养师范生时应从以下三个方面进行：首先师范院校要开设与创造性教学相关的课程，开展研讨活动，使师范生掌握相关的知识，形成自主学习和探究的习惯，培养师范生的创新思维；其次要以学科知识和思想为依托，构建学科知识体系，形成逻辑思想，并以创造性的示范课堂为引领，观摩学习创造性教学的范例；最后要不断学习新的教学理念，用批判的眼光审视学科的发展方向并形成自己独特的见解，创造性地解决实际教学问题，形成创造能力。

三　培养研究型教师

教育部颁发的相关文件曾要求，"将教学研究的重心下移到学校"，"以教师为研究的主体"。教师要把日常教育工作与教学研究融为一体，形成一种新的教师职业方式。① 科研是教学的基础，教师要具备教学研究能力，针对教育教学工作中的现实需要与问题，进行探索和研究。没有研究就没有发现和创新，教师通过研究能够发现教学规律，总结教学经验，产生教学智慧。俞国平老师不断研究课例，研发经典诵读、儿童阅读等课程，将儿童语文的理念融入课堂。② 丁小彦老师也参加了多项研究，打造

---

① 徐佳梅：《浅谈中小学校培养研究型教师的策略》，《课程教育研究》2014 年第 9 期，第 230 页。

② 《2013 年度全国教书育人楷模先进事迹介绍》，中华人民共和国教育部网站，2013 年 9 月 2 日，http://www.moe.gov.cn/jyb_xwfb/xw_fbh/moe_2069/s7135/s7589/s7590/201309/t20130902_156693.html。

了语文课程文化系统等多项课程。李吉林老师进行了 50 余载的研究和探索，是"情境教育"的开创者。窦桂梅老师把小学语文教学当作一门学问来研究。"楷模教师"对教学的深入研究探索源于他们的优秀特质，因此要提升师范生的研究素养和能力，使他们成为新时代的研究型教师。要让师范生在教育教学中不断地进行研究和探索，提高教学质量，促进我国教育事业的高质量发展。具体来说，可以从以下几个方面展开：一是在师范院校建立校本研究机制，鼓励广大师生积极进行教学研究，努力营造研究氛围；二是加强师范院校与小学的交流互动，师范院校可以为小学教师提供科研指导和智力支持，小学则可以提供师范生的实践场域，以便师范生发现教学中的实际问题，从而展开针对性的研究；三是在日常的学习中培养师范生的问题意识和创新能力，让他们形成钻研的态度，提升自己的研究能力。

四　培养反思型教师

反思是教师专业成长的重要途径。通过教学反思，教师可以及时地发现自己在教学中的优势和不足，探索科学的教学方式，更好地提升自己课堂的呈现效果。因此，教师要不断反思自身的教学实践，保持终身学习、研究教学的精神，掌握反思研究教学的能力，以开放的心态在新课改实践中进行创新重组。[①] 在小学"楷模教师"当中，可以发现很多教师都十分注重教学反思。可以说，很多老师是在反思中成长起来的。因此在培养师范生时，要注重培养他们的反思意识，让他们不断反思自己的教学实践。具体来说，师范生应在课前认真备课，在课后及时反思，也可以经常与老师进行交流探讨，不断改进自己的教学方式方法。总之，培养反思型教师，是提高教育教学质量的有效途径。那么，在培养反思型教师时要注意以下几个方面。首先，要树立师范生的终身学习意识，引导他们努力学习专业知识和先进的教学理念，反思自己已有的观念和认识，更新知识体系。其次，学校要营造反思的氛围，提高师范生的反思意识，举办一些反思性教学讲座，展示反思性教学案例，为师范生提供优秀范例。最后，师范生在平时的教学实践中可以与优秀教师进行交流，根据他们的意见反思自己的教学行为，也可以通过写反思日记或微格教学的方式积累经验，在反思中成长。

---

① 党学宏：《反思型教师培养策略探索》，《中学课程辅导（教师通讯）》2019 年第 2 期，第 105 页。

第五章　中学"楷模教师"的群像[*]

"国将兴，必贵师而重傅"，早在先秦时期荀子就提出了教师是教育发展、国家兴旺的根本。党的十八大以来，以习近平同志为核心的党中央更是将教师建设摆在突出位置。《中共中央 国务院关于全面深化新时代教师队伍建设改革的意见》指出："推进教师培养供给侧结构性改革，为义务教育学校侧重培养素质全面、业务见长的本科层次教师，为高中阶段教育学校侧重培养专业突出、底蕴深厚的研究生层次教师。"[①] 如何促进中学教师的发展，建设一支党和人民满意的师德高尚、素质全面、专业突出、充满活力的教师队伍，是重点也是难点。斯腾伯格的原型观指出，所有专家都符合和所有专家都不符合的严格定义的标准是不存在的。确切地说，专家们彼此之间表现出相似性，正是他们彼此的相似性构成了"专家"这一人群。[②] 这一理论启示我们，如果我们以某一类教师为"原型"，就可以反映这一类教师的特征，而原型则是这一类教师的代表。这类教师的特征可用作指引其他教师发展的标准。2010 年以来，为弘扬新时期人民教师的高尚师德师风，在全社会进一步营造尊师重教的良好氛围，教育部联合中央主要媒体和教育媒体，于 2010 年 8 月 8 日启动了"全国教书育人楷模"评选活动，每年评选出 10 名具有广泛代表性的"全国教书育人楷模"，至

---

  * 本章系四川中小学教师师德研究中心立项课题"'全国教书育人楷模'中学教师的群像研究"（课题编号：CJSD21 - 1）、四川义务教育高质量发展研究中心立项课题"'全国教书育人楷模'义务教育阶段教师群像研究"（课题编号：YWZD - 2023 - 02）的结项成果。

① 《中共中央 国务院关于全面深化新时代教师队伍建设改革的意见》，中国政府网，2018 年 1 月 31 日，http://www.gov.cn/zhengce/2018 - 01/31/content_5262659.htm。
② R. J. 斯腾伯格、J. A. 霍瓦斯、高民、张春莉：《专家型教师教学的原型观》，《华东师范大学学报》（教育科学版）1997 年第 1 期，第 28 页。

今已持续 13 年。笔者以"楷模教师"为对象，对其中 30 位中学"楷模教师"的先进事迹材料进行文本分析，梳理其成长轨迹、基本特质，试图挖掘推动中学教师职业生涯发展的积极因素，并以此为参照尝试提出新时代中学教育师资队伍建设的优化路径。当选的中学"楷模教师"中，最小年龄为 28 岁，最大年龄为 81 岁，平均年龄为 50 岁，中位数年龄为 48 岁，广泛分布在全国 19 个省区市（见表 5 - 1）。

表 5 - 1　2010～2022 年中学"楷模教师"基本信息

序号	当选年份	姓名	性别	出生年份	当选年龄（岁）	当选时从教年限（年）	所在省区市	所在单位
1	2010	任维鼎	男	1970	40	21	四川	绵阳市平武县南坝中学
2	2010	汪金权	男	1963	47	23	湖北	黄冈市蕲春县第四中学
3	2010	于漪	女	1929	81	59	上海	上海市杨浦高级中学
4	2011	贺红岩	女	1966	45	24	新疆	新疆维吾尔自治区察布查尔锡伯自治县第一中学
5	2011	莫振高	男	1957	54	32	广西	广西壮族自治区都安瑶族自治县高级中学
6	2011	左相平	男	1959	52	38	贵州	贵州省盘县响水镇中学
7	2012	何桂琴	女	1968	44	22	宁夏	固原市回民中学
8	2012	朴航瑛	女	1967	45	24	吉林	汪清县天桥岭林业中学
9	2012	张丽莉	女	1984	28	5	黑龙江	佳木斯市第十九中学
10	2013	孔庆菊	女	1972	41	20	青海	青海省海北州门源县第二中学
11	2013	刘占良	男	1963	50	32	陕西	商洛中学
12	2013	罗国锋	男	1974	39	10	四川	芦山县芦山中学
13	2013	薛春智	男	1971	42	21	四川	雅安市天全中学
14	2014	陆苏新	男	1960	54	36	新疆	新疆生产建设兵团第六师五家渠高级中学
15	2014	乌兰	女	1970	44	25	内蒙古	锡林郭勒盟镶黄旗蒙古族中学
16	2015	李庚南	女	1939	76	58	江苏	南通市启秀中学
17	2015	杨再明	男	1973	42	23	宁夏	吴忠市利通区马连渠乡汉渠学校
18	2016	王宏	男	1965	51	28	青海	玉树藏族自治州称多县歇武镇中心寄宿制学校

续表

序号	当选年份	姓名	性别	出生年份	当选年龄(岁)	当选时从教年限(年)	所在省区市	所在单位
19	2016	徐华	男	1969	47	23	广西	南宁市第二中学
20	2017	沈茂德	男	1958	59	35	江苏	无锡市天一中学
21	2017	王利	男	1976	41	18	黑龙江	齐齐哈尔市龙江县黑岗乡中心学校
22	2018	吕文强	男	1959	59	41	山东	青岛平度市朝阳中学
23	2018	杨毛吉	女	1974	44	22	青海	西宁市大通回族土族自治县第二完全中学
24	2019	贾利民	男	1968	51	30	河北	兴隆县六道河中学
25	2019	许军则	男	1971	48	23	山西	长治市第二中学
26	2020	丁海燕	女	1967	53	34	陕西	咸阳市旬邑县马栏齐心九年制寄宿学校
27	2020	张桂梅	女	1957	63	24	云南	丽江市华坪县女子高级中学
28	2021	李红霞	女	1972	49	27	河北	石家庄外国语学校
29	2021	张万波	男	1973	48	24	辽宁	辽宁省本溪市本溪满族自治县第五中学
30	2022	杨明生	男	1963	59	38	安徽	六安市霍邱县第一中学

资料来源：教育部网站、《中国教育报》、《中国教师报》等。

第一节　中学"楷模教师"群体的成长轨迹

"1994 年，格登（Gordson）提到教师的行为与自己过往的生活经历是不可分割的，教师以后的行动与解决问题的方式都会无形地受到过往生活经历的支配和影响。这种影响也无时无刻不存在于教师的专业生活中。"[1] 人的本质是一切社会关系的总和，中学"楷模教师"是作为一个"全人"发展的，因此，其成长轨迹不仅包括与其职业相关的专业成长，还包括一般性成长经历。

---

[1] 〔英〕艾弗·F. 古德森（Ivor F. Goodson）：《专业知识与教师职业生涯》，刘丽丽译，北京师范大学出版社，2007，第 65 页。

一 幼年学习经历：年少境遇与职业选择

个体的职业选择与其年少时期的家庭成长环境、求学经历及成长经历有一定关系。第一，重视读书，读书改变命运。吕文强两岁时父亲去世，在幼年的艰苦生活中，给他莫大力量的是母亲常说的那句话："只有上学才能改变命运。"[1] 并不富裕的家庭环境的影响与母亲的鞭策让吕文强更重视读书，他发奋学习，期望能够通过读书来改变自己的命运。左相平刻苦努力学习，被破格聘用为民办教师，但他深知自己只有初中文化水平，要想教好学生是不太现实的，所以他非常重视读书，并通过自己的努力，最终考上了师范学校。[2] 第二，深受恩惠，立志反哺。汪金权出生在大别山脚下的一个农民家庭，家境贫寒的他，靠老师和乡亲们的帮助完成学业，并顺利考入大学。祖辈的淳朴、善良和勤劳，深深地烙在了汪金权的心里，他时刻提醒自己，要常怀感恩之心。[3] 左相平在盘南中学上学时，家里困难，经常挨饿，英语老师易胜金发现后找到校长邹德伟，帮左相平申请了每个月4元的奖学金。左相平至今仍念念不忘当年这些给予过他无私关爱和帮助的老师，认为自己只是传递了这份爱。[4] 求学时期感受过的爱与帮助深深烙印在"楷模教师"的心中，影响着"楷模教师"日后的学习与生活，同时也是"楷模教师"日后扎根家乡的一个重要影响因素。第三，父辈、老师的影响。王利放弃县城工作，主动申请返乡任教的动力源

① 刘艳杰、朱楠：《"我的学生，一个也不能放弃"——记"全国教书育人楷模"、山东省平度市朝阳中学教师吕文强》，中华人民共和国教育部网站，2018年9月8日，http://www. moe. gov. cn/jyb_ xwfb/xw_ zt/moe_ 357/jyzt_ 2018n/2018_ zt18/zt1818_ yxdx/201809/t20180910_ 348005. html。
② 杨咏梅：《走近楷模2011年度全国教书育人楷模系列报道："坚守大山38年，我很幸福"——记贵州省六盘水市盘县响水镇中学校长左相平》，中华人民共和国教育部网站，2011年9月12日，http://www. moe. gov. cn/jyb_ xwfb/moe_ 2082/s5936/s5885/201109/t20110913_ 124100. html。
③ 程墨、罗曼、何易：《"我愿一生做一个好老师"——记湖北省黄冈市蕲春四中教师汪金权》，中华人民共和国教育部网站，2010年9月19日，http://www. moe. gov. cn/jyb_ xwfb/moe_ 2082/s5936/s4620/201009/t20100919_ 108176. html。
④ 杨咏梅：《走近楷模2011年度全国教书育人楷模系列报道："坚守大山38年，我很幸福"——记贵州省六盘水市盘县响水镇中学校长左相平》，中华人民共和国教育部网站，2011年9月12日，http://www. moe. gov. cn/jyb_ xwfb/moe_ 2082/s5936/s5885/201109/t20110913_ 124100. html。

泉是他的乡村教师父亲。他说："我父亲也是一名乡村教师，他对学生的爱、对教育的坚守从小就留在我的脑海里，这也是我在大学毕业后坚持回到家乡龙江县靠山种羊场学校的主要原因。"① 李红霞则是受到小学数学老师的影响较大："我上小学的时候，我的数学老师点亮了我心里的教师梦。当时我的数学老师总是鼓励我勇敢尝试自认为不能做到的事情，那个时候，我就在心里暗暗萌生了以后要当一个老师的念头，长大了要成为像数学老师一样用温暖去鼓励学生、帮助学生，让学生敢于尝试、不断进步的老师。"② 可以看出，家庭成长环境、求学及成长经历对个体的职业选择具有关键作用。

二　青年学习经历：品学兼优与积极进取

当选的中学"楷模教师"基本上出生于 20 世纪 50 年代至 70 年代，长于 20 世纪 60 年代至 80 年代，大多数经历过高考的洗礼，或是选择就读中等师范院校（以下简称"中师"）。20 世纪 80 年代高考还没有扩招，也基本没有民办高校，本科录取率仅为 3% ~ 5%，所有考生的眼睛盯着全国有限的大学资源和录取名额，用"千军万马挤独木桥"来形容 80 年代的高考绝不为过。③ 而从改革开放到 20 世纪末是中等师范教育发展的黄金时期，中等师范学校"主要以初中毕业生为招生对象，而招生计划以县域为单位分配名额，择优录取"④。在当时经济不发达的社会背景下，大多数家庭希望孩子能够"早毕业，早就业"。"就读中师期间不仅不收取费用，还会给学生提供免费的笔墨纸和餐票等"⑤，毕业后国家还包分配，

---

① 曹曦：《"教书育人用心，是个好把式"——记黑龙江省龙江县黑岗乡中心学校教师王利》，中华人民共和国教育部网站，2017 年 9 月 18 日，http://www.moe.gov.cn/jyb_xwfb/moe_2082/zl_2017n/2017_zl43/201709/t20170918_314683.html。
② 李会嫔：《路虽远行则将至 事虽难做则必成——专访全国教书育人楷模李红霞》，百度网，2021 年 9 月 13 日，https://www.baidu.com/link?url=jisAbmrlRot43Ws3n-Z74HGqrbP1zIVX6y6tZbv1AceRwZhts7bBHOOg_jyde3ispeUhbi52gv5kNn9RrIRT84cq1Wsx9QcOXhM44vI1gfG&wd=&eqid=9f140109000a793500000003632aa30d。
③ 刁艳杰：《80 年代的"天之骄子"》，《走向世界》2017 年第 19 期，第 21 页。
④ 王建平：《20 世纪 80、90 年代中师教育的成功要素》，《湖南第一师范学院学报》2013 年第 1 期，第 32 页。
⑤ 李雅聪：《初心与嬗变：生命历程视阈下校长成长轨迹研究——基于 Y 的叙事研究》，硕士学位论文，广西师范大学，2021，第 20 页。

所以中师具有强大的吸引力,成为莘莘学子的首要选择。另外,报考中师还需要经过严格的面试筛选。因此,在当时的社会背景下,不管是通过高考就读大学的学生,还是初中毕业后就读中等师范学校的学生,都是品学兼优者。张丽莉学习目的明确,不用老师操心,学习成绩始终在班级前几名,在经历母亲离世的重大变故后,仍在随后进行的专升本考试中以优异的成绩考上了哈尔滨师范大学。① 左相平以优异成绩成为周边几十里村寨唯一被盘县特区师范录取的考生。② 何桂琴通过自己的努力,在 1987 年考入固原师范高等专科学校数学系,而作为一名回族女学生,这在当时来说是颇为不易的。在青春洋溢的大学校园里,与其他同学相比,何桂琴似乎对自己的人生有着清醒的认识和详细的规划,将青春的每一个白昼与夜晚安放在知识的殿堂中,挑灯熬夜,分析演算,勤学苦读。③ 而沈茂德、汪金权、于漪更是名校的优秀毕业生。由此可见,中学"楷模教师"不管是在知识技能上还是学习能力上都非常突出,为将来从事教师职业积累了丰富的知识储备。

三 职业发展轨迹:终身学习与自我提高

中学"楷模教师"非常重视自身专业素质的提升,属于"学习型教师",主要体现在以下几个方面。一是及时更新教育理念。"除了关注学生,还要及时学习新的教育理念,及时了解教育发展的动态,把握政治学科新的改革趋势,理解国家基础课程改革的发展方向。"在薛春智的办公桌上,堆放着许多思想政治方面的书籍。④ 从事民族教育事业的王宏,经常认真研究新课程改革理念,把学科的整体进步和长足发展作为奋斗目

---

① 《她诠释了师魂的真谛——记黑龙江省佳木斯市第十九中学教师张丽莉》,中华人民共和国教育部网站,2012 年 7 月 4 日,http://www. moe. gov. cn/jyb_ xwfb/xw_ zt/moe_ 357/s7093/s7099/s7127/s7128/201308/t20130814_155693. html。
② 张婷:《初心故事 | 左相平:做人民满意的人民教师》,当代先锋网,2019 年 6 月 23 日,http://www. ddcpc. cn/news/201906/t20190623_501633. shtml。
③ 《"教书是我最大的幸福"——宁夏回族自治区固原市回民中学教师何桂琴》,中华人民共和国教育部网站,2013 年 1 月 29 日,http://www. moe. gov. cn/jyb_ xwfb/xw_ zt/moe_ 357/s7093/s7099/s7100/s7101/201301/t20130129_147297. html。
④ 黄伟:《27 年孜孜不倦深耕高中政治教学——记"四川省教书育人名师"薛春智》,雅安市人民政府网,2019 年 11 月 18 日,https://www. yaan. gov. cn/xinwen/show/8e3b13ab-7d4a-41e3-9fdc-a88685a09fa3. html。

标，把学生的经验、社会生活纳入课程教学，寓教于乐。① 面对素质教育和新课程改革对教师提出的更高要求，孔庆菊系统学习和掌握了课改理论知识。② 二是加强实践反思。光有理论知识还不够，教育的本质是实践活动，中学"楷模教师"强烈的问题意识、实践反思意识推动其自身的发展。作为一名数学教师，徐华一直在思考这样一个问题："学生到底需要什么样的老师？"正是对这一问题的思考，使他逐渐成为一名研究与反思型教师，并逐渐形成了自己独到的"准确、简练、深刻"的教学语言风格、探究与反思的教学模式和"重思维、重体验、重个体"的教学特色。③只要听过于漪讲课的人，都会对她高超卓越的教学境界叹服不已，但于漪说："我上完课后总觉得有毛病。"每次课后于漪都要写两个方面的反思：一方面是学生的闪光点，另一方面是自己的不足、缺陷，甚至是错误。④正是一次次的反思使中学"楷模教师"的专业素质不断提高、业务能力不断精进。三是提高学历水平。在"中师热潮"的时代背景下，部分中学"楷模教师"毕业于中等师范学校，他们在坚持课堂教学的同时，也会利用空闲时间来提升自己的学历水平，在提高学历水平的同时也增加了理论储备，并通过理论来指导实践，进而提高其教学质量。"教师是需要终身学习的职业。"杨再明深谙勤奋之道，他利用课余时间参加自考，完成了大学专科、本科的学习。⑤ "给学生一杯水，老师就要有一桶水。"王利对自己的学习一直不放松，2006 年，他获得东北师范大学思想政治教育专业

---

① 《通天河畔"护梦人"——记青海省玉树州称多县歇武镇中心寄宿制学校教师王宏》，中华人民共和国教育部网站，2016 年 9 月 8 日，http://www. moe. gov. cn/jyb _ xwfb/xw_ zt/moe_357/jyzt_2016nztzl/2016_zt15/16zt15_jsyrkm/201609/t20160902_277522. html。

② 《散发材料二：2013 年度全国教书育人楷模先进事迹介绍》，中华人民共和国教育部网站，2013 年 9 月 2 日，http://www. moe. cn/jyb _ xwfb/xw _ fbh/moe _ 2069/s7135/s7589/s7590/201309/t20130902_156693. html。

③ 《默默耕耘，播洒无声大爱——记广西南宁市第二中学教师徐华》，中华人民共和国教育部网站，2016 年 9 月 8 日，http://www. moe. gov. cn/jyb _ xwfb/xw _ zt/moe _ 357/jyzt _ 2016nztzl/2016_zt15/16zt15_jsyrkm/201609/t20160902_277518. html。

④ 任国平：《一线课堂生长出的"人民教育家"——记"人民教育家"国家荣誉称号获得者于漪》，中国教育新闻网，2019 年 9 月 30 日，http://www. jyb. cn/rmtzgjyb/201909/t20190930_264824. html。

⑤ 陈少远：《把教学"玩儿"成了一门艺术——记宁夏吴忠市利通区马连渠乡汉渠学校教师杨再明》，中华人民共和国教育部网站，2015 年 9 月 12 日，http://www. moe. gov. cn/jyb_xwfb/xw _ zt/moe _ 357/jyzt _ 2015nztzl/2015 _ zt09/15zt09 _ 2015jsyr/201509/t20150929_211372. html。

的自考证书。①

第二节　躬身一线：中学"楷模教师"的专业特质

一　职业信念，寓教育于生命

教师只有对自己的职业、学生保持热爱，才能不断从工作中获得乐趣、获得动力、获得职业的成就感与价值感。虽然中学教育领域的这30位"楷模教师"的工作环境、成长轨迹各不相同，但他们对教师职业、学生的热爱却是相同的，正是这份热爱才使得他们在这个领域闪闪发光。

（一）热爱教育，实现自我人生价值

"楷模教师"拥有崇高的人生追求：实现自我价值。自我价值实现的需要是个体需要的金字塔尖，也是人类个体的终极需要，它可以唤起人最积极、最主动的精神状态，使人尽可能把全部的精力、情感和时间都用在上面。② 首先，坚守教学一线是众多中学"楷模教师"的基本原则。王宏自幼患有小儿麻痹症，左脚二级残疾，这给他的工作、生活带来了很多不便。家人、亲戚、朋友都曾劝他换一份轻松些的工作，但他毅然留在了教学岗位上，因为他实在是热爱这份工作。③ 20多年来，汪金权有很多机会走出大山、改变命运，但他无一例外都拒绝了，始终如一地坚守在山区的讲台上。汪金权说："每个人都有自己的终身追求。我的毕生追求，是做一名优秀的人民教师，永远与这些大山的孩子相伴。"④ 陆苏新的人生信条是做一个好老师，使自己的生活有重心，对社会有贡献，

① 曹曦：《"教书育人用心，是个好把式"——记黑龙江省龙江县黑岗乡中心学校教师王利》，中华人民共和国教育部网站，2017年9月18日，http://www.moe.gov.cn/jyb_xwfb/moe_2082/zl_2017n/2017_zl43/201709/t20170918_314683.html。

② 焦微微：《百余名全国教书育人楷模分析报告》，《云南教育》（视界综合版）2019年第10期，第31页。

③ 《通天河畔"护梦人"——记青海省玉树州称多县歇武镇中心寄宿制学校教师王宏》，中华人民共和国教育部网站，2016年9月8日，http://www.moe.gov.cn/jyb_xwfb/xw_zt/moe_357/jyzt_2016nztzl/2016_zt15/16zt15_jsyrkm/201609/t20160902_277522.html。

④ 程墨、罗曼、何易：《"我愿一生做一个好老师"——记湖北省黄冈市蕲春四中教师汪金权》，中华人民共和国教育部网站，2010年9月19日，http://www.moe.gov.cn/jyb_xwfb/moe_2082/s5936/s4620/201009/t20100919_108176.html。

生命更有价值。① 李庾南说："一个人的价值在于对社会有所贡献，一名教师的价值在于点亮和唤醒一个个鲜活的生命，成就学生，也成就自己。"② 毫无疑问，"楷模教师"都将教育视作人生追求，认为做教师可以实现其人生价值，有成就感、幸福感。其次，"楷模教师"把自己的全部精力、情感和时间都奉献给了教育。初当教师，贾利民为了提高英语教学水平，投入了所有精力。白天，他备课上课，辅导学生；晚上，他批改作业，查阅资料，跟着录音机练发音、学口语，晚上 11 点前从未睡过觉。后来当了校长，他更是一边抓基建，一边抓课改，超负荷的工作让他变得又黑又瘦，体重减轻 20 多斤。学校的老师劝他休息休息，别累坏了身体，每次他都开玩笑说自己"累并快乐着"。③ 丁海燕爱教书、爱孩子，从教 30 多年，她几乎一直吃住在学校。每天从睁眼忙到熄灯，满眼满心都是学校、学生的事儿。④ 沈茂德每天工作 14 个小时以上，没有节假日，没有寒暑假。⑤ 只有真正热爱教育，将教育视作人生追求的人，才会自愿为之付出时间精力，不求回报，在身体劳累的同时也会获得精神上的满足。

（二）热爱学生，珍视职业中的情感

教师职业中的情感主要是指教师与学生之间的情感交互。爱学生，是教师寓教育于生命的主要表现。首先，爱学生体现在"楷模教师"的职业抉择中。"楷模教师"因自身出色的教学表现、高尚的道德情操、较强的自学能力以及一些社会荣誉的加持，无疑有更好的发展机会，但除了受实

---

① 《教书的表率 育人的楷模——记新疆生产建设兵团六师五家渠高级中学教师陆苏新》，中华人民共和国教育部网站，2019 年 9 月 4 日，http://www. moe. gov. cn/jyb_ xwfb/xw_ zt/moe_ 357/jyzt_2019n/2019_ zt24/jygzzfc/jsyrkm/km2014/201909/t20190925_400865. html。

② 沈大雷：《教坛"常青树"——记从教 58 年的江苏南通启秀中学教师李庾南》，中华人民共和国教育部网站，2015 年 9 月 25 日，http://www. moe. gov. cn/jyb_ xwfb/xw_ zt/moe_ 357/jyzt_ 2015nztzl/2015_ zt09/15zt09_ 2015jsyr/201509/t20150929_ 211248. html。

③ 《扎根大山追逐他的教育梦——记河北兴隆县六道河中学校长贾利民》，中华人民共和国教育部网站，2019 年 9 月 4 日，http://www. moe. gov. cn/jyb_ xwfb/xw_ zt/moe_ 357/jyzt_2019n/2019_ zt20/jsfc/jsyrkm/km2019/201909/t20190904_397450. html。

④ 《深山红烛"丁妈妈"——记陕西省咸阳市旬邑县马栏齐心九年制寄宿学校教师丁海燕》，中华人民共和国教育部网站，2020 年 9 月 9 日，http://www. moe. gov. cn/jyb_ xwfb/xw_ zt/moe_357/jyzt_2020n/2020_ zt16/2020jiaoshuyurenkaimo/202009/t20200909_ 486652. html。

⑤ 《一个执着耕耘的播种者——记江苏省天一中学教师沈茂德》，中华人民共和国教育部网站，2017 年 9 月 5 日，http://www. moe. gov. cn/jyb_ xwfb/xw_ zt/moe_ 357/jyzt_ 2017nztzl/2017_ zt07/17zt06_ qgjsyrkm/201709/t20170905_313436. html。

现人生价值的因素影响，对学生这种难以割舍的感情也使其放弃其他机遇，选择坚守。1992 年 8 月，杨明生以优异的成绩考取了中国青年政治学院青年工作系研究生，但当看到学生和家长们祈求他留下来的那种无助的眼神时，他毅然放弃了深造的机会。近几年，很多教育机构与学校向他发出担任校长或教师的高薪邀请，但他的一句话感动了很多人："我必须坚守在家乡，这关乎我是背着钱袋子还是情感包袱过完后半生的问题。"① 左相平扎根深山的几十年间，有过许多其他出路，但被他一一婉言拒绝了，因为他离不开学校，离不开讲台，更离不开学生，同时他也怕他走了，山区孩子的未来更加渺茫。② 其次，爱学生体现在"楷模教师"的日常教育教学中。这份爱是无差别的。面对不会学习、不爱学习甚至不想学习的孩子，李庚南从来不放弃。有个孩子智力有点儿问题，但李庚南丝毫没有嫌弃，给他补课，带他玩耍，教他做人。渐渐地，孩子的成绩有了起色，每天都迫不及待要去上学。③ 在刘占良的眼里没有"差生"，学生只是在认知上、情感上、态度上有差别。④ 最后，爱学生体现在危难来临时的千钧一发。中学教育中最年轻的"楷模教师"获奖者张丽莉在车祸发生的瞬间，奋不顾身地去救学生，本可以躲开的她却被卷入车轮，双腿粉碎性骨折，高位截瘫。⑤ 在地震发生时，罗国锋顾不上家人和财物的安全，顾不上自己带伤的右肩，第一时间赶到学校，和其他的在校教师一起组织学生撤离到空旷安全地带。⑥ 可见，胸怀大爱的教师会因为无法抗拒可爱的孩子们

① 《2022 年"全国教书育人楷模"杨明生：甘做家乡教育的守望者》，中国教育新闻网，2022 年 9 月 6 日，http://www.jyb.cn/rmtzcg/xwy/wzxw/202209/t20220906_2110942700.html。

② 张婷：《初心故事 | 左相平：做人民满意的人民教师》，当代先锋网，2019 年 6 月 23 日，http://www.ddcpc.cn/news/201906/t20190623_501633.shtml。

③ 沈大雷：《教坛"常青树"——记从教 58 年的江苏南通启秀中学教师李庚南》，中华人民共和国教育部网站，2015 年 9 月 25 日，http://www.moe.gov.cn/jyb_xwfb/xw_zt/moe_357/jyzt_2015nztzl/2015_zt09/15zt09_2015jsyr/201509/t20150929_211248.html。

④ 《散发材料二：2013 年度全国教书育人楷模先进事迹介绍》，中华人民共和国教育部网站，2013 年 9 月 2 日，http://www.moe.gov.cn/jyb_xwfb/xw_fbh/moe_2069/s7135/s7589/s7590/201309/t20130902_156693.html。

⑤ 《她诠释了师魂的真谛——记黑龙江省佳木斯市第十九中学教师张丽莉》，中华人民共和国教育部网站，2012 年 7 月 4 日，http://www.moe.gov.cn/jyb_xwfb/xw_zt/moe_357/s7093/s7099/s7127/s7128/201308/t20130814_155693.html。

⑥ 卫葳：《危难中的坚守——记芦山县芦山中学副校长罗国锋》，芦山县人民政府网，2014 年 4 月 28 日，http://www.yals.gov.cn/xinwen/show/1a9b1da2-f191-495e-a75e-3d311ce0d139.html。

而奉献自己，而孩子们大多数也会有爱的回报。这便是教师职业的重要魅力之一：爱的相互传递与不断升级。① 长年不断的短信、过节时的问候、不时现身的看望……都是中学"楷模教师"坚守的动力和情感的支撑。

二 以身垂范，执着教书育人

(一) 言传身教，当好学生的引路人

教育家叶圣陶说过，学校教育工作的全部就是教书育人、为人师表。几乎所有优秀教师都一致认为，"育人"是第一位的，"教书"是第二位的。② "楷模教师"从不满足于只做传授书本知识的教书匠，而是立志做学生成人的引路人。综观中学教育领域的 30 位"楷模教师"，他们的成功都是从"育人"做起的。担任校党支部委员及团委书记的何桂琴自编了《固原回中少年团校培训教材》《青年党校教程》，通过学习党章、党史、政治理论知识以及举办讲座等形式，帮助、指导青年学生树立正确的人生观；通过赴任山河烈士陵园扫墓，参观六盘山红军长征纪念馆、将台堡红军会师地、固原水泥厂等一系列社会实践活动，使广大青年学生牢记我党光荣的革命历史，感受鲜活的时代气息，树立远大理想。③ 在多年的育人过程中，李红霞注意到中学生缺乏对社会的了解，这会影响他们社会责任感的形成。她带领学生走向社会，在学生中大力推进"我爱石家庄"社会实践课程。④ 杨毛吉说："教育要考虑学生的终身发展，要培养他们美好的人性和德性。成长比成功和成才更重要。"⑤ 杨明生在学校管理实践中把德育放在学校各项管理工作的最重要的位置，坚定不移地坚持

---

① 陈志伟、余慧娟、程路、李帆、施久铭、赖配根、魏倩、陈刚：《他们为什么优秀？——十年百余名全国教书育人楷模分析报告》，《人民教育》2019 年第 18 期，第 18 页。

② 任小艾、白宏太：《"全国教书育人楷模"启示录》，《人民教育》2010 年第 20 期，第 18 页。

③ 《"教书是我最大的幸福"——宁夏回族自治区固原市回民中学教师何桂琴》，中华人民共和国教育部网站，2013 年 1 月 29 日，http://www.moe.gov.cn/jyb_xwfb/xw_zt/moe_357/s7093/s7099/s7100/s7101/201301/t20130129_147297.html。

④ 《呕心沥血育栋梁 教育扶贫勇担当——记河北省石家庄外国语学校教师李红霞》，中华人民共和国教育部网站，2021 年 9 月 8 日，http://www.moe.gov.cn/jyb_xwfb/xw_zt/moe_357/2021/2021_zt18/jjsyr/202109/t20210906_559852.html。

⑤ 《学生心中的"毛吉额娘"——记青海省西宁市大通县第二完全中学教师杨毛吉》，中华人民共和国教育部网站，2018 年 8 月 30 日，http://www.moe.gov.cn/jyb_xwfb/xw_zt/moe_357/jyzt_2018n/2018_zt15/zt1815_km/201808/t20180830_346631.html。

"五育并举,德育为先"的办学方针和育人导向。① 中学"楷模教师"通过学科教学、班队活动、社会实践等进行"育人",使学生在德智体美劳等方面全面发展。他们站在先成人再成才的角度,言传身教,引导学生的成长。

(二)教学创新,开展教育科学研究

随着时代发展,国家对人才培养的要求也在不断变化。教育系统的不断革新,要求教师的教学也要与时俱进。首先,中学"楷模教师"从不满足于一成不变的教学内容、教学方式,而是基于学生特点和时代需要,不断进行教学创新。李庾南从不照搬以前用过的教案。每次备课,从研究教材到摸清学生情况,再到确定知识生长点,她都从头做起,在实践—反思—再实践中形成了"自学·议论·引导教学法"。近些年,伴随着"自学·议论·引导教学法"的深入推广,李庾南又提出了"学法三结合,学材再建构,学程重生成"的崭新思路。李庾南说,学无止境,教亦无涯。"自学·议论·引导教学法"仍然有成长的空间,还要不断掘进。② 汪金权在教学中坚持"四不原则",从培养人才入手,设置了课堂的"五会"目标,要求自己对每一届学生都有新的教案,同一篇课文每一届学生都要听到不同的内容。③ 乌兰老师为了提升学生对蒙古语的学习兴趣,针对学生的心理特点大胆开展"历史法教学",即用"历史+语言+语法+民族+耐心"五位一体的教育方法,培养学生学习民族语言的热情,大大提高了教学质量。④ 同时,中学"楷模教师"立足学生发展需要,结合学校特点,开发校本课程。实施新课改以来,刘占良负责学校新课程组织实施的具体部署安排,他坚持以校本教研为重点,以优化课堂实效为立足点。在刘占良的

① 《2022年"全国教书育人楷模"杨明生:甘做家乡教育的守望者》,中国教育新闻网,2022年9月6日,http://www.jyb.cn/rmtzcg/xwy/wzxw/202209/t20220906_2110942700.html。
② 沈大雷:《教坛"常青树"——记从教58年的江苏南通启秀中学教师李庾南》,中华人民共和国教育部网站,2015年9月25日,http://www.moe.gov.cn/jyb_xwfb/xw_zt/moe_357/jyzt_2015nztzl/2015_zt09/15zt09_2015jsyr/201509/t20150929_211248.html。
③ 《传承"大别山精神"献身教书育人事业——湖北省教育界人士畅谈学习全国教书育人楷模汪金权事迹体会》,中华人民共和国教育部网站,2011年4月7日,http://www.moe.gov.cn/jyb_xwfb/xw_zt/moe_357/s3582/s4672/s4896/s4897/201104/t20110407_117122.html。
④ 《爱心与创新谱写出讲台上的璀璨人生——记内蒙古锡林郭勒盟镶黄旗蒙古中学副校长乌兰》,中华人民共和国教育部网站,2019年9月4日,http://www.moe.gov.cn/jyb_xwfb/xw_zt/moe_357/jyzt_2019n/2019_zt20/jsfc/jsyrkm/km2014/201909/t20190904_397468.html。

组织协调下，各教研组共开发出 48 种校本课程，涉及面很广，其中很多课程深受学生欢迎。① 2016 年，徐华担任学校党委书记后，提出"魅力教育"的主张，用新理念引领全校新教改，扭转唯分数、唯升学率的倾向，独创了魅力课程图谱，构建涵盖科技创新等 7 类课程的模块，涉及 150 多门校本课程，其中浸润式德育课程等成为全国德育先进经验案例。② 其次，中学"楷模教师"积极开展教育科学研究。沈茂德出版了《播种者的期盼与困惑》等专著，共计 130 万字，发表专业论文 200 多篇，写下读书笔记 200 万字以上，每年开讲座、报告 50 场以上……③贾利民亲自主持了 5 项国家级课题、2 项省级课题、4 项市级课题，其中有 2 项被评为全国科研成果一等奖。他在《人民教育》等报刊上发表管理和教学方面的文章 2000 多篇，其中有 30 多篇荣获全国一等奖。出版论著和教材 11 部，应全国各地邀请做学术报告 100 多场次。④ 通过不断的教学创新和教育科学研究，中学"楷模教师"在提升自身专业水平、提高教学质量的同时，也引领了所在学科、学校的发展，促进国家课程的校本化和综合育人目标的实现。

三　心怀大爱：勇担社会责任

（一）捐资助学，托起寒门学子梦想

一方面，教育受制于社会政治、经济、文化的发展；另一方面，教育通过发挥其育人功能也反作用于社会，推动社会发展、促进社会流动。中学"楷模教师"一方面做好本职工作教育引导学生，促进其成人成才；另一方面面对家境困难的学生，尽自己所能予以资助，改变学生命运。汪金权对贫困学生有着特殊的感情，从到蕲春四中工作的那一天起，他就竭尽

---

① 《散发材料二：2013 年度全国教书育人楷模先进事迹介绍》，中华人民共和国教育部网站，2013 年 9 月 2 日，http://www.moe.gov.cn/jyb_xwfb/xw_fbh/moe_2069/s7135/s7589/s7590/201309/t20130902_156693.html。
② 岑怡萩：《徐华：四有好老师 赤诚引路人》，八桂先锋网，2022 年 8 月 12 日，https://www.bgxf.gov.cn/staticpages/20220812/newgx62f62223-118098.shtml。
③ 《一个执着耕耘的播种者——记江苏省天一中学教师沈茂德》，中华人民共和国教育部网站，2017 年 9 月 5 日，http://www.moe.gov.cn/jyb_xwfb/xw_zt/moe_357/jyzt_2017nztzl/2017_zt07/17zt06_qgjsyrkm/201709/t20170905_313436.html。
④ 《扎根大山追逐他的教育梦——记河北兴隆县六道河中学校长贾利民》，中华人民共和国教育部网站，2019 年 9 月 4 日，http://www.moe.gov.cn/jyb_xwfb/xw_zt/moe_357/jyzt_2019n/2019_zt20/jsfc/jsyrkm/km2019/201909/t20190904_397450.html。

所能帮助那些寒门学子。几十年来，他的工资大部分用于资助学生。汪金权还经常把一些贫困学生安排在自己的宿舍里，"全方位"帮扶他们的学习和生活，最多的一次，他安排了8名学生住进了自己的宿舍。① 从教40余年，吕文强从微薄的工资收入里累计拿出了30多万元资助困难学生，使他们顺利完成学业。② 在莫振高30多年的职业生涯中，他自己资助300多名贫困生上大学，并通过各种渠道"化缘"，筹款数千万元，为大山送出数万名优秀大学生。③ 2008年，在张桂梅的全力推动下，一所全免费的女子高级中学在滇西偏远的华坪县成立，点亮了女孩们的人生梦想。这些年来，张桂梅将自己的工资、各级政府给她的奖金，甚至大家筹集给她看病的100多万元全部捐给了华坪县贫困山区的教育和社会事业。④ 总之，众多中学"楷模教师"在自己生活清贫的情况下，依然坚持资助贫困学生，通过个人努力为教育公平的实现添砖加瓦。

（二）培养骨干，指导青年教师，发挥个人带动作用

中学"楷模教师"在注重自身发展的同时也不藏私，指导青年教师成长，促进教师队伍的整体性发展，使自己有限的经验在别人身上发挥更大作用，带动更多学生。中学"楷模教师"主要通过组织教研培训、讲座、"青蓝结对"和开设公开课等方式来提升学校教师尤其是青年教师的专业能力。为了培养更多教师，于漪还负责上海市名师基地、德育基地、种子教师基地的培训工作，为青年教师搭台铺路，为教育事业增加内生动力。至今，于漪培养的特级教师已有三代十几人，他们已成为

① 程墨、罗曼、何易：《"我愿一生做一个好老师"——记湖北省黄冈市蕲春四中教师汪金权》，中华人民共和国教育部网站，2010年9月19日，http://www.moe.gov.cn/jyb_xwfb/moe_2082/s5936/s4620/201009/t20100919_108176.html。
② 刘艳杰、朱楠：《"我的学生，一个也不能放弃"——记"全国教书育人楷模"、山东省平度市朝阳中学教师吕文强》，中华人民共和国教育部网站，2018年9月8日，http://www.moe.gov.cn/jyb_xwfb/xw_zt/moe_357/jyzt_2018n/2018_zt18/zt1818_yxdx/201809/t20180910_348005.html。
③ 张莺：《永远是学生的大树——追记广西已故中学校长莫振高》，中华人民共和国教育部网站，2015年6月28日，http://www.moe.gov.cn/jyb_xwfb/s5147/201507/t20150708_193033.html。
④ 杨云慧：《红土高原一枝梅——记云南省丽江市华坪县女子高级中学党总支书记、校长张桂梅》，中华人民共和国教育部网站，2019年12月3日，http://www.moe.gov.cn/jyb_xwfb/moe_2082/zl_2019n/2019_zl84/201912/t20191203_410561.html。

教坛上的骨干力量。[1] 当班主任、上课、做科研，李庾南几乎每天都在满负荷工作。虽然很辛苦，但她对指导青年教师一直都是乐此不疲。自 2006年 "李庾南数学教学研究所" 成立以来，她已分批培训几千名初中数学教师。[2] "创业难，守业更难。" 贾利民希望每一名教师迅速成长，有获得感和幸福感。他在悉心关照教师生活的基础上，勇于给骨干教师压担子，善于给年轻教师指路子，乐于给专业课教师想点子。[3] 刘占良特别注重对青年教师的培养，经常组织他们学习新的教育理论，分析、掌握新的教学方法，从教案书写、教材分析、方法运用等方面给予指导，使青年教师迅速独当一面。[4] 由此可见，中学 "楷模教师" 认为指导培养青年教师是自己的责任，只有这样才能让更多学生从中受益。

第三节　中学教师专业发展的有益启示

一　扩大 "楷模教师" 评选活动的影响力，增强教师的职业信念

在科教兴国、人才强国的战略指引下，教师职业备受重视。习近平总书记强调："让教师成为让人羡慕的职业。"[5] 然而，近年来随着信息技术的发展，教育资源丰富且易得，教师不再是知识的垄断者，这在无形之间削弱了教师的影响力。同时，受消费主义的影响，"教师职业市场化、知

---

[1] 董少校：《生命之花为教育绽放——访首届全国教书育人楷模于漪》，中华人民共和国教育部网站，2018 年 8 月 29 日，http://www.moe.gov.cn/jyb_xwfb/s5147/201808/t20180829_346433.html。

[2] 沈大雷：《教坛 "常青树" ——记从教 58 年的江苏南通启秀中学教师李庾南》，中华人民共和国教育部网站，2015 年 9 月 25 日，http://www.moe.gov.cn/jyb_xwfb/xw_zt/moe_357/jyzt_2015nztzl/2015_zt09/15zt09_2015jsyr/201509/t20150929_211248.html。

[3] 周洪松：《让山里娃也能享受优质教育——记河北省兴隆县六道河中学校长贾利民》，中华人民共和国教育部网站，2019 年 9 月 18 日，http://www.moe.gov.cn/jyb_xwfb/moe_2082/zl_2019n/2019_zl68/201909/t20190918_399604.html。

[4] 《散发材料二：2013 年度全国教书育人楷模先进事迹介绍》，中华人民共和国教育部网站，2013 年 9 月 2 日，http://www.moe.gov.cn/jyb_xwfb/xw_fbh/moe_2069/s7135/s7589/s7590/201309/t20130902_156693.html。

[5] 《总书记眼中的 "人民教师"》，人民网，2021 年 9 月 10 日，http://politics.people.com.cn/GB/n1/2021/0910/c1001-32224020.html? ivk_sa=1024320u。

识商品化、德性庸俗化已成为不容忽视的问题"①,再加上教师身份认同感低,这些都对教师的职业信念造成了极大的冲击。而教师职业信念是教师专业发展的重要影响因素,影响教师对待工作、对待学生的态度,从而间接影响教育质量。中学"楷模教师"无一不热爱自己的工作、热爱学生,他们大多数在教学岗位上坚守了二三十年,有的甚至坚守教学一线近 60年,具有极强的职业信念。因此,中学教育师资队伍的建设要重视增强教师的职业信念感。教师的社会地位是影响教师职业信念的重要因素。"全国教书育人楷模"代表了极高的社会荣誉,进一步扩大"楷模教师"评选活动的影响力,有助于增强教师的职业信念。首先,各级政府和学校要积极号召教师参与申报和评选。其次,加大对选出的"楷模教师"的宣传力度,挖掘"楷模教师"的先进事迹,在社会各界宣传报道,增强社会对"楷模教师"先进事迹的了解,有利于社会公众对教师的认可,从而增强教师的职业信念。最后,开展"全省教书育人楷模""全市教书育人楷模""全校教书育人楷模"评选活动,调动更多教师的积极性,挖掘更多优秀教师的先进事迹,增强教师的身份认同感。同时,各级媒体要加大宣传报道力度。

二 重视师德培育,构建良好德育环境

党和人民满意的教师,不仅需要专业突出、有较高的业务能力,还需要具备较高的道德水准。"教师是教育之本,师德是教师之本。"② 教师的道德水平、行为习惯会在与学生的朝夕相处中对学生的道德水平产生直接影响。中学"楷模教师"无一不拥有高尚师德,是学生良好的德育榜样。因此,中学师资队伍的建设也必须重视对师德的培育,为学生构建良好的德育环境。首先,在道德认知层面,要向教师宣传师德准则和规范,加深教师对师德及师德失范的认识,在操作层面上为教师提供一个标准。师德准则和规范的宣传教育能够有效地为师德的培育和提升指明方向,同时要帮助教师明确师德的行为红线,从而使其在日常的教育教学中有意识地避免师德失范行为。其次,在情感层面,师德培育应注重为教师创设积极的

---

① 赵雅卓、王彦:《消费社会教师权威的旁落及重构》,《当代教育与文化》2020 年第 1 期,第 96 页。

② 鲁佩用:《教师队伍建设的点、线、面》,《江苏教育》2022 年第 54 期,第 67 页。

情感体验情境，帮助教师超越思维的理性认识，在非理性层面、潜意识中形成对高尚师德的向往。① 可以定期组织教师召开师德优秀事迹报告会，用身边人感染身边人。从身边人的事迹中感受师德，会直击教师心灵，引起教师共鸣。另外，还可以组织教师观看相关的影视、艺术作品，艺术能够带来强烈的震撼，进而使教师获得积极的情感体验，强化其正向道德情感，使其成为教师涵养高尚师德最深沉的内在力量。② 最后，在行为层面，应注重对师德行为习惯的培养。教师的师德体现在平时的教学实践、日常生活的一言一行中，而教师的一言一行在很大程度上取决于教师固化的行为习惯，因此对师德行为习惯的培养至关重要。可以以周为单位，规定教师一周内应做到的体现师德的行为数量，循序渐进，不断固化教师已形成的师德认知与情感，促进师德认知与情感外化为师德行为，并形成稳固的师德行为习惯。

三　改善师资培训方式，提高教师的理论素养和业务能力

建设一支党和人民满意的素质全面、师德高尚、专业突出、充满活力的教师队伍，既需要严把新教师入口关，也需要重视在职教师专业素质的提升。只有全体在职教师的专业素质得到提升，教师队伍的整体素质才能有所提高。中学"楷模教师"无一不重视自身专业素质的提升，常常利用教师培训、自学等方式及时更新教育理念，提高业务能力，其中教师培训无疑是提高教师专业素质的重要途径。当前我国的教师培训还存在内容针对性不强、培训方式单一等问题。对此《新时代基础教育强师计划》提出了要"深化精准培训改革"。一方面，《义务教育课程方案和课程标准（2022年版）》的颁布，意味着我国基础教育领域迎来了一次深刻变革，标志着我国义务教育课程与教学进入下一个"新课标"的时代。要想准确把握"新课标"的理念、精神和要求，准确把握学科教学的方向，就必须重视教师培训，加强教师培训的针对性，提高教师的业务能力，有效推进新课标的落实。另一方面，高质量发展新阶段五育并举、减负提质等重大转型也要求必须改善师资培训方式。首先，发展"青蓝结对"，做好对青

① 刘志：《中小学师德培育的前提性思考》，《人民教育》2022年第1期，第49页。
② 刘志：《中小学师德培育的前提性思考》，《人民教育》2022年第1期，第49页。

年教师的"传帮带"工作，提高校本培训的质量。校本培训最为贴近教师教育教学的实践，具有鲜明的实践导向，是提升教师业务能力的重要手段。而一对一的"青蓝结对"模式针对性更强，能快速有效地针对青年教师存在的问题提出建议、进行指导。在优秀教师的指导下，青年教师能够解决教学疑惑，优秀教师在指导青年教师的同时也能促进自身思考，彼此之间共同成长。其次，顺应时代发展，优化培训内容，打造高质量课程资源。"新课标"、减负提质等都对教师提出了新要求，提出了新的教育理念，因此培训内容应与时俱进、及时更新，从而有针对性地提高教师的理论素养。

第六章　高校"楷模教师"的群像[*]

在新时代背景下，师资队伍的建设成为一个重要的改革内容。2021 年1 月，教育部等六部门发布了《关于加强新时代高校教师队伍建设改革的指导意见》，在"目标任务"处指出，"高校教师职业吸引力明显增强，教师思想政治素质、业务能力、育人水平、创新能力得到显著提升，建设一支政治素质过硬、业务能力精湛、育人水平高超的高素质专业化创新型高校教师队伍"①。而笔者认为，高校"楷模教师"的优秀群像特征恰是国家现如今想要达到的高校师资队伍建设的水准，故欲研究高校"楷模教师"的群像特质，从而为高校师资队伍的建设提供有益启示。

本章以 2010～2022 年"全国教书育人楷模"中 32 位高等教育领域教师的先进事迹材料为研究对象，采用文本分析法进行研究。从官方网站上收集到高校"楷模教师"先进事迹材料约 28 万字，从中提取出"楷模教师"的基本信息和先进事迹等。"楷模教师"的基本信息情况如表 6－1 所示。第一，从性别上看，32 位"楷模教师"里，女性教师有 9 位，男性教师有 23 位，在一定程度上女性教师数量偏少。第二，从高校"楷模教师"当选时从事教育工作的年限分析，最长年限已达 79 年，最短年限为 15 年，平均从教年限约 42 年，从这一串显眼的数字中我们不难看出高校"楷模

　＊　本章系广东海洋大学校级课题一般项目"高校'全国教书育人楷模'教师群像研究"
　　　（课题编号：GDOUSD2021YB02）、四川省教育厅高校思想政治工作队伍培训研修中心
　　　（西南交通大学）立项课题"'最美高校辅导员'成长路径研究"（课题编号：CJSFZ22 -
　　　68）的结项成果。
　①　《教育部等六部门关于加强新时代高校教师队伍建设改革的指导意见》，中华人民共和国教
　　　育部网站，2021 年 1 月 4 日，http://www.moe.gov.cn/srcsite/A10/s7151/202101/t20210108_
　　　509152. html。

教师"都已在高等教育事业中躬耕多年，以"生命不息、教育不止"的精神坚守在自己的教育岗位上。第三，西部地区的教师有 8 位，中部地区有 11 位，东部地区有 13 位。从地域分布上看，东部地区处于领先地位，中部地区其次，西部地区略弱，需进一步加强西部地区高校师资队伍的建设。第四，从事迹材料里看到 32 位高校"楷模教师"都有教授职称，其中还有 14 位院士，包括 6 位中国科学院院士和 8 位中国工程院院士，职称和院士等头衔说明高校"楷模教师"皆具有高超的学术造诣和丰富的科研成果。第五，从表中可以看出 32 位高校"楷模教师"的研究领域以及学术专长种类多样，也反映出各位高校"楷模教师"在自身研究领域内承担着本行业开拓与发展的历史重任。高等教育是连接人才培养和人才利用最紧密的一环，高校教师任重而道远，一方面要呕心沥血地为国家培育栋梁之材，另一方面要紧随时代的步伐，为不断推进所在领域内的科研创新而殚精竭虑。

第一节　高校"楷模教师"群体的成长轨迹

一　成长背景

（一）学无止境

1965 年，法国学者保罗·朗格朗提出了"终身教育"的思想，他主张教育或学习应是一个终身化的过程。其著作《终身教育引论》被视为终身教育理论的代表作，也标志着终身教育思潮的正式诞生，盛行至今。实质上，在两千多年前，荀子在《劝学篇》的开篇即提出："学不可以已"，这应是中国最早的终身学习论。终身学习是指社会每个成员为适应社会发展和实现个体发展的需要，在其一生中要坚持学习，即我们常说的"学无止境"。高校"楷模教师"将终身学习视作一种乐趣，有着"亦余心之所善兮，虽九死其犹未悔"的精神境界。吉林大学资深教授孙正聿从教 40 年，潜心研究中外哲学，并撰写了《哲学通论》一书，其早已有了哲学家的睿智与风骨，但他总是有读不完的书、想不完的道理、写不完的思想，并且乐此不疲。他说："乐于每日读书，志在终生探索，得其

表 6 - 1 2010~2022 年高校"楷模教师"基本信息

序号	当选年份	姓名	性别	出生年份	从教年份	当选时从教年限（年）	所在省区市	所在单位	学术领域	研究专长
1	2010	石雪晖	女	1949	1976	34	湖南	湖南农业大学	农学	葡萄种植
2	2010	姜伯驹	男	1937	1957	53	北京	北京大学	数学	数学、拓扑学
3	2011	金展鹏	男	1938	1963	48	湖南	中南大学	相图热力学	相图热力学
4	2011	周小燕	女	1917	1940	71	上海	上海音乐学院	音乐	声乐
5	2012	姜小鹰	女	1953	1988	24	福建	福建医科大学	护理学	临床护理学
6	2012	黄希庭	男	1937	1961	51	重庆	西南大学	心理学	时间心理学
7	2013	胡遂	女	1956	1971	42	湖南	湖南大学	文学	中国古代文学、佛学
8	2013	刘开吉	男	1949	1973	40	重庆	重庆警察学院	公安	警察战术学
9	2014	潘懋元	男	1920	1935	79	福建	厦门大学	高等教育	高等教育学
10	2014	张国伟	男	1939	1961	53	陕西	西北大学	地质学	地质学
11	2015	程惠芳	女	1953	1976	39	浙江	浙江工业大学	经贸管理	经贸管理、国际贸易
12	2015	何雅玲	女	1963	1988	27	陕西	西安交通大学	工程热物理	热力学
13	2016	李天来	男	1955	1982	34	辽宁	沈阳农业大学	农学	设施园艺
14	2016	何黎	女	1962	1985	31	云南	昆明医科大学	医学	皮肤科
15	2017	黄大年	男	1958	1982	35	吉林	吉林大学	地质学	地球物理学
16	2017	钱易	女	1936	1959	58	北京	清华大学	环境工程	环境工程
17	2017	王静康	女	1938	1960	57	天津	天津大学	工业结晶	工业结晶技术
18	2017	郭天财	男	1953	1977	40	河南	河南农业大学	农学	小麦研究

续表

序号	当选年份	姓名	性别	出生年份	从教年份	当选时从教年限（年）	所在省区市	所在单位	学术领域	研究专长
19	2018	周其林	男	1957	1996	22	天津	南开大学	化学	有机化学
20	2018	于炯	男	1964	1986	32	新疆	新疆大学	计算机	软件工程
21	2019	桂卫华	男	1950	1981	38	湖南	中南大学	自动化	有色金属工业
22	2019	王宗礼	男	1963	1988	31	甘肃	西北师范大学	思政	政治学
23	2020	张伯礼	男	1948	1982	38	天津	天津中医药大学	医学	心脑血管疾病防治
24	2020	高芬	男	1956	1982	38	吉林	东北师范大学	数学	偏微分方程
25	2020	胡豫	男	1964	1991	29	湖北	华中科技大学	医学	血液学
26	2020	钟南山	男	1936	1960	60	广东	广州医科大学	医学	呼吸病学
27	2020	张云阁	男	1963	1985	35	海南	海南大学	思政	思想政治教育
28	2021	郝跃	男	1958	1982	39	陕西	西安电子科技大学	微电子材料	微电子学
29	2021	周又朋	男	1974	2006	15	江西	东华理工大学	核军工	铀矿采冶
30	2022	康绍忠	男	1962	1985	37	北京	中国农业大学	农学	农业水土工程
31	2022	杨士莪	男	1931	1950	72	黑龙江	哈尔滨工程大学	水声学	水声原理
32	2022	孙正聿	男	1946	1982	40	吉林	吉林大学	哲学	马克思主义哲学

资料来源：教育部网站、《中国教育报》、《中国教师报》等。

所哉也。"① 扎根西北大地教育事业多年的王宗礼提到，"我长期以来都很注重学习，并开展科学研究，以前网络不发达，只能在图书馆学习，业余的时间基本都用来读书，现在科技发达创造了更好的学习环境，就更应该不遗余力地坚持学习"②。身残志坚的金展鹏以非凡的毅力坚持繁重的学习和科研工作，并在他生命最后的 20 多年里做出了巨大的科研成就。"'轮椅禁锢不了我的思想，只要大脑还运转，就要学习和创造。'金展鹏如是说。不能走路，就让退休的夫人推着轮椅去实验室；不能翻书，就让助学帮助自己一页一页翻阅。高位瘫痪 20 年来，金展鹏始终坚守在教学和科研第一线。"③ 无论是追求真善美的孙正聿还是呕心沥血育人才的王宗礼、金展鹏，他们都对学习有着无休止的境界追求，"生命不息、学习不止"刻进了他们的骨子里。

（二）躬耕一线

这些成就卓著的高校教师，从开始工作到当选为"全国教书育人楷模"，一路走来荣誉满载，但他们将名利和荣誉置之度外。年事已高的教师仍满怀激情地坚守在教学和科研的一线。西南大学的黄希庭教授将自己的满腔热忱都留在了三尺的大学讲台上，"75 岁高龄的他，仍然坚持为本科生讲授自然辩证法、公共课心理学、实验心理学等 11 门课程"④。农业水土工程专家康绍忠经常带领团队外出调研，"他常常为了获取准确可靠的试验资料一干就是连续十几个小时，时常冒着高温、顶着烈日观测，汗水湿透了衣服，蚊虫不停叮咬，也没时间顾及。渴了，喝几口白开水；饿了，啃几口自带的干粮"⑤。杨士莪对国家的海防事业始终保持着行为上的坚守与思想上的忠诚，"笑称自己'生命不止，壮心不已'，因为他始终战

① 《2022 年"全国教书育人楷模"孙正聿：以哲启思，以文化人》，中国教育新闻网，2022 年 9 月 6 日，http://www.jyb.cn/rmtzcg/xwy/wzxw/202209/t20220906_2110942702.html。
② 《王宗礼：教书育人是我人生最大的乐趣》，每日甘肃网，2019 年 9 月 19 日，http://edu.gansudaily.com.cn/system/2019/09/19/017265189_01.shtml。
③ 何勇：《追记中南大学金展鹏院士：斯人已去 精神永存》，中南大学新闻网，2020 年 12 月 10 日，https://news.csu.edu.cn/info/1061/147478.htm。
④ 《西南大学心理学系教授黄希庭——培养让自己崇拜的学生（全国教书育人楷模）》，中华人民共和国教育部网站，2012 年 9 月 18 日，http://www.moe.gov.cn/jyb_xwfb/xw_zt/moe_357/s7093/s7099/s7106/s7107/201304/t20130416_150588.html。
⑤ 《2022 年"全国教书育人楷模"康绍忠：矢志旱区农业高效用水 倾情教学一线立德树人》，中国教育新闻网，2022 年 9 月 6 日，http://www.jyb.cn/rmtzcg/xwy/wzxw/202209/t20220906_2110942746.html。

斗在水声科研的第一线。2018 年 7 月，当时 87 岁高龄的他仍然身体力行，亲自参加相关科研项目的海试，只要是他牵头或主持的科研项目，他就参加，细致到海试前的试验设备准备及装配情况、海试日程安排、海洋水文条件监测、海试后的数据分析等。在庞杂烦琐的海试工作中，杨士莪定会亲临第一线，事无巨细地亲自过问、现场解决"①。"中国工业结晶之母"王静康在教书育人岗位上已经历近 60 年风雨，"从没休过寒暑假和节假日，身为院士依然坚持为本科生、研究生授课、编写教材。科研繁忙，她就把课程选在周六、周日。大到作为十六大、十七大代表为党和国家献计献策，小到支部生活和讲党课，无论是在教书育人的第一课堂，还是在学生和青年教师成长的第二课堂，都有王静康的身影"②。一些本应安享晚年生活的高校"楷模教师"仍在三尺讲台上鞠躬尽瘁、丹心育人，其忠于职守之心实乃吾辈楷模。

二 职业贡献

（一）教书育人

唐代文学家韩愈在《师说》中说："师者，所以传道授业解惑也。"教师不仅要给学生教授学业、解答疑惑，还应该传授人生道理，促进学生人格的全面发展，真正达到"教书育人"的目的。我国的高校"楷模教师"是执笔书写知识的智慧者和学生人生的好导师。我国首位获得国际南丁格尔奖章的护理教育工作者姜小鹰，"在课程设置上主张专业理论知识与临床实践并重，教学上以启发式为主培养学生分析和解决问题的能力，注重学生人格修养及护理伦理与道德观念的培养，制订护士外在美与内在美的行为规范，用护理发展史和社会责任感激励学生追求崇高的理想"③。以身作则的

① 《2022 年"全国教书育人楷模"杨士莪：做人做事做学问，为船为海为国防》，中国教育新闻网，2022 年 9 月 6 日，http://www.jyb.cn/rmtzcg/xwy/wzxw/202209/t20220906_2110942750.html。
② 《"中国工业结晶之母"的平凡人生——记中国工程院院士、天津大学教授王静康》，中华人民共和国教育部网站，2017 年 9 月 5 日，http://www.moe.gov.cn/jyb_xwfb/xw_zt/moe_357/jyzt_2017nztzl/2017_zt07/17zt06_qgjsyrkm/201709/t20170905_313441.html。
③ 《为白衣天使插上"科技翅膀"——记福建医科大学护理学院院长姜小鹰》，中华人民共和国教育部网站，2013 年 2 月 21 日，http://www.moe.gov.cn/jyb_xwfb/xw_zt/moe_357/s7093/s7099/s7103/s7104/201302/t20130221_147753.html。

黄希庭教授告诉自己的学生："做一个自立、自信、自尊、自强的幸福的进取者。"无论生活，还是教学，黄老师都是这样做的，而这也是他对弟子们的期望，对莘莘学子的期望。在黄老师看来："做人不能贪图享福，要在进取中享福，没有进取就没有幸福。"① 湖南大学心灵导师胡遂将人生道理融入教学，培养学生坚韧豁达的性格。"她的课堂，总是充满激情，她总是将自己的人生感悟倾囊而出。所以，她的课听起来更像与一个个活生生的古人对话，感受着他们崇高的品质和精神，而不是死守故纸堆里。她在教学任务之外，还广开第二课堂，为学生开讲座，教学生如何处世为人，如何面对挫折，如何像青松一样，有一颗紧紧扎根在山冈的强大的内心。"② 于炯认为教育的本质是育人，他"以一个教师特有的责任感，忠实地履行着为学生'传道、授业、解惑'的职责，关心学生的全面发展，能以自己勤恳负责的教学态度来影响学生，既是学生的良师，又是学生的益友。将'爱''激情''责任''进取''感恩'确定为学院建设的核心文化价值，并将其渗透到学院的方方面面"③。高校"楷模教师"以一丝不苟的治学态度教会学生认知，以正直为人的行为作为示范，在学生的学识增长和人生成长两方面倾尽所能。

（二）回馈社会

我国著名的葡萄种植专家石雪晖慷慨无私地将自己研发出来的新品种推广给葡萄种植户。"20多年里，她深入到湖南、湖北、江西等省的60多个县市，手把手地教农民学习技术，让成千上万的农民走上了致富路。单是湖南澧县，目前葡萄产值就超过了3亿元，赢得了'南方吐鲁番'的美誉。"④ 在农业上取得重大科研成果的还有李天来教授。"经常有人'提醒'他抓

---

① 朱丽亚：《黄希庭：校园里不老的传奇》，中华人民共和国教育部网站，2012年9月24日，http://www.moe.gov.cn/jyb_xwfb/moe_2082/s6236/s6843/201209/t20120924_142653.html。

② 《一辈子做学生的心灵导师——记湖南大学文学院教授胡遂》，中华人民共和国教育部网站，2013年9月6日，http://www.moe.gov.cn/jyb_xwfb/moe_2082/s7081/s7596/201309/t20130906_157051.html。

③ 《边疆学子的"人生雕刻师"——记新疆大学软件学院院长于炯》，中华人民共和国教育部网站，2018年8月30日，http://www.moe.gov.cn/jyb_xwfb/xw_zt/moe_357/jyzt_2018n/2018_zt15/zt1815_km/201808/t20180830_346632.html。

④ 《一任冰雪耀春晖——记党的十八大代表、湖南农业大学石雪晖教授》，中华人民共和国教育部网站，2012年11月7日，http://www.moe.gov.cn/jyb_xwfb/moe_2082/s6236/s6715/201211/t20121107_144169.html。

成果转化会有大的收入。每当这时，他都严肃认真地说："我的工资是国家给的，科研课题也是国家的，我的成果只能回报国家、回馈社会。'他的行动正如其所说。30多年来，李天来奔走各地，为农民们提供科技服务均分文不取"①。李天来将自己的研究成果回报给了社会，让广大农民丰收获益，是他最幸福的事情。昆明医科大学何黎带领团队为皮肤病患者研发出了一款新型护肤品。截至2016年，"该产品已经惠及全国144万患者，4年来产生直接经济效益7亿元，还走进了全国2300多家医院的皮肤科"。②何黎兢兢业业地行走在皮肤病学界的一线，她创造出来的成果不仅给广大皮肤病患者带来治疗上的福音，更给他们带来了心灵上的希望。重庆警察学院教授刘开吉，无论是在课程的编制上还是警察战术的实操上，都以"春蚕到死丝方尽，蜡炬成灰泪始干"的精神去刻苦钻研，只为家国安康和社会稳定以及警民平安。"他的警察战术课程，获得教育部国家级精品课程；带领的'警察指挥与战术专业教学团队'获国家级教学团队；创建的'警察战术实战教学训练模式'获重庆市教学成果二等奖……但刘开吉最大的荣誉并不是那些金光闪闪的奖章，而是那些冲锋在最危险地方的学生们：他们正践行着刘开吉的教诲，高高兴兴上班，平平安安回家，认真执法，保家卫国，为社会的和谐安定贡献自己的力量。"③综上，高校"楷模教师"在农学、医学、国防等众多领域中勤勤恳恳，一心只为将更优秀的研究成果贡献给国家，回馈给社会。

第二节　教研双驱：高校"楷模教师"的专业特质

一　爱国奉献

（一）爱国精神

因高位瘫痪坐在轮椅上的金展鹏院士在被问到为何还坚持学习时，答

---

① 王壹霖：《李天来："教育是农业，育人如育苗"》，共产党员网，2016年9月23日，ht-tps://biaozhang. 12371. cn/2016/09/23/ARTI1474594042744998. shtml。
② 张烁：《昆明医科大学教授何黎——育人德为先，身教胜言传》，中央纪委国家监委网站，2016年9月19日，https://www.ccdi. gov. cn/lswh/renwu/201609/t20160919_ 120690. html。
③ 赵婀娜、刘伊能：《重庆警察学院教授刘开吉：花甲之年"总教头"》，中华人民共和国教育部网站，2013年10月11日，http://www. moe. gov. cn/jyb_xwfb/s5147/201310/t20131011_ 158207. html。

道："国家培养了我，我必须为国家多做点事情。身体越不行越要抓紧，不然没时间了。""要把五星红旗插在科学的最高峰，希望在年轻人，我这辈子最大的愿望就是学生都超过我。"① 国家需要就是自身最高的行动准则，哈尔滨工程大学水声学科的领头人杨士莪院士"始终坚持水声学是满足国家重大战略需求的战场，在这个战场上的师生就是驰骋在这个战场上的'国家队'，坚守住这个领域，秉承做人、做事、做学问的行动准则，恪守工匠精神，加强基础研究，全力攻坚关键技术，能在国家需要的时候站出来，就是'最大的爱国'。他深情寄语同学们，要心存学以报国的鸿鹄之志，以祖国需要为人生理想，在实现'中国梦'的伟大实践中书写别样精彩人生"②。地质学家黄大年在他大学的毕业留念册上写道："振兴中华，乃我辈之责！"他始终践行着自己最初的诺言。为了祖国的复兴，黄大年毅然放弃海外优越的生活条件回到了梦想发芽的地方教书育人，将自己毕生所学都运用到祖国的地质学上。他还"鼓励学生将个人价值与国家前途命运紧密联系在一起，积极提升青年教师和团队成员国际交流互动能力，培养了一批'出得去、回得来'的人才"③。中南大学有色冶金自动化专家桂卫华，"怀抱着为祖国担当的使命，以国家需求为己任，以民族振兴为伟业，奋战在科研创新的最前线，攻坚克难，教书育人，一如他的名字所示：摘桂冠，卫中华"④。西安电子科技大学郝跃院士在毕业分配工作时就心生了高尚的爱国情怀，"在广袤的祖国大地上，哪里需要就扎根在哪里，做一颗祖国的螺丝钉"⑤。身残志坚的金展鹏教授、学成归国的黄大

---

① 《中南大学金展鹏院士——一位坐在轮椅上的好导师》，中华人民共和国教育部网站，ht-tp://www. moe. gov. cn/s78/A12/gongzuo/moe_2154/tnull_52498. html。

② 《2022 年"全国教书育人楷模"杨士莪：做人做事做学问，为船为海为国防》，中国教育新闻网，2022 年 9 月 6 日，http://www. jyb. cn/rmtzcg/xwy/wzxw/202209/t20220906_2110942750. html。

③ 《教育部关于追授黄大年同志"全国优秀教师"荣誉称号的决定》，中华人民共和国教育部网站，2017 年 4 月 6 日，http://www. moe. gov. cn/srcsite/A10/s7000/201704/t20170420_302943. html。

④ 李伦娥、赖斯捷：《折桂为君子 赤心卫中华——记中国工程院院士、中南大学教授桂卫华》，中华人民共和国教育部网站，2019 年 9 月 11 日，http://www. moe. gov. cn/jyb_xwfb/moe_2082/zl_2019n/2019_zl68/201909/t20190911_398707. html。

⑤ 《做一颗永不生锈的"螺丝钉"——记西安电子科技大学微电子学院教授郝跃》，中华人民共和国教育部网站，2021 年 9 月 8 日，http://www. moe. gov. cn/jyb_xwfb/xw_zt/moe_357/2021/2021_zt18/jjsyr/202109/t20210906_559746. html。

年、甘做螺丝钉的郝跃……高校"楷模教师"用爱国精神和扎实的专业知识守卫着国家,推动了国家的发展,始终以国家的需要为使命,坚持国家的利益高于一切,毕生服务于祖国和人民。

（二）奉献意识

鲁迅在《自嘲》中说,"俯首甘为孺子牛"。高校"楷模教师"也正是一群"孺子牛"的化身,他们乐于奉献,甘愿服务于人民大众。之前被新冠疫情笼罩的华夏大地上有一群负重前行的人,他们就是悬壶济世的医护人员。2020年,面对突如其来的新冠疫情,作为协和医院院长,胡豫带领全院迅速投入到对抗病毒的战斗中,不计报酬,无论生死,无悔付出。他说:"只要国家有需要,协和就倾其所有。"① "中国之莺"、上海音乐学院终身教授周小燕将自己的全部精力和时间都用于教书育人。她这一生都在为中国声乐事业走向国际舞台奋斗,并乐此不疲。"为了学生,她宁愿和儿女分开;为了学生,她甘于奉献一切。让生命燃烧,工作到盖棺那一刻为止。在周小燕心目中,献身教育事业正是安享晚年的最好方式。"② 从青丝到白发,厦门大学潘懋元先生将其一生奉献于教育,为我国高等教育的开拓与发展做出了杰出贡献。"潘懋元先生15岁开始从教,执教于小学、中学直至大学,其中担任过小学校长、中学教务主任、大学教务处长、大学副校长。"③ 不忘初心,牢记使命,这大概是黄希庭在西南大学工作50多年的心理写照。"1961年,重庆的饥荒全国闻名,北京大学毕业的黄希庭却主动要求到祖国最需要、最艰苦的地方工作。来到原西南师范学院那年,他只有24岁。如今,五十余载过去,黄希庭领导的西南大学心理学学科建设从无到有,目前已建成国家重点学科基础心理学博士点、心理

① 《医学教育改革探路者——记华中科技大学同济医学院第一临床学院院长、教授胡豫》,中华人民共和国教育部网站,2020年9月9日,http://www.moe.gov.cn/jyb_ xwfb/xw_zt/ moe_357/jyzt_2020n/2020_zt16/2020jiaoshuyurenkaimo/202009/t20200909_486640.html。

② 董少校:《金嗓丹心的"中国之莺"——记上海音乐学院终身教授、著名女高音歌唱家周小燕》,中华人民共和国教育部网站,2011年9月15日,http://www.moe.gov.cn/jyb_ xwfb/xw_zt/moe_357/s6211/s6210/s6253/s6254/201207/t20120702_138710.html。

③ 《人不下鞍,马不停蹄——记厦门大学教授潘懋元》,中华人民共和国教育部网站,2019年9月4日,http://www.moe.gov.cn/jyb_xwfb/xw_zt/moe_357/jyzt_2019n/2019_ zt24/jyg-zzfc/jsyrkm/km2014/201909/t20190925_400870.html。

学一级学科博士学位授予权单位。"① 高夯教授对学生的爱如春风化雨般润物无声，"高夯为学生守好了每一份责任田，却从未想要得到回报，他只愿学生能够健康成长。正如他现在常说的话，'我现在很简单，如果说还有点期望的话，就是期望还能被别人需要'"②。高校"楷模教师"在本职岗位上默默地奉献着自己，如同一支永不熄灭的红烛。

二 求是求新

（一）奋斗不息

荣誉满天下的高校"楷模教师"在本应享乐的晚年依旧一心扑在教学和科研上。在这条奋斗的道路上，任何艰难困苦似乎都阻碍不了他们前进的步伐，因为他们心系国家的复兴梦，带着责任与担当肩负起推动祖国发展的使命，争分夺秒地努力工作，唯恐祖国落后于其他国家。虽然临近退休，但张云阁始终认为自己重担在肩。他说："即使退休，我也不会停下研究马克思主义的脚步，当代中国，面对复杂的国际环境，面对实现中华民族伟大复兴和深化改革的历史任务，更需要我们运用马克思主义这一伟大的认识工具作出开创性探索。"③ 天津中医药大学张伯礼院士"从风华正茂到霜染双鬓，从莘莘学子到为人师尊，从名不经传到高山仰止，年岁在增长，职位在变迁，声名在显赫，但他为传承、创新、发展中医药事业，努力拼搏、勤奋奉献的步履和只争朝夕的精神从没有休止过"④。年近古稀时科学巨子张国伟依旧奔赴在科研工作的第一线，他"组织全国16个单位150余位科学家和研究者，研究我国华南大陆构造问题。通过三年多夜以继日的大量实际调研，华南大陆构造新的学术思想初步构成，目前研究

---

① 孙家莉、张烁：《西南大学心理学家教授黄希庭：培养让自己崇拜的学生》，新浪网，2012年9月18日，http://edu.sina.com.cn/l/2012-09-18/1115219591.shtml。
② 《为基础教育躬耕的大学教授——记东北师范大学教授高夯》，中华人民共和国教育部网站，2020年9月9日，http://www.moe.gov.cn/jyb_xwfb/xw_zt/moe_357/jyzt_2020n/2020_zt16/2020jiaoshuyurenkaimo/202009/t20200909_486633.html。
③ 刘晓惠：《一生一心 为学生引路——记2020年全国教书育人楷模、海南大学教授张云阁》，中国教育新闻网，2020年9月15日，http://www.jyb.cn/rmtzgjyb/202009/t20200915_358644.html。
④ 《毕生心血付杏林——记天津中医药大学教授、中国工程院院士张伯礼》，中华人民共和国教育部网站，2020年9月9日，http://www.moe.gov.cn/jyb_xwfb/xw_zt/moe_357/jyzt_2020n/2020_zt16/2020jiaoshuyurenkaimo/202009/t20200909_486630.html。

还在深入进行中"①。"人不下鞍，马不停蹄"是高龄潘懋元先生一生的真实写照，鲐背之年的他仍以"矍铄的精神和睿智的头脑在高等教育这块广袤的田野上孜孜不倦地耕耘，每年仍以数量不菲的思想成果服务于高等教育这一他为之毕生奉献的事业"②。金展鹏先生虽然身体瘫痪了，但他奋斗的脚步却从未停息，在生命最后的日子里也书写了华丽的一章。他"1998年瘫痪，2003年当选为中科院院士；在轮椅上22年，教书育人、潜心科研，完成了1项国家863、3项自然科学基金项目；培养了20多位博士和硕士；撰写了17份关于中国材料科学发展战略的建议书；相图学'金家军'享誉国际。"③

（二）勇于开拓

站在时代巅峰的人不仅有着敏锐的发展眼光，还有着勇于开拓、不断前进的精神。高校"楷模教师"走在我国多个行业领域的前沿，他们以时代探路者的身份和追求真理的态度孜孜不倦地探索着。北京大学姜伯驹院士心系数学，并服务于国家的发展，以长远的眼光拓展了数学在我国各行业的应用领域。"鉴于数学和金融的关系越来越密切，姜伯驹又牵头在北大数学科学学院成立金融数学系。姜伯驹希望中国的数学能够达到这样一个境界：自然科学界、工程技术界、生物医学界，以至社会科学界的人都能比较多地了解数学。另外，很多在数学系受过很好数学训练的人也能进入其他领域。"④ 浙江工业大学经贸管理专家程惠芳有高瞻远瞩的眼光，她在改革开放后各大企业人才紧缺的时期开设了复合专业，"为民营企业输送了大批人才，这样的培养模式被保持至今。1993年，她又接过筹建经贸管理学院的任务，提出'开放办学、厚德育人、复合成才'的办学理念。2008年以来，浙江企业面临转型升级，程惠芳又投身于企业转型和创新能

---

① 《科学巨子 师生楷模——记西北大学教授张国伟》，西北大学官网，https://rcb.nwu.edu.cn/info/1075/1792.htm。

② 《人不下鞍，马不停蹄——记厦门大学教授潘懋元》，中华人民共和国教育部网站，2019年9月4日，http://www.moe.gov.cn/jyb_xwfb/xw_zt/moe_357/jyzt_2019n/2019_zt24/jyg-zzfc/jsyrkm/km2014/201909/t20190925_400870.html。

③ 何勇：《追记中南大学金展鹏院士：斯人已去 精神永存》，中南大学新闻网，2020年12月10日，https://news.csu.edu.cn/info/1061/147478.htm。

④ 《"育人是我的第一职责"——记"全国教书育人楷模"、北京大学教授姜伯驹》，中华人民共和国教育部网站，2011年4月25日，http://www.moe.gov.cn/jyb_xwfb/xw_zt/moe_357/s3582/s4672/s4902/s4903/201104/t20110425_118654.html。

力研究。如今，在以理工科见长的浙工大，程老师和她的团队开辟了'工科加外贸'的人才培养新模式"①。从程惠芳执教于浙工大的历程不难看出她独具慧眼，她的研究与教学立足时代的发展，紧跟祖国的需要。高校"楷模教师"张国伟说："把自己的聪明才智真正转换成为对客观世界的真正的认识，转换成为新的知识，是我最大的心愿，也是一个人存在的最大的价值。"推陈出新才是科研工作者永恒的追求和使命。躬耕高等教育研究近 80 载的潘懋元教授"始终坚持'高等教育研究要为高等教育改革和发展服务'的理念，应高等教育改革和发展之需，站在时代的前沿，紧扣时代的脉搏，做时代的先锋"②。对理想锲而不舍的追求，支撑着高校"楷模教师"在风霜雨雪中奋力前行。

第三节　高校教师专业发展的有益启示

笔者基于上述对"楷模教师"群像优秀特质的研究，梳理出高校"楷模教师"在"学无止境、躬耕一线、教书育人以及回馈社会"等外在行为方面的表现，并进一步挖掘行为背后的爱国精神、奉献意识，以及"奋斗不息、勇于开拓"的精神支柱，由"行"到"思"去分析高校"楷模教师"教学和科研兼顾背后的深层因素，从而为我国当下建设高素质、专业化、创新型高校师资队伍提供有益的启示。首先，作为一名高校教师要处理好教学和科研二者之间的关系。钱伟长先生说："一名大学教师，不讲课就不是大学教师，但如果他不搞科研，就不是一个好的大学教师。"为国家育人才是高校教师义不容辞的责任，而肩负起自身研究领域的发展与创新也应责无旁贷。高校"楷模教师"于炯谈道，"教书育人和搞科学研究是相辅相成的，二者之间并不矛盾"。我国工业结晶技术的领航人王静康院士始终践行着教研相长的理念，将教学和科研融为一体，她会把最新取得的成果、提炼的规律等都融入教学讲稿，把最新的科研知识运用到教

① 《高校教书育人先进典型程惠芳：我爱教师这个岗位！》，闽南网，2016 年 5 月 27 日，http://www.mnw.cn/edu/news/1207504.html。

② 《人不下鞍，马不停蹄——记厦门大学教授潘懋元》，中华人民共和国教育部网站，2019 年 9 月 4 日，http://www.moe.gov.cn/jyb_xwfb/xw_zt/moe_357/jyzt_2019n/2019_zt24/jyg-zzfc/jsyrkm/km2014/201909/t20190925_400870.html。

学之中，使教学充满新鲜与活力。其次，高校教师在教书育人上要下足功夫，不仅要有严谨治学的态度、因材施教的意识，还要有精益求精的敬业之心。科学巨子张国伟教授，"治学严谨，为人师表，教学效果深受师生好评。在教学中，他认真负责，精益求精，特别讲究教学艺术，不断探索新的教学方法，找出适宜学生的路子"①。著名女高音歌唱家周小燕在教学生涯中不断探索，竭尽全力做到因材施教。"（20 世纪）50 年代只教女高音，注重示范演唱，结果出现了声音模式化的现象。此后，周小燕不断总结经验，提出了因材施教、明确训练规格、注重突出艺术个性相统一的教学主张，成功地培养了一大批不同声部、不同个性的优秀演唱人才。"② 最后，高校教师要志存高远，要有报效祖国、服务人民的崇高精神。老骥伏枥，志在千里。高校"楷模教师"怀揣对祖国的赤子之心，在自己热爱的岗位上奉献、奋斗，有了精神信念的支撑才能在艰难困苦的环境中下定决心走下去。正如孙正聿教授所说，教师要争做真善美的追求者和传播者，在为祖国和人民立德立言的过程中成就自我、实现价值。高校教师更应甘为人梯，紧跟时代前沿，培养国家需要的人才，带领青年教师团队发展创新，为实现中华民族的伟大复兴而贡献一己之力。

---

① 《科学巨子 师生楷模——记西北大学教授张国伟》，西北大学官网，https://rcb.nwu.edu.cn/info/1075/1792.htm。

② 《周小燕：为了祖国，我要把每一天都交给声乐教学》，上海音乐学院官网，2020 年 11 月 27 日，https://www.shcmusic.edu.cn/2020/1127/c1547a33346/page.htm。

第七章　中职"楷模教师"的群像[*]

中等职业教育是我国职业教育的重要组成部分，承担着培养高素质技能型人才的重任。中职教师作为中等职业教育发展的人力支撑，其素质水平对中等职业教育的发展产生重要影响。为加快推进职业教育现代化，我国先后出台了《中共中央 国务院关于全面深化新时代教师队伍建设改革的意见》、《国家职业教育改革实施方案》、《职业教育提质培优行动计划（2020—2023 年）》和《教育部办公厅关于开展职业教育教师队伍能力提升行动的通知》等一系列文件，对我国职业教育教师队伍建设工作做出了多方面指示，旨在努力造就一支师德高尚、业务精湛、结构合理、充满活力的高素质专业化教师队伍。2010 年 8 月 8 日，教育部联合中央主要媒体和教育媒体启动"全国教书育人楷模"评选活动。截至 2022 年，已评选了百余位"全国教书育人楷模"。笔者通过对其中 12 位中职"楷模教师"的事迹材料进行文本分析，梳理其成长轨迹和专业特质，试图挖掘出推动其教师生涯发展的积极因素，进而提炼出建设高素质中职教师队伍的有益启示。当选的 12 位中职"楷模教师"基本信息详见表 7 – 1。

表 7 – 1　2010 ~ 2022 年中职"楷模教师"基本信息

序号	当选年份	姓名	性别	出生年份	当选年龄（岁）	所在省市	所在单位
1	2010	徐英杰	男	1970	40	天津	天津市电子计算机职业中等专业学校

* 本章系成都市工匠文化研究中心立项课题"'全国教书育人楷模'职业教育教师的工匠精神研究"（课题编号：2021YB13）的结项成果。

续表

序号	当选年份	姓名	性别	出生年份	当选年龄（岁）	所在省市	所在单位
2	2011	张金波	男	1958	53	辽宁	辽宁省建平县职业教育中心
3	2012	韩亚兰	男	1955	57	广东	广东省佛山市顺德区梁銶琚职业技术学校
4	2013	汪秀丽	女	1953	60	河北	河北省张家口市职教中心
5	2014	王祖德	男	1972	42	江西	江西省萍乡市武功山职业中等专业学校
6	2015	王培坚	男	1964	51	上海	上海信息技术学校
7	2016	禹诚	女	1972	44	湖北	湖北省武汉市第二轻工业学校
8	2017	张赛芬	女	1969	48	浙江	浙江省舟山职业技术学校
9	2018	卢桂英	女	1963	55	海南	海南省商业学校
10	2020	魏亚丽	女	1974	46	山东	山东省潍坊商业学校
11	2021	王丹凤	女	1966	55	黑龙江	黑龙江省牡丹江市职业教育中心学校
12	2022	马丹	女	1973	49	湖北	湖北省武汉市旅游学校

资料来源：教育部网站、《中国教育报》、《中国教师报》等。

第一节 中职"楷模教师"群体的成长轨迹

一 幼年学习经历：品学兼优

个体年少时期所形成的品性特征和接受的家庭教育在一定程度上会对其未来的职业生涯与发展产生重要影响。中职"楷模教师"在年少时期往往就表现出了坚韧不拔的精神和勤奋的品质，这对他们未来的中职教育职业生涯来说，无疑是一笔巨大的精神财富。张金波出生在东北农村，祖父做过私塾先生，因此他从小就深受儒家思想熏陶，仁义忠厚。他天资聪颖、品学兼优，国家恢复高考制度的第一年就考入了朝阳市师范学校，成为当年全乡考学出去的两个人之一。[①] 韩亚兰 12 岁时因父亲被批为"右

---

① 刘玉：《办好职校的"大能人"》，《中国教育报》2011 年 9 月 14 日，第 1 版。

派"被学校开除,最后只读了初中,初中毕业后成了一名水电站工人。但他没有被不公的命运打倒,一直勤恳努力学习技术。仅仅用了三年,韩亚兰就成了水电站最好的工人。1978 年又自学考上了大学,毕业后被分配到青海省师范专科学校物理系任教师,自此开启从教生涯。[①] 艰苦的成长环境没有让他倒下,反而磨炼了他的意志,锻炼了他适应各种环境的能力,塑造了他坚韧不拔的精神和勤奋的品质。

二 青年职业选择:钟情职教

职业的选择与个人志向密切相关,中职"楷模教师"对中职教育的满腔热爱促使其义无反顾地扎根于一线中职教育事业中。学物理的徐英杰1993 年大学毕业后,毅然放弃了多家计算机公司的高薪聘请,怀揣着一腔热情一头扎进了职业教育领域。"我喜欢了解新东西、学习新知识、琢磨新事物,紧跟时代脚步的职业教育最适合我。"[②] 韩亚兰从小动手能力就强,他不仅自己喜欢动手制作,也喜欢指导学生动手制作。[③] 他常说自己是为职业教育而生的,能成为一名职教教师是他最大的幸福。[④] 王祖德进入农村中职教育领域二十多年来,每天工作时间都在十几个小时以上,就连节假日也在教学与研究。他放弃外出发展的好机会,执着而辛勤地耕耘在农村中等职业教育这片土地上。[⑤] 马丹从华中师范大学毕业时,成绩优秀的她本可以顺利进入专业艺术团体,成为舞台上闪亮的星星,但她知道,只有一颗星星的天空不会美丽,满天繁星才会让天空更加灿烂。所以她拒绝了湖北省歌舞剧团抛出的橄榄枝,毅然走进了武汉市旅游学校的大

---

① 林和:《广东省首个全国"教书楷模"出在顺德》,顺德城市网,2012 年 9 月 10 日,http://www.shundecity.com/a/2012/42612.html。

② 李佩:《醉心职业教育的"徐琢磨"》,中华人民共和国教育部网站,2011 年 5 月 16 日,http://www.moe.gov.cn/jyb_xwfb/xw_zt/moe_357/s3582/s4672/s4905/s4906/201105/t20110516_119725.html。

③ 林和:《广东省首个全国"教书楷模"出在顺德》,顺德城市网,2012 年 9 月 10 日,http://www.shundecity.com/a/2012/42612.html。

④ 李佩:《韩亚兰:与职业教育"拍拖"20 载》,中华人民共和国教育部网站,2012 年 9 月 20 日,http://www.moe.gov.cn/jyb_xwfb/moe_2082/s6236/s6843/201209/t20120920_142519.html。

⑤ 谢沂楠:《农村中职谱青春》,中华人民共和国教育部网站,2019 年 9 月 4 日,http://www.moe.gov.cn/jyb_xwfb/xw_zt/moe_357/jyzt_2019n/2019_zt24/jygzzfc/jsyrkm/km2014/201909/t20190925_400869.html。

门，成为一名中职学校教师，立志让更多的星星闪耀天空。①

三 职业发展轨迹：精进不休

教师专业发展需要树立崇高的专业追求、教育理想和终身学习的意识，不断地更新自身的专业知识结构和教育教学观念，不断地学习先进的知识和经验，提高教育教学水平。中职"楷模教师"终身学习的意识促使其业务能力日益精湛。从"当一名合格的人民教师"到"当一名人民满意的校长"，再到"做人民满意的教育家"，② 汪秀丽在教育行业潜心耕耘了40 余年。徐英杰常常废寝忘食，穿梭于大大小小的图书馆，大量订阅专业报刊，如饥似渴地探求新知识，探寻前沿的理论和研究成果，不断更新自己的专业知识，及时调整课程设置和教学内容。③ 韩亚兰爱学、肯钻研，为了在业余时间钻研技术难题，他在家里布置了一间工作室，自费购买了交流伺服驱动器等试验器材和专业工具，光万用表就有 12 块。有时遇到刁钻的难题，他就在折叠床上睡，半夜醒来继续"攻关"。④ 王丹凤多次参加教师专业培训活动，学习职业教育改革与发展新政策，并把前沿理念用于学校教改中。她用案例研究方法将技能竞赛的内容提炼转化为专业课教学内容，使课程、教学模式改革与技能竞赛直接对接，让每位学生在平时学习中也能体会到技能竞赛的氛围，有效提高了学生学习的主动性和学习兴趣，提高了教学效率。⑤

---

① 《2022 年"全国教书育人楷模"马丹：点燃雪域高原灿烂星辰》，中国教育新闻网，2022 年 9 月 6 日，http://www.jyb.cn/rmtzcg/xwy/wzxw/202209/t20220906_2110942791.html。
② 赵亚楠：《为了山城的孩子》，中华人民共和国教育部网站，2013 年 9 月 6 日，http://www.moe.gov.cn/jyb_xwfb/moe_2082/s7081/s7596/201309/t20130906_157047.html。
③ 李佩：《醉心职业教育的"徐琢磨"》，中华人民共和国教育部网站，2011 年 5 月 16 日，http://www.moe.gov.cn/jyb_xwfb/xw_zt/moe_357/s3582/s4672/s4905/s4906/201105/t20110516_119725.html。
④ 王朋：《全国教书育人楷模韩亚兰："职教人生"亦精彩》，中华人民共和国教育部网站，2012 年 10 月 29 日，http://www.moe.gov.cn/jyb_xwfb/moe_2082/s6236/s6843/201210/t20121029_143722.html。
⑤ 曹建：《弦歌不辍勤耕耘 德技并修育匠才》，中华人民共和国教育部网站，2021 年 9 月 8 日，http://www.moe.gov.cn/jyb_xwfb/xw_zt/moe_357/2021/2021_zt18/jjsyr/202109/t20210906_559848.html。

第二节   技术赋能：中职"楷模教师"的专业特质

中职"楷模教师"不仅具有突出的实践能力、专业知识和教学能力，而且具备一定的创新精神和创新意识。他们往往积极主动地学习，为职业发展提供动力，不仅在教学上做到了理论与实践相结合、课堂教学与企业需求相融合、知识与技能相联系，而且具有很强的学习能力和创新意识。

一   理论知识与实践能力突出

中职"楷模教师"往往具有扎实的专业理论知识和实践技能。在其他人眼里，韩亚兰是为职业教育而生的技术"达人"和好"师父"，他申报的国家专利有十余项，其中 7 项获批。他开发了工业自动化技术等 5 门高新课程，设计制作了 20 多套工业自动化技术应用实训设备，为提高学校的专业建设和教学水平起到不可替代的作用。[①] 有一次，学生小刘的电脑坏了，自己怎么也摆弄不好，就拿到学校，徐英杰 10 分钟就修好了，小刘对徐英杰十分崇拜。[②] 禹诚作为学校数控大赛集训队的总教练，指导的数控集训队连续 7 次代表湖北省参加教育部举办的全国职业院校技能大赛数控技能竞赛，并年年夺金，7 年共捧回 7 个一等奖；连续 4 次参加劳动部举办的全国数控技能大赛，并且战绩斐然，她指导的选手共有 8 人获得全国一等奖，3 人成为全国技术能手。她也以教练身份两次出席了在人民大会堂里举行的颁奖典礼，是他人眼中当之无愧的技术达人。[③]

二   课堂教学与企业需求结合

职业教育的培养目标是为企业输送高素质的技术技能人才，所以与普

---

① 王磊：《为职业教育而生的技术"达人"和好"师父"》，中华人民共和国教育部网站，2013 年 6 月 13 日，http://www. moe. gov. cn/jyb_xwfb/xw_zt/moe_357/s7093/s7099/s7109/s7110/201306/t20130613_153091. html。

② 李佩：《醉心职业教育的"徐琢磨"》，中华人民共和国教育部网站，2011 年 5 月 16 日，http://www. moe. gov. cn/jyb_xwfb/xw_zt/moe_357/s3582/s4672/s4905/s4906/201105/t20110516_119725. html。

③ 忠建丰：《用 100% 的热情去解决好 1% 的问题》，中华人民共和国教育部网站，2016 年 9 月 8 日，http://www. moe. gov. cn/jyb_xwfb/xw_zt/moe_357/jyzt_2016nztzl/2016_zt15/16zt15_jsyrkm/201609/t20160902_277514. html。

通教育相比,职业教育应该更注重对学生专业技能的培养,帮助学生就业。中职"楷模教师"深知,要想提高学生的专业技能,就必须让学生"以实践为学""在实践中学"。汪秀丽从任校长开始,就带领 12 名中层干部深入到青岛、大连、天津等地区的 10 所国家重点职业学校参观学习,在学习中提高了对职教形势的认识,指出"职业学校就要围着市场转,专业跟着产业变,教学围着岗位转"。汪秀丽始终认为,自己的第一要务就是研究市场,不断创新学校的专业设置,把专业办在企业的兴奋点上,办在职业技能的紧缺口上。[①] 王培坚老师利用自身优势,积极推动校企间的合作,把企业引进学校,让企业精神和企业文化融入学校。[②] 徐英杰提出以满足用人单位的要求为目标倒排课程的思路,组织科研人员编写了多门实训课校本教材,并组建特长班,将"并行线形授课方式"改为"串行模块化授课方式"。[③] 张金波指导全体教师编制了内容更符合企业要求、更贴近实际的校本教材,形成了国规教材与校本教材相融合、教学内容与就业岗位相适应、基础平台与专业化方向相衔接、具有建平职教中心特色的课程体系。[④]

三 学习能力与创新意识出色

中职"楷模教师"具有出色的学习能力和创新意识。张赛芬十分善于学习,作为一名英语专业教师,她出人意料地考取了钳工中级工证书;作为一名班主任,她常常与专业教师一同在车间指导学生实训。多年的车间跟班经历让张赛芬成为一名有经验的钳工、焊工、汽车修理工,她能熟练地指导学生准确进行量、锉、磨、钻孔等各道工作程序,甚至能通过听声音来判断汽车发生故障的位置。她还是优秀的指挥、导演、教官等,利用暑假时间考取了心理学证书,主持的科研项目成果多次在省市各类比赛中

① 赵亚楠:《为了山城的孩子》,中华人民共和国教育部网站,2013 年 9 月 6 日,http://www.moe.gov.cn/jyb_xwfb/moe_2082/s7081/s7596/201309/t20130906_157047.html。
② 《敬业爱岗、乐于奉献、全力培养高素质技能人才》,中国职业技术网,2014 年 5 月 5 日,http://www.zjchina.org/mms/shtml/191/news/1364.shtml。
③ 李佩:《醉心职业教育的"徐琢磨"》,中华人民共和国教育部网站,2011 年 5 月 16 日,http://www.moe.gov.cn/jyb_xwfb/xw_zt/moe_357/s3582/s4672/s4905/s4906/201105/t20110516_119725.html。
④ 唐雯娟:《教书育人楷模张金波:"内引外联"促学生就业》,益阳医学高等专科学校新闻网,2017 年 3 月 17 日,https://www.hnyyyz.com/xwzx/jysd/content_7274。

获奖。在全校师生眼中，她就是一位全能型教师。① 魏亚丽独创了三指三张点钞法，她指导的学生用这种方法在竞赛中创造了多指多张点钞的世界纪录，两项点钞世界纪录保持至今。② 王祖德受"问题学生"的启发，创造了一套"德育银行"制度：为每位学生在校建了一个"德育电子账户"，每学期账户预存基本分为100分，让网络虚拟的分数成为学校德育教育的实实在在的指标。评优评先、竞赛获奖、好人好事、参加公益活动可加分，破坏卫生、仪表不整、考试作弊、破坏公共财物、打架斗殴等减分，一个月内扣分累计超过20分的学生，可以到"德育银行"申请借分，但必须"偿还"。学生可以随时登录校园网络查分，学校每月通报一次。每学期期末学生账户余额为60分以上者，德育考核为合格，三个学期考评不合格者不予毕业，不能获取毕业证书。为了使自己账户上的"存款"越来越多，很多同学主动做好事、讲文明，自觉规范自己的行为，校园在悄悄地发生变化：校园环境干净了，走廊上的灯不再"长明"了，水龙头的水不再"长流"了，越来越少听到脏话了……如今，"德育银行"已成为武功山职专的立校之本，2012年还被作为"全省教育系统创先争优优秀实践案例"。③

第三节　中职教师专业发展的有益启示

一　设立专项经费，扶持教师发展

要建设高质量的中等职业教育教师队伍，需拓宽教师的发展渠道，例如优化实训基地建设，聘请专家培训指导，鼓励教师访学进修、技能交流和创新创业等，这都少不了教育经费和配套政策的支持。因此，各级政府需加大对中等职业教育发展的财政支持和政策支持力度，制定完善的中等职业教育教师队伍培育经费机制，按规定发挥好教育经费等各类资金的作用，为中等职业教育教师多渠道发展提供保障。特别是要优化教育经费的

---

① 王彤：《2012年度全国教书育人楷模候选人：张赛芬》，中国网络电视台，2012年9月5日，http://kejiao.cntv.cn/program/2012jsj/20120905/100068.shtml。

② 观观：《2019齐鲁最美教师魏亚丽》，搜狐网，2019年9月10日，https://www.sohu.com/a/340111562_120025493。

③ 李菁莹：《王祖德："德育银行"成就教育奇迹》，《中国青年报》2014年9月15日，第11版。

使用结构，优先支持中职教师队伍建设中最薄弱、最紧迫的环节，重点提高中职教师的待遇保障、提升中职教师的专业素质能力，从而促进中职教育的高质量发展。

二　培育职业信念，重视师德建设

教育是一项以人格来培育人格、以灵魂来塑造灵魂的劳动，需要教师具备崇高的职业道德，而教师崇高的职业道德来源于坚定的教育信念。教师的教育信念是指教师对教育事业、一定的教育理论及基本教育主张、原则的确认和信奉。它是教师完善教育行为的动力和专业发展的精神支撑，激励教师不断超越"有限性"。[①] 职校学生理论知识基础偏弱，学习习惯、行为规范等方面往往也存在问题，这就要求职业教育教师必须要付出更多的耐心与智慧，关爱、鼓励学生，用合适的教育方法引导学生，用自身的人格魅力影响学生。教师要树立坚定的教育信念、崇高的职业道德，需要把师德建设贯彻到教师发展的全过程。首先要加强师范大学的师德教育，培养一批又一批具备高尚师德的新教师；其次要保障教师的权利、待遇和地位，在全社会营造尊师重教的良好氛围，增强教师对自身职业的认同感；再次要树立优秀教师典型并加大宣传力度，为广大教师的奋斗指明方向；最后要加强师德监督和考评，提醒教师时刻注意为人师表。

三　多方联动共享，合作培养师资

建设高质量的中等职业教育教师队伍，必须要走合作共享的路子，将政府、学校、企业联系起来。一方面，政府部门应大力扶持职业学校教育事业的发展，在人才引进、资金投入、项目开发、教师待遇等多方面提供支持。另一方面，中等职业学校应积极主动地与企业开展合作。校企合作是一种能够真正实现双赢的发展模式，例如学校可以选派教师去企业挂职锻炼，学习企业的生产管理经验、参与技术攻关研发、熟悉设备运用规程等，来有效提高教师的技术技能水平。企业也可选派技术骨干做兼职教师，与中等职校教师一起合作指导学生训练，为企业培养更多具有精湛技艺的人才。总之，高质量的中职教师队伍需要政府部门、中等职业学校和社会企业联动起来，合力建设。

---

①　文雪：《教师的教育信念及其养成》，《当代教育科学》2010 年第 9 期，第 29 页。

第八章 高职"楷模教师"的群像[*]

2020 年 10 月，中共中央、国务院印发的《深化新时代教育评价改革总体方案》中明确指出，要重点评价"双师型"教师队伍建设情况，引导培养高素质劳动者和技术技能人才。如今，乡村振兴事业发展良好，高职师资队伍的缺口却越来越大。一方面，教师流动速度加快。尽管城乡差距不断缩小，东西部地区的经济差距也在不断缩小，但发达地区的优秀师资虹吸效应仍然突出存在，这就使得西部地区和农村地区的高等职业学校骨干教师跨区域流出。另一方面，高等职业教育人才培养的特殊性决定了教师队伍中必须保有大比例的既有教师资格又有专业技术资格的"双师型"教师，而职业技术师范大学的毕业生很难在刚接受完高等教育之后，赓即成为实践技能与知识储备同样卓越的专家型教师。他们往往是在某学科领域攻读完本科或硕士后进入职业院校，再到工作场域中不断习得教育教学技能。专家型教师成长速度慢，流出却很快。新手教师成长进程缓慢，特别是"下不去、留不住、教不好"的现象势必导致西部欠发达地区高职教师资队伍的青黄不接。本章对 2010 年以来由教育部联合权威媒体面向公众评选出来的百余位"全国教书育人楷模"中的 10 位高等职业教育教师的先进事迹进行质性研究，梳理他们的成长轨迹、职业历程和贡献，试图挖掘该类群体能够数十年如一日地守卫初心、扎根一线、一心扑在立德树人的高等职业教育事业上的根源，进而为现有的高等职业教育师范毕业生能够"下得去、留得住、教得好"提供适恰建议。

---

* 本章系四川高等职业教育研究中心专项课题"'全国教书育人楷模'职业教育教师的群像研究"（课题编号：GZY21B17）的结项成果。获《当代职业教育》第一届主题论文征集及评选活动二等奖，全文发表在《当代职业教育》的 2022 年第 4 期。有删减。

当选的 10 名高职教师中，当选时年龄最小的为 42 岁，最大的为 59 岁，平均年龄为 49 岁，中位数年龄为 48.5 岁。广泛分布在全国 9 个省区，其中东部省份的"楷模"教师达 3 人，中部省份有 2 人，西部省份有 5 人。长期执教于农村地区职业学校的教师有 5 人（见表 8 – 1）。

表 8 – 1　2013～2022 年高职"楷模教师"基本信息

序号	当选年份	姓名	性别	出生年份	当选年龄（岁）	当选时从教年限（年）	所在省区	所在单位
1	2013	丑武江	男	1967	46	24	新疆	新疆农业职业技术学院动物科技分院
2	2014	吕杰	女	1972	42	23	甘肃	甘肃钢铁职业技术学院
3	2015	王其平	男	1973	42	22	山东	山东省枣庄职业学院
4	2016	林冬妹	女	1964	52	25	广东	广东水利电力职业技术学院
5	2018	朱辉球	男	1970	48	28	江西	江西陶瓷工艺美术职业技术学院
6	2019	李琳娜	女	1960	59	28	海南	海南职业技术学院
7	2019	顾昌华	女	1964	55	33	贵州	铜仁职业技术学院
8	2021	李红波	女	1972	49	不详	贵州	贵州护理职业技术学院
9	2022	张先庚	女	1969	53	26	四川	四川护理职业学院
10	2022	李粉霞	女	1976	46	22	山西	山西机电职业技术学院

资料来源：教育部网站、《中国教育报》、《中国教师报》等。

第一节　高职"楷模教师"群体的成长轨迹

一　幼年学习经历：耕读传家且年少志学

个体在幼年和青少年时期的心智特征和所接受的家庭教育决定了其未来职业生涯的规划与发展。个体的个性品质、家庭环境、父辈所持有的价值观以及该家庭所在的社会阶层对个人职业成长起到关键作用。从高职"楷模教师"青少年时代所呈现的个性品质和家庭教育的影响也能窥见群像的全貌。首先，个人的兴趣爱好和思维品质决定了高职"楷模教师"未来的发展路径。古彩陶瓷业的专业教师寥寥无几，面临"青黄不接"的窘境时，朱辉球秉承着对这项传统技艺的热爱，与陶瓷专业一起成长。在常人看来枯燥无味的钳工，王其平却在其中找到无穷乐趣。① 其次，与职业相关的童年经历对个人未来成长有重要影响。吕杰的父亲作为一名知识分子，一直留在甘肃支援大西北，后来成为甘肃酒泉钢铁集团的一分子，所以小时候的吕杰就对焊接多多少少有些了解。丑武江出生于西部牧区，对农牧业生产颇有兴趣，他常年在牛舍、羊圈里摸爬滚打，积累了丰富的一线经验。② 最后，以身作则且严于律己的父辈们为他们打下了深刻的思想烙印。王其平"出身军人家庭，为人老实"③。在李红波为教育扶贫事业贡献力量的坚定信念背后，包含了查艳主任对她的言传身教。她说："她是我生命中非常重要的人，给我上的人生一课，让我受用至今。"④ 可以看出，个人品质、家庭环境和所处阶层等对于高职"楷模教师"的职业选择具有较大的影响。

二 青年学习经历：专业优异且技艺超群

一方面，高职"楷模教师"的知识结构完整、学习能力突出。作为酒钢（集团）公司目前唯一的女焊接高级技师，吕杰是同龄人中的佼佼者。自参加工作以来多次代表甘肃省参加各类大赛，并取得了优异的成绩，获得了很多荣誉。⑤ 另一方面，高职"楷模教师"专业技能超群，往往在本领域独占鳌头。同时，该类群体还具有吃苦耐劳、勤奋好学的优秀匠人品质。"1990年，王其平考上山东省高级技工学校。3年后，他以钳工专业第一名的成绩毕业，回到枣庄技术学院任教"⑥。他"上课学习非常认真，动手训练时也非常刻苦"⑦。25岁的李红波，"因为业务能力突出，调入老

① 魏海政：《他教的学生100%合格》，《中国教育报》2015年9月18日，第1版。
② 郭雯、刘冰：《不能在黑板上养牛 在校园里放牧》，《中国青年报》2013年9月10日，第11版。
③ 魏海政：《他教的学生100%合格》，《中国教育报》2015年9月18日，第1版。
④ 高琴：《"全国教书育人楷模"李红波：查老师影响我一生》，《贵州都市报》2021年9月1日，第A2版。
⑤ 《研教共进争一流 专注育人须眉——记甘肃钢铁职业技术学院教师吕杰》，中华人民共和国教育部网站，2019年9月4日，http://www.moe.gov.cn/jyb_xwfb/xw_zt/moe_357/jyzt_2019n/2019_zt20/jsfc/jsyrkm/km2014/201909/t20190904_397451.html。
⑥ 魏海政：《他教的学生100%合格》，《中国教育报》2015年9月18日，第1版。
⑦ 魏海政：《他教的学生100%合格》，《中国教育报》2015年9月18日，第1版。

干病房任职。后来又调入肾内科任护士长"①（见表 8 - 2）。

表 8 - 2　"楷模教师"学习经历一览（部分）

姓名	学习经历（入学时间至毕业时间）
丑武江	新疆农业大学畜牧兽医系（不详 ~ 1989 年）
吕杰	酒钢职业技术学校管道工程系（不详 ~ 1991 年）
王其平	山东省高级技工学校钳工专业（1990 ~ 1993 年）
林冬妹	汕头大学法学系（1983 ~ 1986 年）
朱辉球	江西师范大学艺术系（不详 ~ 1990 年）
李琳娜	武汉大学数学系（不详 ~ 1991 年）
顾昌华	贵州农学院植物保护系（不详 ~ 1986 年）
李红波	某中职学校（起止时间不详）

资料来源：教育部网站、《中国教育报》、《中国教师报》等。

三　职业发展轨迹：践行初心且笃定前行

　　高职"楷模教师"进入职业教育行业的初心不尽相同，可分为两类。第一类，个体热爱。部分高职"楷模教师"自身对于职业教育的热爱促使其义无反顾地扎根职业教育事业。该类群体职业规划目标清晰，且矢志不渝，最终实现自身的职业价值，得到社会肯定，可谓"爱一行，干一行"。自参加工作以来，王其平在钳工实习指导教师的岗位上只问耕耘，一干就是 20 多年。也正是在这个毫不起眼的岗位上，练就了"目测配钥匙"等过硬的本领，带出了一批又一批优秀学生，为国家和社会培养了大批高素质、高技能人才。② 第二类，职业流动或组织安排。因为工作地迁徙或组织委派，一些高职"楷模教师"的职业生涯发展轨迹被动改变。但在这个过程中，他们不断调适自身的职业适应能力，最终获得了职业价值感。在学校代课的那段时间，吕杰的内心无比踏实和满足，这才是她想追求的人生。吕杰和丈夫商量，转行做专职老师，得到了丈夫的支持。2009 年，肩负着责任和使命感，吕杰踏上了甘肃钢铁职业技术学院的三尺讲台，成为

---

① 高琴：《"全国教书育人楷模"李红波：查老师影响我一生》，《贵州都市报》2021 年 9 月 11 日，第 A2 版。

② 魏海政：《他教的学生 100% 合格》，《中国教育报》2015 年 9 月 18 日，第 1 版。

一名专职教师，负责全院电焊专业的实训工作。[①] 林冬妹放弃优厚的待遇，从跨国公司辞职，去广东水利电力职业技术学院当老师。最初这样做是为了解决夫妻两地长期分居的问题。没想到的是，刚上讲台时"两腿发抖"的她，一学期下来，深受学生欢迎，她自己也因此喜欢上了教师这一职业。[②] 不可否认，所谓的"爱一行"与"干一行"之间的关系是复杂的、多维度的、交互的。在不断建构意义的过程中，高职"楷模教师"实现了对自身职业和身份的认同。

（一）"爱一行，干一行"彰显高职"楷模教师"的奋斗初心

首先，高职"楷模教师"在高等教育阶段接受了系统的专业训练，储备了丰富的学科知识，同时也明确了未来职业规划，因而在其教育教学实践中，具有较强的归属感和自我认同感。"给学生一碗水，老师必须有一桶水。"王其平深知这个道理。尽管他当年以钳工专业第一名的成绩从山东省高级技工学校毕业，但走上工作岗位后，他仍然把学习当成第一要务，仍然像上学时一样时刻抱着书本"啃"。[③] 其次，部分高职"楷模教师"有家族技艺的传承，而且自身具有从事相关行业的丰富经验，秉承了天然的职业教育使命感和责任感。比如，"在陶瓷圈里长大、喜爱陶瓷的朱辉球耐着性子，学起'磨人'的古彩"。[④]

（二）"干一行、爱一行"书写高职"楷模教师"的责任担当

首先，时代浪潮下的教师跨区流动是"孔雀东南飞"的时代缩影。国家政策是人才流动的指挥棒。随着市场经济体制改革逐步深入以及顶层设计的发展战略调整，沿海地区逐渐成为经济发展的重心。人才的向东流动也成为时代发展的体现。改革开放以来，经济特区的成立极大地推动了沿海地区工业化的进程，也强有力地推动了职业教育的蓬勃发展，加速了全

---

① 春天：《全国教书育人楷模吕杰：成为国家级技能大师的精彩历程》，参考网，2020 年 7 月 15 日，https://www.fx361.cc/page/2020/0415/6571620.shtml。

② 王治国：《林冬妹：努力让学生喜欢上思政课》，中国教育网，2016 年 9 月 26 日，https://gaokao.eol.cn/daxue/zixun/201609/t20160926_1452507.shtml。

③ 崔艳斌：《为学生负责一辈子》，光明网，2015 年 10 月 31 日，https://jyj.gmw.cn/2015 -10/31/content_17557806.htm。

④ 甘甜：《播撒民族技艺传承的火种——记江西陶瓷工艺美术职业技术学院教授朱辉球》，中华人民共和国教育部网站，2018 年 9 月 7 日，http://www.moe.gov.cn/jyb_xwfb/moe_2082/zl_2018n/2018_zl62/201809/t20180907_347687.html。

国范围内教师的跨区域流动。1988年4月，第七届全国人民代表大会第一次会议决定设立海南省并建立海南经济特区。从此，海南省的经济迅速发展，催生了一大批优秀青年成为"闯海人"。李琳娜就是这群"闯海人"中的十万分之一。作为电商专业的带头人，为拓展培育高素质技能型人才的渠道，助推海南新经济发展，她从2004年开始带领团队策划实施了"助推海南电子商务发展"系列公益活动。这不仅为中小企业创造了直接经济价值，还先后为300多名学生解决了顶岗实习问题，创造就业岗位近百个，为海南中小企业腾飞助力。① 其次，职业憧憬下的跨界流动使高职"楷模教师"从"业务精英"成为"育人工匠"。一方面，大量的行业精英跨界成为职教教师。丰富的行业经验和对教师神圣职业的憧憬促成了高职"楷模教师"的华丽转型。法律专业毕业且法务经验丰富的林冬妹最终选择在职业院校执教。既有律师资质又有教师资质，林冬妹是"双师型"教师的典型。"作为汕头大学法学专业首届毕业生里的'学霸'，她拥有律师资格证、税务师证等高薪行业的'敲门砖'。在一家跨国集团工作5年后，她选择了当教师，这一决定让很多人不理解。"② 酒钢集团唯一的高级焊接技师和诸多业务技能比武大赛的冠军等光环加身的吕杰，因行业系统内的职教师资紧缺等因素，转而改行成为实践指导教师。她说："当时甘肃钢铁职业技术学院缺乏师资力量，问我是否有意愿加入，我没多想就应了下来。"③ "一线工作让她在技能、经验上都有收获，她想实现最大的价值。当老师对她来说也是一个全新的开始和巨大的挑战，她想在这方面有所突破。"④ 丰富的职场经验有助于新手教师快速成长并成为卓越教师。教师所必需的师范技能亦可在教学实践过程中不断打磨进而精进。从技师成为教师是"双师型"教师成长的路径之一，但并不唯一。

---

① 曹建：《高等职业教育的探索者、实践者》，中华人民共和国教育部网站，2019年9月4日，http://www.moe.gov.cn/jvb_xwfb/xw_zt/moe_357/jvzt_2019n/2019_zt20/isfc/jsyrkm/km2019/201909/t20190904_397463.html。

② 刘盾、黎鉴远：《她的课堂是学生的"寻宝乐园"》，《中国教育报》2019年5月28日，第1版。

③ 张钰：《吕杰：焊花中的"女人花"》，《酒钢日报》2019年12月26日，第1版。

④ 张钰：《吕杰：焊花中的"女人花"》，《酒钢日报》2019年12月26日，第1版。

第二节 匠心筑梦：高职"楷模教师"的 专业特质

一 教学独具匠心且成效突出

（一）明确的培养目标引导教学

明确的培养目标有助于教师在特定的教育场域合理分解教学目标，完成有意义的教学。对于培养什么样的人，高职"楷模教师"有不同的解读。有人认为应该培养技能型人才。培养动手能力是职业教育的重要环节。让学生们学会动手，首先老师得做"实践大王"。① 丑武江提出新的教学理念——让学生到企业里去上学。也就是把学生放到企业培养，学校和企业共同研究培养人才的课程体系，共同研究开发培养人才的教材，共同选定培养高技能人才的师资，共同实施高技能人才的培养计划，共同寻找学生就业渠道。也有人认为应该培养德才兼备的人，"培养学生做一个有高尚道德修养的专业技术人才"②。在江西陶瓷工艺美术职业技术学院的师生眼里，朱辉球是一位和蔼可亲、平易近人、精力充沛、一丝不苟的老师。他善于教育，注重培养德才兼备的学生，他对学生、同事都非常关心，亲和力强，人气很高，用当今时髦的一句话就是"粉丝"特别多。③ 更进一步，还有人认为需要培养深怀责任感、使命感和创新精神的技能人才。李琳娜教授为推动海南省鲜活农产品直供直销配送体系链条上的企业信息化，带领学生为多家企业开发信息化管理系统和电子商务平台，为多家热带产品企业代运营电子商务业务，实现学生"创新、创业、创富"教

---

① 崔艳斌：《为学生负责一辈子》，光明网，2015 年 10 月 31 日，https://jyj.gmw.cn/2015 - 10/31/content_17557806.htm。

② 《扬帆职海 卓立潮头——记新疆农业职业技术学院教师丑武江》，中华人民共和国教育部网站，2013 年 9 月 6 日，http://www.moe.gov.cn/jyb_xwfb/moe_2082/s7081/s7596/201309/t20130906_157057.html。

③ 谢沂楠：《民族陶瓷技艺的传播者——记江西陶瓷工艺美术职业技术学院教师朱辉球》，央广网，2018 年 9 月 4 日，https://baijiahao.baidu.com/s？id=1610663631433032240&wfr=spider&for=pc。

育和实践的良性循环。① "搞科研不能单打独斗,而要发挥团队的协同创新精神。"② 这是顾昌华一直秉持的信条。作为一名国家非遗教师,朱辉球一直秉承"以器载道、以匠立世、以艺弘德"的教育理念,③ 从文化传承的角度,守护、传承、弘扬中华精神家园,培养一代又一代非遗传人。总而言之,高职"楷模教师"立足于高等职教学生具体学情,在教学实践过程中不断培育品德素养较高、专业技能过硬、使命感强、创造力丰富、志在弘扬民族文化的复合型匠才。

(二)科学的教学方法保驾护航

有学者指出:"教学过程既是师生之间的认知交流与知识建构的过程,又是双向情感交流与共鸣的过程,因此,无论是何种形式的教学都特别注重教学场域的设计与营造。"④ 在数十年如一日的教学实践过程中,高职"楷模教师"不断探索新的教学理念,改进教学方法,创新教学模式。比较有代表性的创新教学方法有分类指导、现场示范、问题驱动等。丑武江通过三种方式对学生进行分类指导。一是问答式,即随时随地结合理论解答学生在实践中遇到的问题;二是专题式,即结合理论知识就学生在实践中遇到最多的问题进行专题讲授;三是每天晚上在学生完成白天的实践后,进行两个小时的理论知识讲授。⑤ 有关现场示范,有学生对王其平的教学方法进行了描述:"王老师和我们一样动手参加设计训练,根据情况进行尺寸检查、平面锉削示范,边示范边讲解,从来不会讲完方法后就让我们自己练习,而是一直在旁边细心观察每个同学的操作情况,随时指

---

① 《高等职业教育的探索者、实践者——记海南职业技术学院教授李琳娜》,中华人民共和国教育部网站,2019 年 9 月 4 日,http://www.moe.gov.cn/jyb_xwfb/xw_zt/moe_357/jyzt_2019n/2019_zt20/jsfc/jsyrkm/km2019/201909/t20190904_397463.html。

② 曹建:《武陵深处献身职教的"菇仙姑"——记贵州省铜仁职业技术学院教师顾昌华》,中华人民共和国教育部网站,2019 年 9 月 4 日,https://www.moe.gov.cn/jyb_xwfb/xw_zt/moe_357/jyzt_2019n/2019_zt20/jsfc/jsyrkm/km2019/201909/t20190904_397465.html。

③ 谢沂楠:《民族陶瓷技艺的传播者——记江西陶瓷工艺美术职业技术学院教师朱辉球》,"央广网"百家号,2018 年 9 月 4 日,https://baijiahao.baidu.com/s?id=1610663631433032240&wfr=spider&for=pc。

④ 徐春梅、吕莉敏、乔兴媚:《网络化时代高职教师的角色认知与重塑》,《职教论坛》2021 年第 8 期,第 111 页。

⑤ 《扬帆职海 卓立潮头——记新疆农业职业技术学院教师丑武江》,中华人民共和国教育部网站,2013 年 9 月 6 日,https://www.moe.gov.cn/jyb_xwfb/moe_2082/s7081/s7596/201309/t20130906_157057.html。

导，经常手把手地纠正错误，教我们练习，一两个小时下来，经常汗流浃背。"① 而吕杰擅长利用任务驱动教学法，通过单项训练、综合训练、达标训练、提升训练、创造比赛气氛等手段使学生有目标性地进行训练。等等。

二 育人成果丰硕且效果显著

（一）育人价值取向上坚持立德树人

不同的高职"楷模教师"在育人价值取向上侧重点各异。第一类主张先成"人"再成"才"，即强化学生为"人"的社会性，进而为未来职业生涯储备职业技能。他们从抓好德育入手，在德育中动之以情，晓之以理，真正从思想上正确引导学生，从生活上关心爱护学生，使学生生活在充满家庭式情与爱的氛围之中，促进其健康成长。② 第二类主张成"人"和成"才"并举。在即将离别之际，李红波欲将家庭特别贫困又特别勤奋的孩子带回贵阳实习。孩子说："老师，跟了你两年，我不仅学会了做事，还学会了做人，在实习的一年里我要独自面对，请您一定要相信我！"③ 丑武江说："教育不仅仅是教知识技术，更重要的是在这个过程中，提高学生的道德素养，学会做人。"④

（二）育人目标定位上坚持德才兼备

高职"楷模教师"普遍持有平等互信的教育理念。正因为教育中师生处于平等关系，教师的因材施教和学生的自主学习才能共同发挥作用。高职"楷模教师"非常明确职业教育的育人目标，才提出了因材施教的育人理念。吕杰将自己的绝技绝活和参加大赛的成功经验悉心总结，结合每一个学生的具体情况，提出了一套科学的高技能人才焊接培训方法："一个

① 魏海政：《他教的学生100%合格》，人民网，2015年9月18日，http://edu. people. com. cn/n/2015/0918/c1053－27603282. html。
② 《王其平：全国教书育人十大楷模》，大众网，2015年9月9日，http://edu. dzwww. com/jxzt/130512/1/201509/t20150909_13040312. html。
③ 曹建：《责任与陪伴让学生看见最美的风景》，中华人民共和国教育部网站，2021年9月8日，https://www. moe. gov. cn/jyb _ xwfb/xw _ zt/moe _ 357/2021/2021 _ zt18/jjsyr/202109/t20210906_559814. html。
④ 《扬帆职海 卓立潮头——记新疆农业职业技术学院教师丑武江》，中华人民共和国教育部网站，2013年9月6日，http://www. moe. gov. cn/jyb _ xwfb/moe _ 2082/s7081/s7596/201309/t20130906_157057. html。

中心，两个抓手，三个重视，四个环节"，即以焊缝质量合格为中心，一手抓体能训练，一手抓心理辅导，同时重视发现学员的技术特长并总结推广，重视有针对性地在培训过程中因材施教，重视"焊接文化"在枯燥技能训练过程中的艺术感染过程，规范工艺讲解环节、完美表演示范环节、加强巡回指导环节、总结教学反馈环节。[①] 也有高职"楷模教师"认为育人目标应该是培养具有家国情怀的新时代劳动青年。朱辉球感慨道："一个人的力量是有限的，希望通过我们的努力让更多的学生在大师、名师的倾心指导下成为国家非遗制瓷技艺的继承者、传递者。"[②] 还有高职"楷模教师"从个体道德水平提升的角度培育道德修养高的技能人才。丑武江"在日常的学习生活中，时时提醒自己、提醒学生，要养成良好的学习生活习惯，要做一个有高尚道德修养的专业技术人才"[③]。除此之外，还有教师认为要培养身心健康的合格劳动者。顾昌华说："用我所学教学生农业知识和种植技能是我的专业所长，但我始终坚持千教万教教人求真的理念，把优良的种子种在农民的田间，把真善美的种子种在学生的心间。"[④]

（三）德育模式上坚持开拓创新

首先，创新育人，成果丰硕。李红波将自己制订的"三进三查"学生管理制度改成了"三进三查三帮"制度，主要作用是辅导后进生、帮助贫困生、关爱留守生。在她的带领下，学生从厌学到主动学习到爱学再到懂得感恩。[⑤] 其次，润物无声，潜移默化。"外语系有一位男生经常逃课，

① 《研教共进争一流 专注育人赛须眉——记甘肃钢铁职业技术学院教师吕杰》，中华人民共和国教育部网站，2019 年 9 月 4 日，http://www.moe.gov.cn/jyb_xwfb/xw_zt/moe_357/jyzt_2019n/2019_zt20/jsfc/jsyrkm/km2014/201909/t20190904_397451.html。

② 谢沂楠：《民族陶瓷技艺的传播者——记江西陶瓷工艺美术职业技术学院教师朱辉球》，央广网，2018 年 9 月 4 日，https://baijiahao.baidu.com/s?id=1610663631433032240&wfr=spider&for=pc。

③ 《扬帆职海 卓立潮头——记新疆农业职业技术学院教师丑武江》，中华人民共和国教育部网站，2013 年 9 月 6 日，http://www.moe.gov.cn/jyb_xwfb/moe_2082/s7081/s7596/201309/t20130906_157057.html。

④ 《武陵深处献身职教的"菇仙姑"——记贵州省铜仁职业技术学院教师顾昌华》，中华人民共和国教育部网站，2019 年 9 月 4 日，https://www.moe.gov.cn/jyb_xwfb/xw_zt/moe_357/jyzt_2019n/2019_zt20/jsfc/jsyrkm/km2019/201909/t20190904_397465.html。

⑤ 《责任与陪伴让学生看见最美的风景——记贵州护理职业技术学院教师李红波》，中华人民共和国教育部网站，2021 年 9 月 8 日，http://www.moe.gov.cn/jyb_xwfb/xw_zt/moe_357/2021/2021_zt18/jjsyr/202109/t20210906_559814.html。

班干部劝不住他，辅导员也拿他没办法，于是同学们请来了林（冬妹）老师。林老师多次与这名同学促膝谈心，陪他听课，教他如何专注学习，鼓励他在课堂上踊跃发言。大爱有深情，润物细无声，这位爱逃学的男生在林老师的耐心教育下，找回了自信，焕发出了追求进步的动力。"① 最后，调研充分，引领示范。针对职业教育学生基础差、不自信、学习热情不高的实际情况，王其平特别注重培养学生的自信心，以自身求学发展的经历鼓舞学生，力争让每一个学生都能对自己的前途充满信心，对自己专业的学习充满热情。②

三 科研中克难攻坚且教研相长

科研是教学的基础。科学研究是知识生产的源泉，教学是知识传播的途径。不断进行高质量知识生产才能促进教学内容不断更新。高职"楷模教师"在教学成果突出的基础上，还不断在本专业领域开展科学研究，攻坚克难，解决行业领域的技术难题。与此同时，打通"产—学—研"的壁垒，实现真正意义上的产教融合与教研相长。丑武江依托课题研究编写了《养猪》和《家畜繁育》等专业教材，主编了校本教材《动物防疫与品种改良》《养牛应用技术》。这些教材科学实用，成为农牧民养殖生产中的好帮手，丑武江也被农牧民誉为能请到家的"养殖老师"。③ 吕杰"负责焊接检验室的建设，使实验开出率达90%以上，并承担了焊接检验、射线探伤检验等试验任务，为焊接技术提供重要的实验依据。她先后主持双丝埋弧焊在风电行业的推广与应用、等离子切割试板定位先进操作法等科研项目，并通过酒泉钢铁集团公司验收，还参与甘肃冶金技师学院技师精品课的开发"④。

---

① 《满腔热忱育桃李 三尺讲台谱华章——记广东水利电力职业技术学院教师林冬妹》，中华人民共和国教育部网站，2016 年 9 月 8 日，http://www. moe. gov. cn/jyb_xwfb/xw_zt/moe_357/jyzt_2016nztzl/2016_zt15/16zt15_jsyrkm/201609/t20160902_277517. html。
② 《王其平：全国教书育人十大楷模》，大众网，2015 年 9 月 9 日，http://edu. dzwww. com/jxzt/130512/1/201509/t20150909_13040312. html。
③ 《职教创新先锋——记全国教书育人楷模、新疆农职院动物科技分院院长丑武江》，中华人民共和国教育部网站，2013 年 9 月 12 日，http://www. moe. gov. cn/jyb_xwfb/s5147/201309/t20130912_157319. html。
④ 谢沂楠：《研教共进争一流 专注育人赛须眉》，《心事》2014 年第 21 期，第 8 页。

第三节　高职教师专业发展的有益启示

一　"下得去"：乡土情结与主观意志的推动

乡村振兴的关键在教育，而乡村教育的根本在教师。高职"楷模教师"扎根农村，忠诚于党的教育事业，数十年如一日。正因一代又一代乡村教师义无反顾地把青春和心血倾注于教书育人的光辉事业，才铸就了乡村振兴的基石。2005 年至今，丑武江一直担任昌吉市科技特派员、乌兰乌苏镇科技特派员，在承担繁忙的教学、管理工作的同时，利用自己的专业所长积极投身基层科技服务。"从教 28 年来，朱辉球对每一位学生不离不弃，始终像对待自己的小孩一样，精心培养了一批创新型、发展型、复合型的新时代民族陶瓷技艺传承人才。"① 对高职"楷模教师"生命历程进行梳理后不难发现，个体发展与时代变迁和个性特质密不可分。在特定的历史时段，个人的世界观、人生观和价值观决定了职业选择。高职"楷模教师"在年幼时立志，青年时成才，壮年时奉献。在宏大的乡村振兴的时代图景下，更需要青年一代立志服务于波澜壮阔的乡村振兴事业，拥有乡土情怀，热爱家乡，热爱教育事业，充分发挥个体的主观能动性，最终实现个体的人生价值和生命意义。"人总是在一定社会建制之中有计划、有选择地推进自己的生命历程，人在社会中所做出的选择除了受到情景定义的影响之外，还要受到个人的经历和个人性格特征的影响，个体差异和环境之间的互动产生出个体的行为表现，所以人的能动作用和自我选择过程对于理解生命历程具有重要的意义。"②

二　"留得住"：育人初心与教育情怀的加持

教师作为社会化大分工后的重要职业分类之一，天然具有社会职业的

---

① 谢沂楠：《民族陶瓷技艺的传播者——记江西陶瓷工艺美术职业技术学院教师朱辉球》，"央广网"百家号，2018 年 9 月 4 日，https://baijiahao.baidu.com/s? id =1610663631433032240&wfr = spider&for = pc。

② 李强、邓建伟、晓筝：《社会变迁与个人发展：生命历程研究的范式与方法》，《社会学研究》1999 年第 6 期，第 6 页。

全部属性。从事某种职业的个体能够在供需市场中自由流动：既可以向上流动，进而实现阶层向上跃升；亦可以水平流动，在不同的地域从事劳动。但在倡导"十年树木，百年树人"的教育场域，教师作为一种职业，往往根据社会和受教育者的需要，尽可能地保持稳定。因而，要确保教师队伍的稳定，需要全社会共同提升教师的社会地位和经济待遇。同时，教师个体还要坚守育人初心，培育崇高的教育情怀。特别是在高等职业教育领域，高职教师往往既是行业体系内的行家里手，也是教育领域的旗帜标杆。"自参加工作以来，王其平在钳工实习指导教师的岗位上只问耕耘，一干就是 20 多年。""从教 20 多年来，林冬妹初心未改。"在宏观层面上，要确保优秀的高职教师"留得住"，需要教育主管部门切实提高教师待遇，加强社会舆论宣传，进一步巩固教师的社会地位，同时提高教师准入的门槛。在个体层面上，无论是"爱一行，干一行"还是"干一行，爱一行"，都要求个体对于教育事业永葆初心，不断提高自身修养，持续增强使命感、责任感。

三 "教得好"：意义建构与终身学习的促进

有学者认为："任何自上而下的改革或政策，若想顺利实施，离不开处于具体实施情境中的人；而作为拥有主观能动性和意向性的人决定做某事或不做某事、做到何种程度，有赖于他们对这些事能否赋予意义以及赋予怎样的意义，而这个过程又深刻地受到他们对自己是谁的身份感知的影响。"[①] 在教育场域里，教师需要在教育教学实践过程中明确自己的身份，并不断建构意义。特别是在呼唤构建"双师型"教师队伍的高等职业教育领域，部分新手教师对自我身份认同和职业认同仍存在障碍。他们目标定位应是工匠还是知识分子、是技师还是教师、是教书匠还是专家型教师，都需要在具体的实践场域中不断尝试、选择和强化。作为类型教育之一的高等职业教育，其学校功能包括但不限于普通高校的知识传递、科学研究、社会服务、文化传承、人才培养等。高等职业院校的核心功能应当囊括技能提升、助农扶贫、技艺传承等。然而，学校功能的实现需要依靠教师完成，"教得好"不仅体现为高职院校学生取得较高的学业成就，还体

---

① 叶菊艳：《教师身份构建的历史社会学考察》，北京师范大学出版社，2017，第 1 页。

现为教学技能的合理化运用、课堂教学的艺术化管理、实践实训场的科学化指导、技能技艺的创造性培育。教师要在具体的情境中不断试错与顿悟，直至成为专家型教师。就教师专业发展来讲，个体成长是一个漫长的自我修炼的过程。随着智能时代的到来，终身学习成为教师实现专业成长、成长为熟手型教师乃至专家型教师的必备手段。《教育部等六部门关于加强新时代乡村教师队伍建设的意见》中明确指出："建设教师智能研修平台，智能遴选、精准推送研修内容与资源，支持教师自主选学，为教师提供同步化、定制化、精准化的高质量培训研修服务，五年内对全国乡村教师轮训一遍。"因而，高等职业教育教师可以借助现代化的信息技术手段实现终身学习，有了更多的自我提升的途径和政策保障。

总之，"全国教书育人楷模"作为国家颁发给教师的重要荣誉之一，既是对高等职业教育领域教学、科研、育人等多方面具有突出贡献者的褒奖，也树立了该领域职前师范生、准教师、新手教师和熟手教师在职业生涯规划过程中的重要参照。通过对优秀榜样先进事迹的学习，个体可以努力成为有理想信念、道德情操、扎实学识、仁爱之心的"四有"好老师。

第九章 特校"楷模教师"的群像*

百年大计，教育为本。教师是推动教育高质量发展的重要引擎，是实现中国教育现代化目标的中坚力量，更是实现中华民族伟大复兴的重要基石。因此新时代背景下师资队伍的建设也成为备受学界关注的热点议题。本章以 2010～2022 年"全国教书育人楷模"中 14 位特殊学校（简称"特校"）教师为研究对象，采用文本分析法进行研究。总计收集到"楷模教师"先进事迹材料约 12 万字（含新闻视频资料转码的文本），从中提取出"楷模教师"的基本信息和先进事迹等，"楷模教师"的基本信息情况如表9－1 所示。从历年当选人数看，每年平均有 1 位特殊教育领域的教师当选"全国教书育人楷模"（仅 2013 年产生 2 位）。从性别上看，14 位特殊学校"楷模教师"里，女性有 11 位、男性有 3 位，在一定程度上反映出特殊教育领域内教师性别比例不均的问题。从从事特殊教育工作年限来看，当选为"楷模教师"时，最长工作年限为 41 年，最短工作年限为 5 年（此位教师是"临危受命"调任转岗而来，故年限略短），从而可知特殊学校"楷模教师"绝大多数是深耕特殊教育事业多年的"老将"，以"舍我其谁"的精神坚守在一线特殊教育岗位上。

表 9－1 2010～2022 年特校"楷模教师"基本信息

序号	当选年份	姓名	性别	出生年份	当选年龄（岁）	当选时从事特教年限（年）	所在省市	所在单位	毕业院校
1	2010	黄金莲	女	1954	56	19	福建	福建省三明市特殊教育学校	三明师范学校

* 本章系四川特殊教育发展研究中心立项课题"'全国教书育人楷模'特殊教育教师的群像研究"（课题编号：SCTJ－2021－B－04）的结项成果。

续表

序号	当选年份	姓名	性别	出生年份	当选年龄（岁）	当选时从事特教年限（年）	所在省市	所在单位	毕业院校
2	2011	刘佳芬	女	1959	52	20	浙江	浙江省宁波市达敏学校	某大专学校
3	2012	代建荣	男	1974	38	19	云南	云南省昆明市五华区新萌学校	云南省体育师范学校
4	2013	杨小玲	女	1972	41	23	湖北	湖北省武汉市第一聋哑学校	武汉市幼儿师范学校
5	2013	谢小双	男	1954	59	5	上海	上海市辛灵中学、风帆初级职业学校	不详
6	2014	葛华钦	男	1954	60	28	江苏	江苏省南京市溧水区特殊教育学校	不详
7	2015	李银环	女	1968	47	27	北京	北京市通州区培智学校	某本科学校
8	2016	刘文婷	女	1972	44	26	河南	河南省洛阳市老城区培智学校	河南省特殊教育师范学校
9	2017	苏富梅	女	1957	60	41	河北	河北省张家口市特殊教育学校	省委党校
10	2018	党红妮	女	1975	43	19	陕西	陕西省商洛市特殊教育学校	陕西丹凤师范学校
11	2019	张俐	女	1968	51	33	江西	江西省南昌市启音学校	南昌师范学校
12	2020	肖敏	女	1977	43	24	四川	四川省泸州市特殊教育学校	乐山师范学校
13	2021	李龙梅	女	1964	57	20	重庆	重庆市特殊教育中心	某中师学校
14	2022	周美琴	女	1967	55	35	上海	上海市浦东新区特殊教育学校	上海浦明师范学校

资料来源：教育部网站、《中国教育报》《中国教师报》等。

　　14位特殊学校"楷模教师"中，仅有刘文婷和肖敏毕业于特殊教育专业。特殊学校"楷模教师"绝大多数虽毕业于师范院校，但并非特殊教育专业。例如杨小玲毕业于武汉市幼儿师范学校的艺体类专业，代建荣毕业于云南省体育师范学校的体育专业。此外，一部分"楷模教师"是临时从普通学校调任转岗到特殊教育领域的。"已经在当地颇富盛誉的刘佳芬从普通学校调到县城的一所聋哑学校，开始了改变她一生轨迹的特殊教育生涯。"① "谢小双临危受命，从包头中学调到辛灵中学，担任校长兼党支部书记。"② "中师毕业后，李龙梅先在重庆一所普通小学担任语文教师、副校长。2001 年，因为倔强、好强、坚韧的性格被组织选中，将她调任重庆市担任盲人学校副校长。"③ "当了 5 年小学教师的党红妮走上了商洛市特殊教育学校的讲台。"④ 笔者分析先进事迹材料后发现，无论是非特殊教育专业毕业，还是"临危受命"进入特殊教育领域的"楷模教师"，都能通过自身内在的努力和外在系统的支持成长为一名特殊教育专家。

第一节 特校"楷模教师"群体的成长轨迹

一 知识的自在式生成夯实教师的专业基础

非特殊教育专业毕业的特殊学校"楷模教师"，刚辗转到特殊教育领域时，所有教学工作都得从零开始。掌握特教专业的语言才能走进孩子们的世界，习得特教专业的教育技能才能因材施教。"想走进这群孩子的世界，就必须先学会他们的语言，苏富梅直接搬到了学校宿舍和学生们朝夕相处，时时练习手语。"⑤ 李龙梅"为了尽快适应教学，她把盲文字母表打

① 《让孩子们有尊严地生活——记浙江省宁波市达敏学校校长刘佳芬》，中华人民共和国教育部网站，2011 年 9 月 15 日，http://www.moe.gov.cn/jyb_xwfb/moe_2082/s5936/s5885/201109/t20110915_124194.html。
② 《不放弃一个学生的好教师——记上海市杨浦区辛灵中学校长谢小双》，中华人民共和国教育部网站，2013 年 9 月 6 日，http://www.moe.gov.cn/jyb_xwfb/moe_2082/s7081/s7596/201309/t20130906_157048.html。
③ 《让每一个盲孩子挺起胸膛向前走——记重庆市特殊教育中心校长李龙梅》，中华人民共和国教育部网站，2021 年 9 月 6 日，http://www.moe.gov.cn/jyb_xwfb/xw_zt/moe_357/2021/2021_zt18/jjsyr/202109/t20210906_559817.html。
④ 冯丽：《为残障学生撑起一片晴空——记陕西省商洛市特殊教育学校教师党红妮》，中华人民共和国教育部网站，2018 年 9 月 13 日，http://www.moe.gov.cn/jyb_xwfb/moe_2082/zl_2018n/2018_zl62/201809/t20180913_348530.html。
⑤ 《教书育人楷模 | 苏富梅：为特教孩子托起梦想的天空》，搜狐网，2017 年 9 月 8 日，https://www.sohu.com/a/190736600_387118。

印出来,贴在墙上,装进包里,利用一切空闲时间强化记忆,甚至把盲文带回家试着关灯摸读"①。此外,特殊教育的教学目标、教学内容与教学方式等都不同于普通教育,新手教师必须积累起丰富的专业知识才能立足于此岗位。特殊学校"楷模教师"还通过职后进修补齐专业知识短板。"张俐利用业余时间进行了大专、本科的学历进修,勤奋钻研特教知识和前沿理论,并联系实践进行课题研究。"② "为了系统了解特殊教育的特点,谢小双主动去华东师大进修特殊教育学。"③ 李龙梅"积极参加市教委、教育部组织的研修培训,如饥似渴地学习视力残疾儿童心理与教育、盲人定向行走指导等专业课程"④。苦练手语、学习盲文、去高校进修……特殊学校"楷模教师"如饥似渴地学习特殊教育的专业知识,只为早日胜任特殊教育这份育人工作,帮助孩子们逐渐适应生活并走进社会。这也反映出勤学苦练是成功的铺路石,也正是孜孜不倦的刻苦钻研让这些零基础非特殊教育专业毕业的教师成为领域内的楷模人物。

二 知识的自发式转化激发教师专业成长的活力

长年累月,特殊学校"楷模教师"不断学习和提升自身的专业知识,在教学中将理论知识进行实践转化,以杰出的教学成绩展示着知识转化的成果。其中,杰出的教学成绩包括百分之百的升学率和就业率,参加特奥活动屡次获奖,以及圆学生去国家级舞台上表演的舞蹈梦等。黄金莲"在从事特教工作中创造了两个百分之百的奇迹:第一,除了部分学生升学外,学生100%就业;第二,家长把孩子送到学校后,100%交回到家长手中,

---

① 《让每一个盲孩子挺起胸膛向前走——记重庆市特殊教育中心校长李龙梅》,中华人民共和国教育部网站,2021年9月6日,http://www.moe.gov.cn/jyb_xwfb/xw_zt/moe_357/2021/2021_zt18/jjsyr/202109/t20210906_559817.html。
② 《为听障孩子撑起一片爱的蓝天——记江西省南昌市启音学校教师张俐》,中华人民共和国教育部网站,2019年9月4日,http://www.moe.gov.cn/jyb_xwfb/xw_zt/moe_357/jyzt_2019n/2019_zt20/jsfc/jsyrkm/km2019/201909/t20190904_397459.html。
③ 《不放弃一个学生的好教师——记上海市杨浦区辛灵中学校长谢小双》,中华人民共和国教育部网站,2013年9月6日,http://www.moe.gov.cn/jyb_xwfb/moe_2082/s7081/s7596/201309/t20130906_157048.html。
④ 《让每一个盲孩子挺起胸膛向前走——记重庆市特殊教育中心校长李龙梅》,中华人民共和国教育部网站,2021年9月6日,http://www.moe.gov.cn/jyb_xwfb/xw_zt/moe_357/2021/2021_zt18/jjsyr/202109/t20210906_559817.html。

一个也没有走失"①。代建荣的学生中"有 112 人参加了省级以上的运动会，8 名学生被评为全国优秀特奥运动员，他带领着学生共获得了 176 枚奖牌，其中包括特奥会上沉甸甸的金牌"②。杨小玲"培养的 500 多名舞蹈队学生中，《千手观音》领舞邰丽华征服了亿万观众，3 个月大就失聪的蒙蒙美丽地绽放在北京残奥会的舞台上，8 名学生登上中国残疾人艺术团璀璨的舞台"③。"2005 年，（苏富梅教的）特校高中班的学生首次参加全国高考并被全部录取；2008 年、2011 年，实现了全市听障生和视障生本科'零'的突破；2012 年，6 名视障生参加高考，全部被本科院校录取；2016 年，听障生 9 人参加高考，全部升入本科院校；视障生 8 人参考，6 人考入本科院校，2 人考入专科院校。"④ 在就业、升学、运动、表演等众多领域，特殊学校"楷模教师"倾注自己的全部心血，带领一群"折翼的天使"书写着一段又一段佳话，让人心生敬意。

三 转识成智的渐进式发展提升教师的专业胜任力

"楷模教师"在角色转换中形成教学智慧。从普通教育岗位辗转到特殊教育领域，这对于有着十几年教学生涯的李龙梅来说也是一个巨大的挑战。她认为，只有将知识转化成教学智慧，将教师身份转变为"妈妈"角色，才能胜任这份工作。"但盲孩子身上散发的异味，呆滞的面容，视障教学的简单重复枯燥，视障教育交流沟通的难度之大，还是让这个有着十几年丰富经验的教坛老手始料未及。那年冬天的一个早上，一个穿着破烂、流着鼻涕的盲孩子在校门口专门等她，泣诉了自己从小因残疾被父母遗弃，在福利院长大的经历。'听说您很漂亮，我可以摸一摸您的脸吗？'就这一个温柔的抚

① 葛燕燕：《点点滴滴皆是爱——记全国教书育人楷模、三明市特教学校校长黄金莲》，共产党员网，2013 年 9 月 24 日，https://www.12371.cn/2013/09/24/ARTI1379993334783477.shtml。
② 《将"特殊"孩子送上最高领奖台——记云南省昆明市五华区新萌学校体育教师代建荣》，中华人民共和国教育部网站，2012 年 9 月 12 日，http://www.moe.gov.cn/jyb_xwfb/moe_2082/s6236/s6843/201209/t20120912_142030.html。
③ 《23 年用"心"照亮聋哑孩子人生——记全国教书育人楷模、武汉市第一聋哑学校特教教师杨小玲》，中华人民共和国教育部网站，2013 年 9 月 6 日，http://www.moe.gov.cn/jyb_xwfb/s5147/201309/t20130906_157025.html。
④ 《特别的爱给特别的你——记河北省张家口市特殊教育学校校长苏富梅》，中华人民共和国教育部网站，2017 年 9 月 5 日，http://www.moe.gov.cn/jyb_xwfb/xw_zt/moe_357/jyzt_2017nztzl/2017_zt07/17zt06_qgjsyrkm/201709/t20170905_313425.html。

摸，彻底唤醒了她内心深处的母性。她决定首先从'妈妈'这个角色做起。"① 教学需要才能，育人更需智慧，要在教学实践中提升育人智慧。苏富梅在她的课堂教学中一反常规的方式，在"无声的世界里"坚持"有声的口语教学"。"起初，学校聋哑生上课完全是'无声世界'，但苏富梅坚持口语教学。课堂上，她大声讲课喊哑了嗓子；生活里，她要求孩子们必须'正常'说话。终于，当一名学生较为清楚地念出了'小猴子下山'时，她的眼泪夺眶而出。"② 谢小双对逃课学生没有责骂和训斥，而是用润心无声的育人智慧感化迷失方向的学生。"每个星期五下午，谢小双就把小戴送回家，星期一早上再去接她到学校。有时，他还买了水果去她家，没人在家，就把水果挂在门把手上。过年的时候，谢小双陪小戴吃年夜饭，把她当作自己的女儿看待。"③ "楷模教师"注重在团队成长中激发管理智慧。作为上海市辛灵中学和风帆初级职业学校校长的谢小双，更是将知识转化为团体管理的智慧。"谢小双带领教师们读书，写读书笔记，用阅读提升教师们的精神境界。他推荐阅读的图书包括《给加西亚的一封信》《窗边的小豆豆》等。每次开展这样的活动，他都以身作则，全力投入，并喊出口号：'向我看，跟我干，我的岗位是示范。'有校长在前边领跑，教师们自然不好意思落后了。"④

第二节 大爱无痕：特校"楷模教师"的专业特质

一 甘于付出的奉献精神

奉献是一种舍己为人、公而忘私和不计回报的高尚情操，也是一种无

① 《让每一个盲孩子挺起胸膛向前走——记重庆市特殊教育中心校长李龙梅》，中华人民共和国教育部网站，2021 年 9 月 6 日，http://www.moe.gov.cn/jyb_xwfb/xw_zt/moe_357/2021/2021_zt18/jjsyr/202109/t20210906_559817.html。

② 《用爱让残缺花蕾绽放——记河北省张家口市特殊教育学校校长苏富梅》，中华人民共和国教育部网站，2017 年 9 月 16 日，http://www.moe.gov.cn/jyb_xwfb/moe_2082/zl_2017n/2017_zl43/201709/t20170918_314682.html。

③ 《用爱挽回悬崖边上的孩子——记全国教书育人楷模、上海市辛灵中学校长谢小双》，中华人民共和国教育部网站，2013 年 9 月 7 日，http://www.moe.gov.cn/jyb_xwfb/s5147/201309/t20130909_157111.html。

④ 《用爱挽回悬崖边上的孩子——记全国教书育人楷模、上海市辛灵中学校长谢小双》，中华人民共和国教育部网站，2013 年 9 月 7 日，http://www.moe.gov.cn/jyb_xwfb/s5147/201309/t20130909_157111.html。

产阶级的人生道德观念。特殊学校"楷模教师"的奉献源于热爱、执于忠诚、甘于清贫，他们兢兢业业地扎根在一线特殊教育岗位上，默默地给残障孩子撑起一片爱的蓝天，将自己最美的年华献给特教的赤土。"为了给孩子们联系更多的锻炼机会、工作机会，刘佳芬一趟趟跑到市里，在炎炎酷暑的一天，由于过于劳累，刘佳芬晕倒在街上。"① 李龙梅"带着全校教师坚持了 10 年（家访），累计行程 3 万多公里，受访学生近 300 人次，覆盖重庆 30 多个区县及周边省市边远地区"②。"苏富梅身患严重贫血，白细胞只有 5 克。但此后整整两年的时间里，每周六天的工作日，她从没有请过一天假，没有过一个完整的节假日。"③ 刘文婷"教孩子发音、说话，教孩子握笔、写字，教孩子走路、上下楼梯，教孩子唱歌、跳舞；教会孩子们洗衣、叠被、系鞋带，为孩子换洗尿湿的衣裤、床单；帮孩子修指甲、理发、擦鼻涕，给困难的学生捐衣送被。她无怨无悔地把青春年华献给了这些残疾孩子"④。"23 年，杨小玲坚持每天下班后为聋哑学生训练舞蹈 3 个半小时，相当于多工作了 10 年。"⑤ "27 年的特教生涯，让李银环的耳朵有些聋，嗓子也沙哑了。她说：'我从没有后悔，看到我的学生有进步，我就感到自豪、幸福。'"⑥ 特殊学校"楷模教师"给予学生的爱已超越了师生关系，更像亲人。特殊学校"楷模教师"用激昂的青春岁月书写着事

① 《让孩子们有尊严地生活——记浙江省宁波市达敏学校校长刘佳芬》，中华人民共和国教育部网站，2011 年 9 月 15 日，http://www.moe.gov.cn/jyb_xwfb/moe_2082/s5936/s5885/201109/t20110915_124194.html。
② 《让每一个盲孩子挺起胸膛向前走——记重庆市特殊教育中心校长李龙梅》，中华人民共和国教育部网站，2021 年 9 月 6 日，http://www.moe.gov.cn/jyb_xwfb/xw_zt/moe_357/2021/2021_zt18/jjsyr/202109/t20210906_559817.html。
③ 《特别的爱给特别的你——记河北省张家口市特殊教育学校校长苏富梅》，中华人民共和国教育部网站，2017 年 9 月 5 日，http://www.moe.gov.cn/jyb_xwfb/xw_zt/moe_357/jyzt_2017nztzl/2017_zt07/17zt06_qgjsyrkm/201709/t20170905_313425.html。
④ 《做一名幸福的特教教师——记河南省洛阳市老城区培智学校教师刘文婷》，中华人民共和国教育部网站，2016 年 9 月 8 日，http://www.moe.gov.cn/jyb_xwfb/xw_zt/moe_357/jyzt_2016nztzl/2016_zt15/16zt15_jsyrkm/201609/t20160902_277512.html。
⑤ 《23 年用"心"照亮聋哑孩子人生——记全国教书育人楷模、武汉市第一聋哑学校特教教师杨小玲》，中华人民共和国教育部网站，2013 年 9 月 6 日，http://www.moe.gov.cn/jyb_xwfb/s5147/201309/t20130906_157025.html。
⑥ 《领着孩子慢慢走进有声世界——记北京市通州区培智学校教师李银环》，中华人民共和国教育部网站，2015 年 9 月 8 日，http://www.moe.gov.cn/jyb_xwfb/xw_zt/moe_357/jyzt_2015nztzl/2015_zt09/15zt09_2015jsyr/201509/t20150929_211373.html。

业华章，践行着特教岗位的职业使命。

二　德才兼备的专业素养

教师的专业素养包含道德素养、技能素养和知识素养等，其中丰富的知识素养和精湛的技能素养尤为重要。肖敏"大胆进行课堂教学改革，探寻生存教育的内容：布偶工艺、油纸伞工艺、手工工艺"[1]。"学生小坡先天发育不足，口齿不清，走路摇晃，好像随时都要摔倒。刚入校时，小坡十分自卑，不愿和同学交流。党红妮查阅资料、请教同行，为他制订周密的康复计划：运动、生活、语言康复相结合，对小坡展开全方位训练。"[2]刘文婷"采用最多的是游戏法，因为游戏活动能使智障儿童在听听、唱唱、动动、玩玩中增强节奏感，促进动作的协调性，逐步发展想象力、创造力"[3]。"在李银环的教学语言中，没有埋怨，没有责怪，更没有呵斥。他们回答问题有错时，她就用微笑、耐心、启发、等待，引导他们正确回答。当他们犯了错，她会摸摸他们的头，用眼神告诉他们这是不对的。"[4]代建荣"将特奥开展的内容由单一变为丰富，训练的特奥运动员由高能力扩展到低能力，训练项目由少到多，训练方式由课堂教学转变为课堂教学与训练相结合"[5]。刘佳芬"决定组织老师自己编写教材，从最初的手写、油印，到现在的彩色印刷，从最初以实用生活为内容的18册校本教材，到包括美工、劳技等九年义务教育段的24本教材。现在，这些教材经浙江省中小学教材审定委员会审核通过成为地方教材"[6]。德才兼备的特殊学校

---

① 李盛琴、程海英：《心之所向　素履以往——"全国教书育人楷模"肖敏：用爱用心当好特教老师》，四川新闻网，2021年2月2日，http://lz.newssc.org/system/20210202/003078774.html。

② 孙海华、姚欣：《党红妮：19年用爱守护"折翼天使""为了让他们更有尊严地活着"》，中华人民共和国教育部网站，2018年9月7日，http://www.moe.gov.cn/jyb_xwfb/xw_zt/moe_357/jyzt_2018n/2018_zt18/zt1818_yxdx/201809/t20180907_347715.html。

③ 史晓琪：《刘文婷：为折翼天使撑起一片天》，大河网，2017年8月24日，http://newpaper.dahe.cn/hnrb/html/2017-08/24/content_178686.htm。

④ 《领着孩子慢慢走进有声世界——记北京市通州区培智学校教师李银环》，中华人民共和国教育部网站，2015年9月8日，http://www.moe.gov.cn/jyb_xwfb/xw_zt/moe_357/jyzt_2015nztzl/2015_zt09/15zt09_2015jsyr/201509/t20150929_211373.html。

⑤ 《代建荣：让残缺的生命绽放精彩》，中华人民共和国教育部网站，2012年9月21日，http://www.moe.gov.cn/jyb_xwfb/moe_2082/s6236/s6843/201209/t20120921_142561.html。

⑥ 苏泽庭、李国民：《特别的爱给特别的孩子——记浙江省宁波市达敏学校校长刘佳芬》，中华人民共和国教育部网站，2011年9月13日，http://www.moe.gov.cn/jyb_xwfb/moe_2082/s5936/s5885/201109/t20110913_124102.html。

"楷模教师"有着敢为人先的探索意识和创新精神，他们大胆改革过时的课堂教学内容，因地制宜编写校本教材，不辞辛劳地为学生量身打造最佳的教育计划。

三 持之以恒的教育信念

教育信念是教师长年执教的内在精神源泉，在艰难困苦中给予特殊学校"楷模教师"前进的动力。特殊学校"楷模教师"的教育信念体现在让每个学生融入正常生活、实现心中的教育公平梦想以及拯救不幸家庭、减轻社会负担等。刘佳芬"一切为了学生的生存和发展，让更多的学生尽快融入社会，自食其力，提高生活质量"①。谢小双认为，"转变一个学生，就是挽救一个家庭；挽救一个家庭，就是为社会增添一份安宁"②。杨小玲认为，"每个生命都有梦想，我帮他们圆梦，他们会用自己的行动，点亮更多孩子的梦"③。"普通学校是什么样，特殊教育学校就该是什么样。李龙梅的执着，是因为她的心中一直藏着教育公平梦。"④"张俐牢记'为每个听障学生提供公平而有质量的教育'的初心与使命。"⑤党红妮"让他们（学生）精神独立、生存独立，更有尊严地活着"⑥。挽救一个个不幸的家庭，让孩子能学得一技之长、自力更生，从而减轻社会负担，公平而有力量地帮助孩子

---

① 苏泽庭、李国民：《特别的爱给特别的孩子——记浙江省宁波市达敏学校校长刘佳芬》，中华人民共和国教育部网站，2011年9月13日，http://www.moe.gov.cn/jyb_xwfb/moe_2082/s5936/s5885/201109/t20110913_124102.html。
② 《用爱挽回悬崖边上的孩子——记全国教书育人楷模、上海市辛灵中学校长谢小双》，中华人民共和国教育部网站，2013年9月7日，http://www.moe.gov.cn/jyb_xwfb/s5147/201309/t20130909_157111.html。
③ 《23年用"心"照亮聋哑孩子人生——记全国教书育人楷模、武汉市第一聋哑学校特教教师杨小玲》，中华人民共和国教育部网站，2013年9月6日，http://www.moe.gov.cn/jyb_xwfb/s5147/201309/t20130906_157025.html。
④ 高毅哲：《为了每一个"折翼的天使"——记重庆市特殊教育中心校长、教师李龙梅》，中华人民共和国教育部网站，2021年10月12日，http://www.moe.gov.cn/jyb_xwfb/moe_2082/2021/2021_zl57/202110/t20211012_571468.html。
⑤ 《为听障孩子撑起一片爱的蓝天——记江西省南昌市启音学校教师张俐》，中华人民共和国教育部网站，2019年9月4日，http://www.moe.gov.cn/jyb_xwfb/xw_zt/moe_357/jyzt_2019n/2019_zt20/jsfc/jsyrkm/km2019/201909/t20190904_397459.html。
⑥ 孙海华、姚欣：《党红妮：19年用爱守护"折翼天使"，"为了让他们更有尊严地活着"》，中华人民共和国教育部网站，2018年9月7日，http://www.moe.gov.cn/jyb_xwfb/xw_zt/moe_357/jyzt_2018n/2018_zt18/zt1818_yxdx/201809/t20180907_347715.html。

回归正常的社会生活……这些就是支撑特殊学校"楷模教师"在无数个寒冬和烈日条件下依然砥砺前行的教育信念。宋宏福指出,"教育信念是使教师摆脱'教书匠'困惑,使平凡工作得以升华和富有意义,使教师成为研究型、专家型教师的关键所在"[①]。持之以恒的教育信念像一根无形的指挥棒,指引着"楷模教师"在特教道路上披荆斩棘、勇往前行。

第三节 特校教师专业发展的有益启示

2022年1月,国务院办公厅转发教育部等部门制定的《"十四五"特殊教育发展提升行动计划》,该计划明确提出了"加强特殊教育教师队伍建设"。本章通过对14位特殊学校"楷模教师"文本材料的梳理和分析,追溯了其专业成长路径,凸显了这些"楷模教师"的优秀特质,试图从"楷模教师"身上寻找一些特殊教育教师队伍建设的"答案",从而为特殊教育新手教师的培养以及在职教师的专业成长提供一些参考性建议。

一 "师德情感"育人,培育奉献精神

2022年4月,教育部等八部门印发了《新时代基础教育强师计划》,其中指出:"加强和改进师德师风建设。常态化推进师德培育涵养,将各类师德规范纳入新教师岗前培训和在职教师全员培训必修内容。创新师德教育方式,通过榜样引领、情景体验、实践教育、师生互动等形式,激发教师涵养师德的内生动力。"[②] 也有学者阐述说:"现代师德的发展具有经济、政治和文化三重意蕴:在积极适应市场经济道德价值观的同时,追求内在的超越,保持自身的相对独立性,体现一种'主体精神';坚持师德的社会主义政治方向,具有大德和国家意识,为民族复兴和社会进步育人育才;倡导'育人为本'的价值取向,彰显尊重生命的教育伦理,实现提升教育境界、推进教师发展和引导学生成长的多元价值。"[③] 树立师德是新

---

① 宋宏福:《论教师的教育信念及其培养》,《现代大学教育》2004年第2期,第38页。
② 《教育部等八部门关于印发〈新时代基础教育强师计划〉的通知》,中华人民共和国教育部网站,2022年4月11日,http://www.moe.gov.cn/srcsite/A10/s7034/202204/t20220413_616644.html。
③ 糜海波:《论现代师德发展的三重意蕴》,《高等教育研究》2021年第1期,第53页。

时代教师高质量专业化发展的重要开端，从师德情感入手来培育新手教师的奉献精神是一种可实施的路径机制。首先，弘扬榜样的正能量，发挥"楷模教师"的榜样作用。新手教师通过阅读特殊学校"楷模教师"的先进事迹材料来培养奉献精神。其次，挖掘出身边同行的先进典型事迹，做好优秀教育教学事迹的宣传工作，身边人的师德故事往往能带来更为直观的情感冲击，让新手教师近距离地接触到特殊教育领域中的奉献精神。再次，引导教师积极参加校本研修等团体活动，学校要重视对新手教师个体思想的引领，同时也创造机会让新手教师勇于展示自我，让其在集体活动中产生主人翁的奉献意识。最后，跟进特殊教育领域的前沿动态，通过新鲜的专业知识和时代精神培养教师对特殊教育工作岗位的职业情怀。

二 "课程文化"育人，打造专业素养

非特殊教育专业新手教师可通过特殊教育技术、特殊儿童病理学和特殊儿童康复等专业课程的学习，掌握特殊教育专业的基本知识，提升专业素养。一方面，打造特殊教育学校自身的教师培养体系。首先，构建起一套基础的且适合非特殊教育专业新手教师快速入门的专业课程学习体系，例如开设手语速成课程、盲文习得课程等，在课程学习的引导下新手教师可以逐步掌握教学工作内容并牢记于脑、内化于心。其次，校本课程教学是培养师资的重要途径，可以结合学校自身因地制宜地开发独具特色的校本课程。新手教师通过特色课程教学实践学习相关教学技巧，在课程教学之中提升专业素养。再次，开展校本研修活动，校内定期组织教师相互听课、评课和磨课，在真实的课堂案例中讨论专业知识、交流教学技能，在合作中逐步提升新手教师的专业素养。另一方面，依托外部资源助力新手教师专业成长。首先，寻找专家型教师，让其作为学校教师专业发展的指导顾问，协助新手教师提升专业素养。让优秀骨干教师对非特殊教育专业新手教师实施"一对一"的专业成长帮扶，通过专业指导引领新手教师高效学习，且增强教师胜任工作的信心。其次，合理安排教师参加校外进修课程，现场观摩名师优质课程，近距离感受和学习专业知识与实践技能。最后，开办特殊教育名师工作室，从而实现交流合作、资源共享和创新发展的目标，聚焦特殊教育发展的前沿理论，学习云端名师课程，逐步提升新手教师的专业素养。

三　"知情意行"育人，根植教师信念

教师信念是一种教育情怀，是一种潜在的内生动力，更是教师素养中"知、情、意、行"的合体。"具有正确教师信念的从业者才能有意识地发展专业技能，才会有目的地寻找专业发展的路径，才会主动地探求实现职业理想之路。"① 教师信念对教师的专业成长和发展意义重大，下面将从四方面来探讨特殊教育教师信念培养的策略问题。

首先是"知，晓之以理"，树立正确的职业观念。鞠玉翠认为，"对有关事物的认识以及这种认识的深度和发展水平都影响信念的形成和变化"②。一方面，新手教师对特殊教育要有正确的认知理念，即特殊教育面临的对象是一群"特殊"且发展状况各异的学生。特殊教育教师更需要耐心、细心和责任心，要有"慢养孩子，静待花开"的思想觉悟。另一方面，特殊教育教师是一份需要博大的爱才能胜任的工作，教师要进行有爱的教育，向孩子倾注慈母或慈父般的爱。

其次是"情，动之以情"，打造职业精神支柱。其一，引导教师参观先进学校，学习办学经验，营造职业氛围，使其身临其境地体会本职业的价值，潜移默化地受到影响，从而树立高尚的职业价值观。其二，提高特殊教育教师的职业幸福感和存在感，让教师有强烈的"被需要"以及"离不开"的体验感、归属感和认同感。

再次是"意，持之以恒"，牢固岗位责任意识。有学者提到，"对于教师来说，教育工作既有个人意义，又有社会意义。教师对教育工作的意义有了明确的认识，并把这种认识转化为信念，才有可能在强烈的责任心驱动下完成自己肩负的历史责任"③。要密切家校之间的联系，让特殊教育教师了解孩子的家庭背景信息，使教师了解岗位的社会责任，为减轻学生家庭和社会的负担忠诚地履行职业使命。

最后是"行，导之以行"，树立并实践教师信念。首先，特殊教育教师要养成书写个人教学成长日记的习惯，从点滴经验中积累教学成就感和

---

① 周爽：《教师信念培养探析》，《教育与职业》2015 年第 17 期，第 79 页。
② 鞠玉翠：《教师的信念及其培养》，《中国成人教育》2001 年第 11 期，第 61 页。
③ 俞国良、辛自强：《教师信念及其对教师培养的意义》，《教育研究》2000 年第 5 期，第 20 页。

职业价值感，于实践中反思前行，从而树立起高尚的教师信念。其次，学校要为特殊教育教师提供健康舒适的工作场域，包括良好的课堂教学环境、包容开放的学术研究氛围、互帮互助的校园人际关系等。此外，建立公正合理的特殊教育教师评价体系，完善基于工作绩效的奖励体系。从以上诸多方面着手，有利于树立起特殊教育教师持久的教师信念，进而为培养"四有"好老师，建设一支高素质、专业化和创新型特殊教育师资队伍打下良好的基础。

第三部分 "楷模教师"区域分布
特征及启示

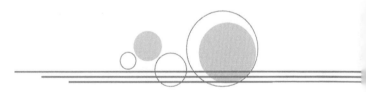

第十章　东部地区"楷模教师"的群像

习近平总书记在中国共产党第二十次代表大会中提出"教育、科技、人才是全面建设社会主义现代化国家的基础性、战略性支撑",并强调要"加强师德师风建设,培养高素质教师队伍,弘扬尊师重教社会风尚"。[①]"全国教书育人楷模"是广大教育工作者的典范,能够向社会和人民群众弘扬新时代人民教师的师德师风,对教师队伍的优化建设也有参考价值和意义。从2010年到2022年已经累计评选产生了143名"全国教师育人楷模",笔者在对"楷模教师"的信息进行整理的过程中,发现"楷模教师"群体覆盖了基础教育、高等教育、职业教育、特殊教育等各个教育层次和类型,从区域上来讲也覆盖了我国东部地区、中部地区、西部地区。其中来自东部地区的"楷模教师"有63人,占总人数的44.06%。我国的东部地区具有经济发达、教育资源丰富、教育质量高的特点,对于中、西部地区教育的发展有参考借鉴作用。在东部地区的"楷模教师"中,于漪、李吉林、潘懋元、钟南山、张伯礼、窦桂梅是被大众所熟知的"明星"教师,在各自的领域内有非常突出的贡献和声誉。笔者通过对他们的楷模事迹进行文本分析,梳理出其生命成长轨迹,发现其轨迹中的共同特点及其突出的职业贡献,从而对教师队伍建设提出优化建议(见表10-1)。

---

① 习近平:《高举中国特色社会主义伟大旗帜 为全面建设社会主义现代化国家而团结奋斗——在中国共产党第二十次全国代表大会上的报告》,人民出版社,2022,第33~34页。

表 10 – 1　2010～2020 年部分东部地区"楷模教师"基本信息

序号	当选年份	姓名	性别	出生年份	当选年龄（岁）	当选时从教年限（年）	所在省市	所在单位
1	2010	于漪	女	1929	81	59	上海	上海市杨浦高级中学
2	2011	李吉林	女	1938	73	55	江苏	南通师范学校第二附属小学
3	2014	潘懋元	男	1920	94	79	福建	厦门大学
4	2020	钟南山	男	1936	84	60	广东	广州医科大学
5	2020	张伯礼	男	1948	72	38	天津	天津中医药大学
6	2020	窦桂梅	女	1967	53	34	北京	清华大学附属小学

　　资料来源：教育部网站、《中国教育报》、《中国教师报》等。

第一节　东部地区"楷模教师"群体的成长轨迹

　　教师的成长轨迹是多方面因素共同作用的，分析"楷模教师"的成长轨迹，能够梳理出其成长之路是受何种因素影响的，这对于新教师的成长有借鉴价值，对于教师队伍的构建也有启发作用。"楷模教师"的成长轨迹主要分成三个阶段，分别是成为教师前的职前关注阶段、初为人师的新手教师阶段，以及专家教师阶段。

一　职前关注：榜样示范种师梦，家国情怀铸师魂

　　"人类灵魂的工程师"是人们对于教师的美誉。教书育人是教师的职责，选择成为一名教师，即担负起了为国家和民族培育人才的重任，担负起了国家民族振兴的责任。班杜拉的观察学习理论强调了榜样在学习中起到的关键作用，即榜样能够影响人的学习行为以及面对问题时的态度。"楷模教师"之所以选择教师作为自己的终身职业，与他们在成长过程中遇到的榜样有很大的关系。"楷模教师"受到父辈以及自幼学习生涯中遇到教师的影响，从小就对教师职业有憧憬向往之情，这种憧憬向往是促使"楷模教师"在教师行业脱颖而出的重要原因。钟南山生活在医学世家，父辈的从医经历使他耳濡目染，于是从小种下了悬壶济世的种子。[1] 张伯

---

　　[1]　徐峰：《苍生大医钟南山》，《人民法治》2020 年第 4 期，第 10 页。

礼在青少年时期艰苦的学习条件下，受到老师们不讲条件、不计报酬、甘于奉献的精神的熏陶，1982 年毕业后毅然留校，成为一名教师。① 一些"楷模教师"生长在战火纷飞、风雨飘摇的年代，体味生活之艰辛不易，感受时代之动荡不安，"为中华民族之崛起而读书"是他们学习奋斗的内生动力。他们将自己的命运与祖国和民族的命运系在一起，选择成为一名教书育人的人民教师，为国育才、为党育人，为祖国建设培养时代新人。被称为"人民教育家"的于漪在战争年代辗转求学，感受了颠沛流离，在这样的情况下仍然奋发读书，因为她清楚地知道百废待举的国家和民族需要教育人才，从那时起成为一名优秀的教师就是于漪的追求。② 学术大师潘懋元幼年时遭逢时世艰难，家境贫寒的他立志发奋读书以成才报国，15 岁就开始了自己作为一名教师的职业生涯，一生都奉献给祖国的教育事业。③

二 新手教师：教书育人以研促教，提高教师胜任力

"要给学生一杯水，教师要有一桶水。""楷模教师"在新手教师阶段努力备好每一堂课，严格地以"一桶水"的标准要求自己。作为教师，他们在教学过程中有着一丝不苟的态度，以高标准、严要求来规范自己，脚踏实地地做好每一项教学工作，踏实备课、认真优化课堂，不断提高自身的工作能力。"楷模教师"在新手教师阶段不仅表现出对教学工作严谨细致的态度，还积极主动地对自己开展的课堂教学进行反思，通过反思发现教学实践中的问题并开展教学研究，以促进自己教学能力的提升。首先，他们以高标准严格要求自己兢兢业业地对待教学任务。初入教师队伍时，"楷模教师"就表现出对于教学精益求精的严谨态度。为了呈现高质量的课堂，窦桂梅有一个习惯，任何一节常态教学课，她都要写三遍以上的教案。④ 拥

---

① 佚名：《毕生心血付杏林》，《中国教师报》2020 年 9 月 9 日，第 3 版。
② 任国平：《一线课堂生长出的"人民教育家"——记"人民教育家"国家荣誉称号获得者于漪》，《中国教育报》2019 年 9 月 30 日，第 2 版。
③ 董立平：《一位学术大师的学术人生——记我国著名教育家潘懋元教授》，《大学教育科学》2008 年第 2 期，第 5 页。
④ 《"儿童的成长是我的最高荣誉"——记清华大学附属小学校长、教师窦桂梅》，中华人民共和国教育部网站，2020 年 9 月 9 日，http://www.moe.gov.cn/jyb_xwfb/xw_zt/moe_357/jyzt_2020n/2020_zt16/2020jiaoshuyurenkaimo/202009/t20200909_486628.html。

有双重使命的张伯礼，为了兼顾治病救人和教书育人，牺牲自己的晚餐时间为学生上课。为了探索新仪器，先后8次采自己的血来做实验。于漪老师坚持教学创新，即使是同样的课程内容，也绝对不重复，每节课都力求探索新的教学方法，给学生呈现异彩纷呈的课堂。① 其次，"楷模教师"善于反思，勤于总结，以提高教学质量及学生学习质量为第一要务。反思是寻求自我进步的通道，教学反思是新手教师快速提高工作能力的有效途径，定期且有效的教学反思有助于教学任务的开展。善于反思、勤于总结是"楷模教师"在新手教师阶段表现出来的共同特质。李吉林老师通过不断反思完善课堂，最终形成了情景教学法，并将此教学方法推广到所有学科教学当中。② 于漪在每堂课结束后都坚持对自己的课堂进行两个方面的反思，一是学生展现出怎样的闪光点；二是自己的不足与缺陷。③ 正是这样的反思，使得"楷模教师"在新手教师阶段打下了坚实的实践基础，夯实了自身的教学能力。最后，"楷模教师"扎根一线教学实践，发现并解决问题，推动教学改革创新。除了完成日常的教学任务，"楷模教师"还特别注重开展教学研究，通过研究来改进教学设计，从而更好地推动教学实践，提高学生的学习质量。潘懋元作为高等教育界的泰斗级人物，敢为人先，开创学科领地，为中国高等教育界做出了不可磨灭的贡献。他早在20世纪50年代就敏锐地感觉到"不能把大学生当成小学生一样来教育"，倡议建立高等教育学新学科，以促进高等教育的改革与提高，培养社会主义现代化建设的专门人才。④ 正是这种紧贴时代前沿的研究思想和态度，促进了我国现代高等教育的完善和发展。

---

① 《人不下鞍，马不停蹄——记厦门大学教授潘懋元》，中华人民共和国教育部网站，2019年9月4日，http://www.moe.gov.cn/jyb_xwfb/xw_zt/moe_357/jyzt_2019n/2019_zt24/jygzzfc/jsyrkm/km2014/201909/t20190925_400870.html。
② 王琦、商亮、孙大陆：《李吉林：潜在智慧是人才最可贵的东西》，《教育家》2015年第4期，第5页。
③ 董少校、沈祖芸：《一位师者60年的坚守与追求——记上海市杨浦高级中学名誉校长、语文特级教师于漪》，中华人民共和国教育部网站，2010年9月14日，http://www.moe.gov.cn/jyb_xwfb/moe_2082/s5936/s4620/201009/t20100915_99449.html。
④ 《人不下鞍，马不停蹄——记厦门大学教授潘懋元》，中华人民共和国教育部网站，2019年9月4日，http://www.moe.gov.cn/jyb_xwfb/xw_zt/moe_357/jyzt_2019n/2019_zt24/jygzzfc/jsyrkm/km2014/201909/t20190925_400870.html。

三 专家教师：饱满教育情怀，开拓学科领地

由新手教师成为专家教师，饱满的教育情怀、精湛的教育艺术、出色的科研能力三者不可或缺。"楷模教师"作为专家教师如何完成转型，在成功转型后又表现出何种特点，对于新手教师而言具有重要的参考价值。有研究表明，高水平的课后评估和反思能力是转化成"专家"教师的关键变量，而良好的人格特点的形成、对教师职业高水平的情感承诺和规范承诺、具有强烈的职业成就感是影响这种转变的关键心理因素。[①] "楷模教师"高水平的课后评估和反思能力首先反映在其科研能力上。几位东部地区"楷模教师"都在各自教育领域有着丰厚的教育研究成果，且都在学术界获得较大的认可和反响。精湛的学术研究能力以及从学术研究中获得的强烈成就感，使得"楷模教师"顺利地完成了从新手教师到专家教师的转型。李吉林老师在应用"情境教育"教学范式的 30 年中创作了 300 余篇论文，并且出版了 28 本专著。作为我国高等教育学科的倡建者和奠基人，潘懋元先生创作了中国第一本《高等教育学》，拉开中国高等教育发展的序幕。[②] 此外，"楷模教师"表现出饱满的教育情怀，勇担中国教育事业发展的使命。于漪说"基础教育是爱的事业，是没有选择性的教育"，并将其一生奉献给祖国的基础教育，践行镇江中学"一切为了民族"的校训。[③] 窦桂梅身体力行清华附小成志教育的精神，将个体的发展与国家民族的命运连接在一起，在祖国发展的熔炉中淬炼自强不息的精神内核。[④] 这些"楷模教师"自身肩负着为国育才、为党育人的使命，对教育事业有着强烈的奉献精神。这种醉心教育事业的情怀成为"楷模教师"从"新人"走向"专家"的最大助推力。

---

① 连榕：《新手—熟手—专家型教师心理特征的比较》，《心理学报》2004 年第 1 期，第 44 页。

② 《人不下鞍，马不停蹄——记厦门大学教授潘懋元》，中华人民共和国教育部网站，2019 年 9 月 4 日，http://www.moe.gov.cn/jyb_xwfb/xw_zt/moe_357/jyzt_2019n/2019_zt24/jygzzfc/jsyrkm/km2014/201909/t20190925_400870.html。

③ 任国平：《一线课堂生长出的"人民教育家"——记"人民教育家"国家荣誉称号获得者于漪》，《中国教育报》2019 年 9 月 30 日，第 2 版。

④ 沈燕：《就想当个好老师——记著名特级教师窦桂梅的专业成长追求》，《生活教育》，2006 年第 2 期，第 25 页。

第二节 学术引领：东部地区"楷模教师"的专业特质

通过对于漪、李吉林、潘懋元、钟南山、张伯礼、窦桂梅六位"楷模教师"成长轨迹的分析，可以发现他们都具备学术引领方面的优秀特质。具体来说，"楷模教师"学术引领的专业特质可以从专业精神、前沿精神以及研究精神三个方面来表现。

一 富有深厚的文化底蕴和教育素养的专业精神

这几位东部地区"楷模教师"有深厚的文化底蕴和教育素养，在从事教学工作的过程中都表现出极高的专业精神和突出的专业能力。首先，于漪、李吉林、潘懋元、钟南山、张伯礼、窦桂梅在青年读书时期都表现出勤奋刻苦的精神，名校毕业的他们基本功扎实，具备精深的学科专业知识和广博的科学文化知识。于漪老师从复旦大学毕业后投入教学工作，李吉林老师毕业于江苏省南通女子师范学校，潘懋元毕业于厦门大学，钟南山毕业于北京医学院，张伯礼毕业于天津中医学院，窦桂梅毕业于吉林师范学院。其次，"楷模教师"有着严谨的教学和治学精神，对自己的课堂有较高的要求。于漪认为课要教到学生心中，从课的质量到人的精神，努力做到每节课都有亮点，都有耐人寻味的东西，经得起听，让不同层次的学生都能受益，都有满足感和上进心，每节课都有信念、情操、学识在闪光。[1]潘懋元会对博士研究生的报告进行录像并刻录成光盘，要求每个人换位思考发现问题。对于学生的作业，他通常要在结课后花3～4个月的时间逐份阅读和检查，针对学术研究领域出现的浮躁风，潘懋元常告诫学生，理论研究要避免"大、空、洋"，对于学生的指导他一向是事无巨细。[2]再次，"楷模教师"在教学过程中注重躬亲示范和实践。实践是检验真理的唯一标准。在钟南山看来，教书、育人相辅相成，教育不光体现在语言里，更体现在行动中。他说："抢救病人，老师

---

[1] 任国平：《一线课堂生长出的"人民教育家"——记"人民教育家"国家荣誉称号获得者于漪》，《中国教育报》2019年9月30日，第2版。
[2] 《潘懋元：高等教育学界的"常青树"》，《教育与职业》2014年第28期，第11页。

要先上，这样不需要讲，学生自然会懂，有时行动比言语更有力量。"① 潘懋元提倡广泛调查、深入考察、参与教育实践，尽可能使科研成果客观一些、科学一些，并充分考虑科研成果的可行性。② 最后，"楷模教师"在教学过程中构建和谐的师生关系，是师生交往的典范。潘懋元利用闲暇时间开办博士研究生学术沙龙，和学生进行学术交流。窦桂梅与孩子的交往亲密和谐，心中充满爱与关怀。李吉林始终坚持与孩子们心灵相通，在儿童的世界中教学。

二　终身学习、探索教学创新的前沿精神

信息时代的瞬息万变呼唤着全社会培养终身学习的能力，教师职业的特殊性使其终身学习更具目的性、紧迫性。几位东部地区"楷模教师"用实际行动展示了什么是终身学习，在教学领域不断地寻求突破和创新，结合实践改革教学。他们顺应时代发展潮流，将信息技术与教学结合，更新教学内容，变换教学方法，让学生能够更好地开展学习活动。"楷模教师"信奉终身学习，将学科领域内的新观点、新思路带进教学课堂，在增添教学活力的同时又富有时效性。于漪注重结合时代特点，从身边获取教学资源，提高教学效果。看到很多学生喜欢周杰伦的歌，于漪并没有直接批评孩子，而是找来专辑认真试听，寻找学生被歌曲吸引的原因，并与自己的课堂相结合。面对突发的新冠疫情，钟南山带领其团队迅速展开相关研究，形成了"新型冠状病毒肺炎防控"的一系列课程，将疫情相关内容及时传递给学生，供他们研究学习。③ 在教法的变革上，"楷模教师"也做出了突出的贡献，在自己的学科领域勇当探路人。李吉林老师一生致力于研究"情境教育"，在79岁时完整构建了中国式儿童情境学习的范式：择美构境、境美生情、以情启智，把情感活动与认知活动结合起来，引导儿童

---

① 韩文青、黎鉴远、刘盾：《钟南山在广州医科大学第一临床学院教师节庆祝大会上分享教书育人心得："教师要照亮别人也要体现自身价值"》，中华人民共和国教育部网站，2020年9月11日，http://www.moe.gov.cn/jyb_xwfb/xw_zt/moe_357/jyzt_2020n/2020_zt16/meitibaodao/202009/t20200911_487172.html。
② 《潘懋元：高等教育学界的"常青树"》，《教育与职业》2014年第28期，第11页。
③ 《悬壶甲子 医教双馨——记广州医科大学教授、中国工程院院士钟南山》，中华人民共和国教育部网站，2020年9月9日，http://www.moe.gov.cn/jyb_xwfb/xw_zt/moe_357/jyzt_2020n/2020_zt16/2020jiaoshuyurenkaimo/202009/t20200909_486641.html。

在境中学、思、行、冶。① 潘懋元先生在多年的高等教育理论和实践的基础上，逐步探索了一套适合培养研究生的学习—研究—教学实践"三位一体"的课程教学法。② 钟南山开办"南山学院"，张伯礼开办勇博励志班，在新型教学模式下，大量优秀人才被输送到医学第一线。窦桂梅从语文学科的主题教学出发，构建了全学科领域通用的"1＋X"课程体系，在全国范围内引发强烈反响。③ 学习是"楷模教师"进行教学创新不竭的动力，正是因为"楷模教师"在自己的领域日复一日地深耕、孜孜不倦地探索，才能够促成这么多杰出教学方法的出现、改革和创新。

三　深耕学术园地、立志科研报国的研究精神

几位东部地区"楷模教师"一方面是教师领域中杰出优秀的典范人物，另一方面是学科领域的先锋人物。他们利用自身扎实的专业知识和学科敏锐度，不断在研究领域创造辉煌。"楷模教师"展示着作为"研究型教师"的魅力，通过开展学术研究提升自己的教学工作水平以及教学能力，教学质量也得到显著提升。在课程改革、教育改革如火如荼开展的当下，不可避免地会遇到许多问题，身处教学第一线的教师是离问题现场最近的人，也是最了解问题如何产生、应该如何解决和可以如何解决的人。针对这些教育问题，只有面对、分析、研究，从而摒弃其中陈腐的东西，并在新的教育思想理念的指导下采取相应措施加以解决，才能推进我国的教育事业不断向前发展。无论是在基础教育领域还是在高等教育领域，"楷模教师"都展现出了高超的学术研究能力和水平，有丰富的研究成果，是科研报国的典范。在 60 年的教育经历中，于漪从未停止探索和思考，已发表几百万字的教学研究文章和专著，留下了"学做教师"的探索印迹。窦桂梅让"儿童站立课堂正中央"，带领团队两次获得基础教育国家级教学成果一等奖；创新教育扶贫方式，为 900 个贫困县的 3800 个远程教学站

---

① 缪志聪、陈瑞昌：《那位把一生献给儿童的老人走了》，中国教育新闻网，2019 年 7 月 19 日，http://www.jyb.cn/rmtzcg/xwy/wzxw/201907/t20190719_249478.html。

② 《人不下鞍，马不停蹄——记厦门大学教授潘懋元》，中华人民共和国教育部网站，2019 年 9 月 4 日，http://www.moe.gov.cn/jyb_xwfb/xw_zt/moe_357/jyzt_2019n/2019_zt24/jygzzfc/jsyrkm/km2014/201909/t20190925_400870.html。

③ 沈燕：《就想当个好老师——记著名特级教师窦桂梅的专业成长追求》，《生活教育》2006 年第 2 期，第 24 页。

打造"永远在线的课堂"。李吉林以其独特的方式追求"情境教育",创作了 300 余篇学术论文、随笔,13 本专著,总计 360 多万字的 8 卷本文集。这些文字记录了她向教育家境界迈进的艰辛路程,也标注了一位小学教师可贵的人生高度。[①] 潘懋元领导开展中国高等教育研究,不仅有助于解决高等教育中的特殊问题,对于丰富教育科学的研究内容,促进教育科学水平的提高,也具有深刻的意义。张伯礼从事心脑血管疾病防治和中医药现代化研究 40 余载,至今已承担并完成了国家及省部级科研项目 40 余项,荣获包括国家科技进步一等奖在内的国家奖 7 项、省部级科技进步一等奖 11 项、国家教学成果一等奖 2 项、授权专利 20 余项,被 SCI 收录论文 80 余篇,主编专著 20 余部。这些丰硕的研究成果无一不是对"楷模教师"巨大职业贡献的印证,也是"楷模教师"走入人们视野、被大众所熟知的原因。[②]

第三节 东部地区教师专业发展的有益启示

东部地区"楷模教师"的成长轨迹及优秀特质,展示了成为一名好教师需要具备的各种品质以及不竭的自我发展追求,这对东部地区教师的专业发展是有启发意义的。我国东部地区与中西部地区相比,资源更为丰富,信息更为前沿,对于教师的发展而言是极便利的。因此,东部地区教师队伍建设应当充分利用区域内各种资源,着力打造一支走在前列、能够引领全国教师队伍发展的高水平教师队伍。

一 充分利用区域资源,提高教师的专业能力素养

我国东部地区资源丰富。对于东部地区教师专业发展而言,丰富的资源主要指优质的教育资源、高质量的学校资源、前沿的学术信息资源等。教师的专业能力素养包括文化素养与学科专业知识、教育理论知识与技能、职业道德素养等,充分利用东部地区的各种资源对于教师队伍专业能力素养的提升而言是极有益的。首先,东部地区经济发达,有着优质的教

---

① 王琦、商亮、孙大陆:《李吉林:潜在智慧是人才最可贵的东西》,《教育家》2015 年第 4 期,第 5 页。

② 陈欣然:《张伯礼院士:在战疫一线力推中西医结合治疗》,《中国教育报》2020 年 3 月 7 日,第 1 版。

育资源。先进的教育资源需要教师具备相应的操作能力，这使得教师需要通过学习丰富自身的教学技能。例如，在互联网兴起并逐渐进入教育领域时，经济发达的东部地区学校率先应用多媒体教学方式，相应的，东部地区的教师也率先进行多媒体技术的学习。如今互联网高速发展，人工智能等高新技术在教育领域的运用也在经济发达的东部地区率先试点。东部地区应该利用地区优势为教师提供更多的学习机会。其次，东部地区有着一流的学校资源。教育部 2022 年公布的第二轮"双一流"建设高校共 147 所，高校数量排名前三的城市分别是北京（34 所）、上海（15 所）、南京（13 所），占总数的 42.18%。① 此外，在全国的中小学中，东部地区也拥有最多的办学质量上乘的学校。东部地区一流的学校资源，给教师提供了更多交流发展的平台。要加强高校与中小学间的合作交流。一方面，高校可以为中小学教师提供丰富的培训资源，能够承担教师职后教育和发展的责任；另一方面，高校与中小学之间开展合作教研，既能够促进教育质量提升，还能够促进一线教师的科研能力发展。从中小学之间的沟通来讲，高水平的学校之间的交流能够相互汲取经验，最终共同进步。教师之间相互的观摩、课后的研讨，对于其教学能力的提升大有裨益。最后，东部地区有着前沿的信息资源。东部地区对外交流水平高，能够率先获取前沿信息。教师学习前沿的学术信息，强化自己的理论基础，提升教育素养，对于教育教学工作的开展也是有益的。

二　积极积累教改经验，加强与中西部地区交流

东部地区是我国教育改革的先行区，与中西部地区相比积累了更多的经验。东部地区教师作为教育改革的先行者，应该积累教改中的经验和教训，为中西部地区的教育改革提供建议。例如，新高考的改革从上海先行试点；北京、上海、沈阳、广州、成都、郑州、长治、威海、南通等 9 个城市是全国"双减"改革的试点城市。东部地区总是率先开始教育改革，其积累的教改经验，需要由一线教师来向其他地区传播。首先，东部地区教师要提升自我意识，充分认识改革的目的和意义。只有教师从内心认可

---

① 《关于公布第二轮"双一流"建设高校及建设学科名单的通知》，中华人民共和国教育部网站，2022 年 2 月 11 日，https://www.moe.gov.cn/srcsite/A22/s7065/202202/t20220211_598710.html。

改革，才能在岗位上践行改革方案，发挥方案特色。因此，学校应该组织教师多参加教育改革论坛，与专家学者沟通交流，为一线教师答疑解惑，以便改革真正落地实施。其次，东部地区教师要在改革中记录和反思。对教育改革的执行过程有记录，才能够随时对自己的工作进行评价，并且可将记录提供给其他教师以参考借鉴。通过记录，东部地区教师随时反思自己的教学工作是否开展得当，是否与教育改革理念相符。"楷模教师"的成长轨迹中共同的特点就是勤记录、善反思，正是这样的习惯使其能力不断提升。最后，东部地区教师要加强与中西部地区教师的沟通与交流。中西部地区教育与东部地区教育存在不均衡的现象，这种不均衡需要地区间形成合力来解决。一方面，中西部地区教师要主动前往东部地区学习；另一方面，东部地区教师要前往中西部地区送教。"楷模教师"之所以能够成为众多教师之中的模范，不仅因为其高超的教学技能、学术造诣，还源自其擅于扩大自身的影响，将自己的教育经验广泛传播，用自身的力量影响教育的发展。

三　学术深耕、主动科研，塑造高水平创新型教师

教书育人是教师的第一要务，而做教研是让新教师迅速掌握教育教学规律、熟悉课堂教学、站稳讲台的好方法，也是让教师个人及学校的教师团队快速成长、促进学生全面发展的好途径。[①] 无论是以研究促进教育，还是以教育促进研究，不可否认的是两者之间绝不是毫无关联的。无论是身处教学第一线的教师，还是身处教育改革第一线的执行者，都对教师角色特点有新的补充。创新是发展的第一动力，要以科研促创新，以科研提升教师的教学能力和研究能力，打造高水平创新型教师队伍。首先，教师个人要转变自己的观念，由"教书匠"角色转变为"研究型教师"角色。教师个人要发挥主观能动性，把丰富的教育教学经验、实践中获得的大量感性认识，有意识地上升到理论的高度。其次，东部地区教师自身的教学水平相对较高，具备较强的研究能力。理论水平较高的教师更容易发现日常教学中出现的问题，基于教学实践中的问题开展科研，既是对这些问题

---

① 王殿军：《中小学教师如何做到"教""研"相长》，《中国教育报》2021年6月4日，第5版。

的解决，也为行业内同样存在该问题的人提供了解决范本。最后，东部地区丰富的资源能够为教师开展研究提供大量支持。与高校的学科专家交流能够获得理论上的支持，有理论价值和现实价值的课题能够获得经费上的支持，借助学校影响力也能够获得人力上的支持。东部地区教师应该充分运用这些资源，认识到科研对自身成长的作用，主动开展科研。

　　总之，在教师队伍建设的过程中，要发挥"楷模教师"的示范作用，宣传"楷模教师"的优秀事迹和精神，要培养具备执着的教育情怀、扎实的专业能力、娴熟的教育技能、与时俱进的创新素养的教师。

第十一章　中部地区"楷模教师"的群像*

"百年大计，教育为本。"教育在我国社会主义现代化建设中具有基础性、先导性、全局性意义。为了开发我国的人口资源，提升个体素质，实现由人口大国向人才强国的转化，优先发展教育是一个必然的举措。想要实现独立自主的创新发展，就要依靠教育来传播最新的知识技术，培养拔尖创新人才。教育的经济功能、政治功能、文化功能、生态功能、社会流动功能、人口功能和科技功能等社会功能，关乎社会主义现代化建设全局。"国将兴，必贵师而重傅。"以上教育功能的实现，归根结底离不开教师这一群体的参与。从宏观上看，教师的工作联系着人类的过去、现在和未来，影响着人类社会的发展和延续，能够创造出巨大的社会价值；从微观上看，一个人发展的状况如何，在很大程度上取决于他所受的教育，因此教师的劳动关系到每一个人的发展和幸福。本章通过对2010年以来由教育部联合权威媒体面向公众评选出来的百余位"全国教书育人楷模"中28位中部地区"楷模教师"进行质性研究，发掘出他们在扎根契机、坚守初心以及无私奉献三方面的共有特征，以期为中部地区教师教育的发展提供优质建议（见表11-1）。

表 11 - 1　2010～2022 年中部地区"楷模教师"基本信息

序号	当选年份	姓名	性别	出生年份	当选年龄（岁）	当选时从教年限（年）	所在省份	所在单位
1	2010	石雪晖	女	1949	61	34	湖南	湖南农业大学

---

* 本章系四川省教育发展研究中心立项课题"中西部地区'全国教书育人楷模'教师群像研究"（课题编号：CJF21015）的结项成果。

序号	当选年份	姓名	性别	出生年份	当选年龄（岁）	当选时从教年限（年）	所在省份	所在单位
2	2010	汪金权	男	1963	47	23	湖北	湖北省黄冈市蕲春县第四中学
3	2010	王生英	女	1956	54	37	河南	河南省林州市横水镇卸甲平村小学
4	2011	桂贤娣	女	1961	50	30	湖北	湖北省武汉市汉阳区钟家村小学
5	2011	金展鹏	男	1938	73	48	湖南	中南大学
6	2012	范妹锁	男	1965	47	27	山西	山西省晋中市榆次区长凝镇东长凝小学
7	2012	孙明霞	女	1968	44	26	安徽	安徽省淮南市直机关幼儿园
8	2013	胡遂	女	1956	57	42	湖南	湖南大学
9	2013	杨小玲	女	1972	41	23	湖北	湖北省武汉市第一聋哑学校
10	2014	王祖德	男	1972	42	17	江西	江西省萍乡市武功山职业中学专业学校
11	2016	刘文婷	女	1972	44	26	河南	河南省洛阳市老城区培智学校
12	2016	禹诚	女	1972	44	23	湖北	湖北省武汉市第二轻工业学校
13	2016	支月英	女	1961	55	36	江西	江西省宜春市奉新县澡下镇白洋教学点
14	2017	郭天财	男	1953	64	40	河南	河南农业大学
15	2017	刘发英	女	1970	47	25	湖北	湖北省宜昌市长阳土家族自治县龙舟坪镇花坪小学
16	2018	朱辉球	男	1970	48	28	江西	江西陶瓷工艺美术职业技术学院
17	2018	张玉滚	男	1980	38	17	河南	河南省南阳市镇平县高丘镇黑虎庙小学
18	2019	桂卫华	男	1950	69	38	湖南	中南大学
19	2019	许军则	男	1971	48	23	山西	山西省长治市第二中学
20	2019	张俐	女	1968	51	33	江西	江西省南昌市启音学校
21	2020	胡豫	男	1964	56	29	湖北	华中科技大学

续表

序号	当选年份	姓名	性别	出生年份	当选年龄（岁）	当选时从教年限（年）	所在省份	所在单位
22	2020	孙浩	男	1980	40	20	安徽	安徽省宿州市埇桥区汴河中心小学
23	2021	郭文艳	女	1983	38	19	河南	河南省新乡市辉县市西平罗乡中心幼儿园
24	2021	周义朋	男	1974	47	15	江西	东华理工大学
25	2022	郭晓芳	女	1979	43	21	湖南	湖南省长沙市芙蓉区育英学校
26	2022	李粉霞	女	1976	46	22	山西	山西机电职业技术学院
27	2022	马丹	女	1973	49	23	湖北	湖北省武汉市旅游学校
28	2022	杨明生	男	1963	59	38	安徽	安徽省六安市霍邱县第一中学

资料来源：教育部网站、《中国教育报》、《中国教师报》等。

第一节　中部地区"楷模教师"群体的成长轨迹

一　学生时期：为加入教师队伍而奋斗

（一）刻苦钻研专业知识

机会是留给有准备的人的。在对中部地区"楷模教师"的成长历程进行梳理的过程中我们发现，"楷模教师"在学生时期就对自己严格要求，努力学习专业知识，为日后从教做好充足的准备。面对艰苦的求学环境，"楷模教师"丝毫不在意，对他们来说，拥有受教育的机会是极其珍贵的。1955 年未满 18 岁的金展鹏考入中南矿冶学院（中南大学前身），攻读金相专业。大学四年，同学们对他印象最深的地方有两个，一是他大部分时间是打着赤脚在读书，因为他只有一双鞋；二是他的功课非常好，是很朴实、很单纯的一个人，学习很刻苦。正是因为心无旁骛，1960 年金展鹏以优异的成绩考上了硕士研究生。① 2017 年"楷模教师"郭天财，1974 年高

① 李伦娥：《金展鹏：金属一样刚强的人生》，中华人民共和国教育部网站，2012 年 4 月 7 日，https：//www.moe.gov.cn/jyb_xwfb/s5147/201204/t20120409_133707.html。

中毕业被保送到河南农业大学。对这来之不易的学习机会，郭天财倍加珍惜，一走进大学校门就埋头书海，如饥似渴地学习知识。1977 年，郭天财毕业留校，从事教学和小麦科研工作。从此，他与教书育人和小麦结下了不解之缘。① 可以说，是在正确的时间做正确的事。正是因为这些"楷模教师"在学生时代就为自己将来所要从事的职业做了充足的准备，在机会来临时他们才能顺利抓住。

（二）认真体会教育价值

只有认识到教育的价值，才会更坚定自己对教育的热爱。中部地区 28 名"楷模教师"的平均年龄为 50 岁，他们求学时的条件大多十分艰苦，在当时家庭和社会能够给予的学习条件是十分有限的。因此，"楷模教师"更加珍惜能够接受教育的机会，也更加明白教育对一个人命运的改变有多么大的帮助。河南省林州市卸甲平村小学教师王生英身有残疾，仍坚守在贫瘠的太行山下几十年。在儿时，眼看伙伴们因为贫穷上不起学，聚集在山上放羊、拾柴，王生英就深刻体会到山里孩子上学是多么不容易。于是她暗自立下志向，长大后当一名教师，让村里的孩子都能上得起学。② 王生英看到教育能够让山里的孩子走出大山，于是，她在学生时代刻苦学习，1974 年以优异的成绩考上了民办教师。江西省奉新县乡村教师支月英，在学生时代就明白了教育对大山里的孩子有着重要的意义。1980 年，她怀揣着理想与激情来到泥洋村小学，坚持不让一个孩子因家庭贫困而失学。她说："教育意味着一棵树摇动另一棵树，一朵云推动另一朵云。如果可以，我愿意永远做那棵树、那朵云，让更多孩子走出大山，远离贫困。"③ 正是"楷模教师"在学生时代就意识到教育对一个人命运的重要性，由此坚定了他们今后选择教育事业的决心。

---

① 忠建丰：《脚上有泥心中有情的"郭小麦"——记河南农业大学教授郭天财》，中华人民共和国教育部网站，2017 年 9 月 21 日，https：//www.moe.gov.cn/jyb_xwfb/moe_2082/zl_2017n/2017_zl43/201709/t20170921_314921.html。
② 郭炳德：《王生英：太行山下的"瓦尔瓦拉"》，中华人民共和国教育部网站，2010 年 12 月 1 日，https：//www.moe.gov.cn/jyb_xwfb/xw_zt/moe_357/s3582/s4672/s4887/s4888/201011/t20101130_112054.html。
③ 丁雅诵：《江西省奉新县白洋教学点负责人支月英："让更多孩子走出大山，远离贫困"》，中华人民共和国教育部网站，2021 年 3 月 21 日，https：//www.moe.gov.cn/jyb_xwfb/moe_2082/2021/2021_zl19/renmin/202103/t20210322_521741.html。

二　从教时期：为培养国家栋梁而努力

（一）教会学生做事

师者，传道授业解惑也。除了对直接经验的学习以外，在学校对间接经验的学习也是学生主要的学习方式。在间接经验的获得过程中，教师扮演着重要的角色，如引导者、指导者等。教师通过讲授教材中的知识，让学生掌握基本知识和基本技能，提升学生的核心素养，让他们最终能将书本中的知识运用到实际生活当中，能够发现和解决现实问题。湖南大学教授胡遂从 20 世纪 80 年代起，以扎实的古文功底、广博的知识面和昂扬的激情，在全国各地的各种讲座中，为数以万计的学生讲授中国古代文学史、唐宋文学、唐宋诗词研究等课程。她要求自己的任何一门课都要达到"恢恢乎其游刃必有余地焉"的境界。① 中南大学教授桂卫华，在坚持科研的同时，也不忘自己作为一名教师的职责，耐心解答学生的疑惑，上课不照本宣科，而是从自己做的项目出发，告诉学生当前这个项目最需要解决的问题是什么。他凭着严谨的治学态度、渊博的学识、扎实的理论功底以及独树一帜的研究方法而备受学生爱戴。②

（二）教会学生做人

育人，是教师职业的价值体现。立德树人是教育的根本任务，教育及其发展的最终目的，是培养有高尚品德的人才。获得知识是教育最基本的目的，而教师将德育融入学生日常的学习生活，是教育发展的关键。中部地区的"楷模教师"在与学生的日常相处中，体现了德育的理念，让学生认识与提升自我。江西省萍乡中学副校长王祖德，一直从事班主任工作，坚持平等对待学生，用家的形式创建了温馨的班集体；独创了"1 分钟德育"和"德育银行"管理模式。③ 安徽省六安市霍邱县霍邱一中校长杨明

---

① 于晓媚：《犹自风华如锦绣——记全国教书育人楷模、湖南大学教授胡遂》，中华人民共和国教育部网站，2013 年 9 月 4 日，https://www.moe.gov.cn/jyb_xwfb/s5147/201309/t20130905_156968.html。

② 曹建：《为国担当 为国育才——记中国工程院院士、中南大学教授桂卫华》，中华人民共和国教育部网站，2019 年 9 月 4 日，https://www.moe.gov.cn/jyb_xwfb/xw_zt/moe_357/jyzt_2019n/2019_zt24/jygzzfc/jsyrkm/km2019/201909/t20190904_397460.html。

③ 《用心浇灌教德育之花——记全国教书育人楷模、萍乡中学副校长王祖德》，萍乡学院官网，2020 年 7 月 24 日，https://www.pxc.jx.cn/info/1028/8003.htm。

生，是立德树人的践行者，坚持"五育并举，德育为先"的办学方针和育人导向，数年如一日地扎扎实实开展德育实践，让霍邱一中逐渐形成了系统的立德树人教育理念与实践体系。①

（三）持续提升自己

中部地区的"楷模教师"生动诠释了"活到老学到老"这句话。尽管教学任务繁重，他们也能挤出时间来提升自我。他们深知"要给学生一碗水，教师应有一桶水"的道理。在繁忙的教学生活之外，他们努力拓宽自己的知识面，认真钻研教材、研究课题等。湖北省武汉市第二轻工业学校教师禹诚，1993年从华中科技大学机械工程系毕业，那个时候，她还不知"数控"为何物。"数控"当时是一门新技术，没人会，更没人教。面对这个陌生而新鲜的领域，禹诚的求知探索欲一下子被激发出来，为了能够教学生这项技术，也为了提升、丰富自己的技能，她绞尽脑汁去学习这一技术。② 安徽省宿州市埇桥区汴河中心小学教师孙浩，在农村小学工作起点低、机会少，他就通过书籍资料去了解教育新动向，触碰教改前沿。他利用业余时间学习计算机知识，在酷热的暑假把自己关在家里，不到一个月就熟练掌握了多种教学软件的使用。③

第二节　心怀烛火：中部地区"楷模教师"的专业特质

通过对中部地区28位"楷模教师"的先进事迹进行分析，我们发现了他们共有的特征，分别是长期扎根、坚守初心以及默默奉献。

一　长期扎根

究竟是什么原因，让这些中部地区"楷模教师"在自己的教育领域扎

---

① 《2022年"全国教书育人楷模"杨明生：甘做家乡教育的守望者》，中国教育新闻网，2022年9月6日，https://www.jyb.cn/rmtzcg/xwy/wzxw/202209/t20220906_2110942700.html。
② 丁雅诵：《禹诚：教师是世界上最幸福的职业》，国务院新闻办公室网站，2016年9月12日，https://www.scio.gov.cn/32621/32629/32755/Document/1490958/1490958.htm。
③ 《乡村教育的守望者——记安徽省宿州市埇桥区汴河中心小学教师孙浩》，中华人民共和国教育部网站，2020年9月9日，https://www.moe.gov.cn/jyb_xwfb/xw_zt/moe_357/jyzt_2020n/2020_zt16/2020jiaoshuyurenkaimo/202009/t20200909_486634.html。

根数十年呢？可以说，"楷模教师"选择长期扎根教育领域，职业选择的必然性和偶然性相互交错。总体来看，主要原因有三。

一是对孩子无私的爱。山西省晋中市榆次区长凝镇东长凝小学校长范妹锁，1985 年师范毕业，本来已经走出大山的他毅然回到家乡，来到最偏远的永红沟小学。他说："我是山里人，深知山里孩子的苦，我留在山里，就可以改变他们的命运。"① 湖北省武汉市第一聋哑学校教师杨小玲，在 18 岁时看到一段无声的舞蹈——一群聋哑孩子在教室里跳傣族舞，孩子们的动作很僵硬，但他们眼睛里透出的一股子认真劲让杨小玲动容。从此，这个武汉市幼儿师范学校毕业的舞蹈尖子生与聋哑孩子结下了不解之缘。② 二是受家庭、父辈等的熏陶，小时候心里就被播下了教书育人的种子。湖北省宜昌市长阳县龙舟坪镇花坪小学教师刘发英，出生在长阳县磨市镇一个幸福的教师家庭。她的父亲常说："如果每个山里的孩子都一心想着离开农村，那农村永远不可能富裕，农民只能世代贫穷。"1991 年师范毕业后，刘发英同父亲一样，做出了进山的选择。③ 作为江西省萍乡市武功山职业中等专业学校教师的王祖德，多年来坚持服务农村职业教育。谈及荣誉，他难掩深情："饮水思源，我教书育人的精神源泉来自父亲。父亲是个民办教师。每天早晨，干完农活，匆匆扒两口饭就去学校，离家 70 多里，父亲却保持 20 多年全勤记录。父亲爱生如子的品格，为我后来的教书育人提供着不竭的精神动力。"④ 三是出于对教师职业的憧憬、对教育行业的向往。江西省宜春市奉新县澡下镇白洋教学点教师支月英，1980 年怀着对教师职业的憧憬，报名参加了奉新县澡下镇招聘山村小学教师的考试并顺利考上，她不顾父母的反对，毅然前往海拔近千米、最缺教师的泥洋小

---

① 《全国十大教书育人楷模风采② 山里人的好老师——记晋中市榆次区东长凝寄宿制小学校长范妹锁》，中华人民共和国教育部网站，2012 年 9 月 12 日，http://www.moe.gov.cn/jyb_xwfb/moe_2082/s6236/s6843/201209/t20120912_142032.html。

② 《点亮聋哑孩子的人生——记湖北省武汉市第一聋哑教师杨小玲》，中华人民共和国教育部网站，2013 年 9 月 6 日，http://www.moe.gov.cn/jyb_xwfb/moe_2082/s7081/s7596/201309/t20130906_157050.html。

③ 《托起山里孩子的读书梦——记湖北省宜昌市长阳县龙舟坪镇花坪小学教师刘发英》，中华人民共和国教育部网站，2017 年 9 月 5 日，http://www.moe.gov.cn/jyb_xwfb/xw_zt/moe_357/jyzt_2017nztzl/2017_zt07/17zt06_qgjsyrkm/201709/t20170905_313423.html。

④ 《用心浇灌教德育之花——记全国教书育人楷模、萍乡中学副校长王祖德》，萍乡学院官网，2020 年 7 月 24 日，http://www.pxc.jx.cn/info/1028/8003.htm。

学任教。^①

二 坚守初心

"择一事，做一生"是这些中部地区"楷模教师"的真实写照。在纷繁复杂的世间，还有多少人能坚守初心呢？把简单的事情做好就是不简单。人生短短几十年，教书育人占了"楷模教师"大半的人生。自与教育结缘之日起，"楷模教师"就坚守岗位数十载，始终保持初心，甚至多次放弃更好的工作机会。

河南省洛阳市老城区培智学校教师刘文婷，17 岁从河南省特殊教育学校毕业后，不忘教育初心，牢记育人使命，多年执着坚守特教岗位，用爱心、耐心、责任心和恒心呵护着一群特殊的孩子。^②在河南省南阳市镇平县的伏牛山区，有这样一位普通的小学校长，为了一句庄严的承诺，他十几年如一日坚守大山深处，只为干好一件事——改变山里娃的命运，托起大山的希望。他，就是张玉滚。^③2000 年，安徽省宿州市埇桥区汴河中心小学的毛头小伙孙浩，来到了教育这块青青麦田，默默立下誓言：一定要守护好乡村教育这片麦田。20 年来，他用心耕耘、用爱呵护、用智慧启迪教育，用执着践行着当初的誓言。^④湖北省黄冈市蕲春四中语文教师汪金权说："我离不开大山，离不开大山的孩子们，他们需要我。我在这里实现了自己的人生价值。过去，我在这里从没有离开过，今后，我更不会离开。我将伴着孩子们，直到我教不动的那一天。"^⑤

---

① 徐光明：《全国教书育人楷模⑧ 山花中最香的那一"支"——记 36 年扎根深山的江西奉新澡下镇白洋教学点教师支月英》，中国教育新闻网，2016 年 11 月 10 日，http://paper. jyb. cn/zgjyb/html/2016 – 11/10/content_465941. htm。

② 孟山：《刘文婷：用爱守护折翼天使，用智慧为他们创造美好未来》，《洛阳晚报》2019 年 10 月 15 日，第 A4 版。

③ 《十八弯山路上的一轮明月——记河南省南阳市镇平县高丘镇黑虎庙小学教师张玉滚》，中华人民共和国教育部网站，2018 年 8 月 30 日，http://www. moe. gov. cn/jyb_xwfb/xw_zt/moe_357/jyzt_2018n/2018_zt15/zt1815_km/201808/t20180830_346628. html。

④ 《乡村教育的守望者——记安徽省宿州市埇桥区汴河中心小学教师孙浩》，中华人民共和国教育部网站，2020 年 9 月 9 日，http://www. moe. gov. cn/jyb_xwfb/xw_zt/moe_357/jyzt_2020n/2020_zt16/2020jiaoshuyurenkaimo/202009/t20200909_486634. html。

⑤ 程墨、罗曼、陈杏兰：《2010 年度全国教书育人楷模汪金权先进事迹》，共产党员网，2013 年 9 月 24 日，https://www. 12371. cn/2013/09/24/ARTI1379994921814827. shtml? from = groupmessage。

三 默默奉献

"楷模教师"在岗位上用行动践行初心和使命，用奉献诠释责任和担当。对学生，他们爱如子女；对同事，他们团结合作；对教学，他们一丝不苟；对家人，他们问心有愧。"舍小家，为大家"是对中部地区"楷模教师"无私奉献精神的真实写照。

多年来，黑虎庙小学没有一个学生因为贫困辍学，张玉滚和学生们同吃同住，和妻子一起料理学生的日常生活，并用自己微薄的收入资助了300余名学生，帮助他们继续求学之路。[1] 面对艰苦的环境、微薄的工资，张玉滚还是尽自己所能，为学生们提供了能力范围内最好的学习条件。湖南农业大学教授石雪晖，把用科学技术促进地方经济社会发展作为自己的神圣职责，为农民服务几十年，不计名、不图利。她心系农民，甘于奉献，用自己无私的付出和不懈的坚持赢得了农民朋友的爱戴。[2] 山西省长治市第二中学教师许军则，从教20余年，扎根基层教育、立足本职、专注育人，科学管理、勇于创新、务实求真，在平凡岗位上默默耕耘，践行着一名人民教师的责任。[3] 东华理工大学教授周义朋，为了国家的核能事业，扎根新疆戈壁近20载。他公而忘私、矢志不渝，就如生长在戈壁滩上的红柳，用坚韧、执着和奉献生动诠释了新时期知识分子的家国情怀。[4]

第三节 中部地区教师专业发展的有益启示

28 名中部地区"楷模教师"的先进事迹，对中部地区教师教育发展有

---

[1] 王烁：《乡村教育守望者张玉滚：扎根深山十七载 把山路走成通天大道》，中华人民共和国教育部网站，2018 年 8 月 31 日，http://www. moe. gov. cn/jyb_xwfb/xw_zt/moe_357/jyzt_2018n/2018_zt17/zt1817_yw/201808/t20180831_346832. html。

[2] 李伦娥：《"葡萄教授"石雪晖》，湖南农业大学官网，2010 年 9 月 16 日，https://yjsy. hunau. edu. cn/xkjs/dsdwjs/xkdsfc/201709/t20170927_211367. html。

[3] 《学生人生路上的持灯人——记山西省长治二中教师许军则》，中华人民共和国教育部网站，2019 年 9 月 4 日，http://www. moe. gov. cn/jyb_xwfb/xw_zt/moe_357/jyzt_2019n/2019_zt20/jsfc/jsyrkm/km2019/201909/t20190904_397452. html。

[4] 《扎根戈壁深处的"红柳"——记东华理工大学核资源与环境工程技术中心教授周义朋》，中华人民共和国教育部网站，2021 年 9 月 8 日，http://www. moe. gov. cn/jyb_xwfb/xw_zt/moe_357/2021/2021_zt18/jjsyr/202109/t20210906_559842. html。

很大的借鉴意义。从总体上看，我国基础教育的教师数量问题基本得到了解决，教师质量也得到了显著提高。但是与东、西部地区的教育发展相比，中部地区的"教育塌陷"现象依然存在。研究发现，中部地区学校的基础设施建设、师资队伍建设、经费投入等方面多项指标明显落后于东部和西部地区，"塌陷"状况具有时间差异，呈现不同程度的加剧态势，成为当前我国义务教育发展的新短板。① 笔者从教师和教育发展的角度出发，在对中部地区"楷模教师"的成长历程等进行梳理分析之后，总结出其对中部地区教师专业发展的有益启示。

一　国家层面：应制定更符合中部特色的政策

中部地区，特别是中部四省（安徽、江西、河南、湖北）的教育发展相对落后，除了受本地区的经济发展水平以及教育基础水平影响外，国家在制定教育政策时对中部地区教育发展的薄弱状况考虑较少也是影响因素之一。因此，必须正视我国中部四省的教育发展落后现象。② 长期以来，中部地区既缺少东部地区的经济实力与财政能力，又无法享有中央对西部地区的倾斜政策。因此，无论是在经济增长上还是在公共服务水平上，中部地区都呈现明显的"塌陷"，总量低于东部地区、发展速度又慢于西部地区。③ 由此看来，在教育政策制定方面，应该结合中部地区教育发展薄弱特点，考虑其教育经费的投入、教师待遇、教师编制等因素，吸引新生教师加入当地教师队伍。

二　学校层面：培养本校优秀的骨干教师

实现师资资源的均衡配置，尤其是骨干教师的校际均衡配置，是推进义务教育优质均衡发展的关键环节。但是，当前中部地区高质量师资队伍均衡配置水平与均衡发展的要求相差甚远。教师交流轮岗政策的实施不足

---

① 尚伟伟、陆莎、李廷洲：《我国义务教育发展的"中部塌陷"：问题表征、影响因素与政策思路》，《北京大学教育评论》2020年第2期，第172页。

② 王远伟：《我国"教育中部塌陷"现象解读——基于省际教育数据的实证分析》，《教育发展研究》2010年第3期，第46页。

③ 吴建涛、冯婉桢：《优质均衡视角下义务教育高质量师资建设的困境与进路——基于中部地区的分析》，《行政管理改革》2022年第10期，第41页。

以弥补农村优秀教师、骨干教师的流失，初中阶段表现尤为突出。[①] 因此，除了学校之间、地区之间优秀教师的流动以外，学校还可以培养本校骨干教师，由优秀教师领头，带动全校教师共同发展进步。本校的骨干教师对本校的实际发展情况更为了解，了解本校不同学段、不同学科教师的特点，与校内其他教师的交流沟通也更为方便。湖北省武汉市钟家村小学教师桂贤娣，带领"桂贤娣名师工作室"的老师们共同前进。她在了解了青年教师的困惑以后，主动邀请大家来看她是如何解决教学问题的。[②] 安徽省淮南市直机关幼儿园园长孙明霞，最常挂在嘴边的一句话就是"身先才能率人，律己才能服人"。工作多年，她带着全体教师学习进步，与他们共同商讨制定了 50 条规章制度，并严格要求逐条落实。她不仅在教学上帮助其他教师，也经常与他们谈心交流，给予他们心理和精神上的关爱。[③] 总之，在骨干教师的带领之下，全体教师为培养社会主义接班人和建设者而共同努力。

三　教师层面：提升开发课程资源的能力

我国东部地区由于经济发展水平较高，其教育资源总量就多。西部地区由于国家对其落后发展状况的高度关注，其教育资源也在逐渐增多。相比之下，中部地区的教育资源就显得相对较少。在如此情况之下，教师的课程资源开发能力就显得尤为重要。如何利用好现有的资源，结合当地发展特色开发出独特的教育教学资源，对于中部地区的教师们来说是迫切需要思考的问题。在中部地区"楷模教师"中，就有很好的学习榜样。河南省辉县市西平罗乡中心幼儿园园长郭文艳，为了让山区孩子享受到高品质的学前教育，从当地实际条件出发，带领团队充分利用乡土资源，探索开发出了适合当地孩子们发展的课程。为让家长形成科学教育孩子的观念，她带领幼教团队成立了全国第一个以幼儿园为依托的乡村社区大学——川

[①] 吴建涛、冯婉桢：《优质均衡视角下义务教育高质量师资建设的困境与进路——基于中部地区的分析》，《行政管理改革》2022 年第 10 期，第 43 页。

[②] 程墨、王小占：《桂贤娣：爱的教科书》，中华人民共和国教育部网站，2012 年 8 月 20 日，https://www.moe.gov.cn/jyb_xwfb/s5147/201208/t20120820_140782.html。

[③] 赵婀娜：《孩子就是全世界——记安徽省淮南市直机关幼儿园园长孙明霞》，中华人民共和国教育部网站，2012 年 9 月 25 日，https://www.moe.gov.cn/jyb_xwfb/moe_2082/s6236/s6843/201209/t20120925_142674.html。

中社区大学。① 山西省 2012 年"楷模教师"范妹锁，为了让山里的孩子拥有和城里的孩子一样的教学资源，探索出了丰富多彩的"七色教学活动"，一种颜色代表一种教学内容。还开展多种多样的综合实践活动，如建设英语长廊、班级英语角等。他希望孩子们在七色光中能够健康快乐地成长。② 由此看来，只要教师课程资源开发能力提升，尽管资源有限，也还是能探索出符合当地特色的校本课程。

① 曹建：《家园共育的探路者——记河南省新乡市辉县市西平罗乡中心幼儿园园长郭文燕》，中华人民共和国教育部网站，2021 年 9 月 8 日，https://www.moe.gov.cn/jyb_xwfb/xw_zt/moe_357/2021/2021_zt18/jjsyr/202109/t20210906_559836.html。
② 赵婀娜、孙家莉：《范妹锁与大山血脉相连》，中华人民共和国教育部网站，2012 年 10 月 10 日，https://www.moe.gov.cn/jyb_xwfb/moe_2082/s6236/s6843/201210/t20121010_143011.html。

第十二章　西部地区"楷模教师"的群像[*]

西部地区存在教育资源不平等、教师队伍不稳定、学生差异大、文化差异大、专业发展受限等问题，长期以来受到中央政府的高度关注并得到持续性政策供给。《中西部欠发达地区优秀教师定向培养计划》《国务院办公厅关于加快中西部教育发展的指导意见》《加快中西部教育发展工作督导评估监测办法》《做好 2022—2023 学年高校银龄教师支援西部计划有关实施工作的通知》等一系列文件，对我国西部教育的建设做出了多方面指示。2010 年，教育部联合中央主要媒体和教育媒体启动"全国教书育人楷模"评选活动。截至 2022 年，已评选了百余位"楷模教师"。笔者通过对其中 52 位西部"楷模教师"教书育人楷模事迹的材料进行文本分析，梳理其成长轨迹和职业贡献，试图挖掘出滋养其教师生涯发展的积极因素，进而提炼出建设高素质西部教师队伍的有益启示，推动西部地区教育更好的发展。

表 12 - 1　2010～2022 年西部"楷模教师"基本信息汇总

序号	当选年份	姓名	性别	出生年份	当选年龄（岁）	当选时从教年限（年）	所在省区市	所在单位
1	2010	普琼	男	1976	34	7	西藏	西藏自治区仲巴县仁多乡完全小学
2	2010	任维鼎	男	1970	40	21	四川	四川省绵阳市平武县南坝中学

---

* 本章系四川省教育发展研究中心立项课题"中西部地区'全国教书育人楷模'教师群像研究"（课题编号：CJF21015）的结项成果。

续表

序号	当选年份	姓名	性别	出生年份	当选年龄（岁）	当选时从教年限（年）	所在省区市	所在单位
3	2011	贺红岩	女	1966	45	24	新疆	新疆维吾尔自治区察布查尔锡伯自治县第一中学
4	2011	莫振高	男	1957	54	32	广西	广西壮族自治区都安瑶族自治县高级中学
5	2011	左相平	男	1959	52	38	贵州	贵州省六盘水市盘县响水镇中学
6	2012	何桂琴	女	1968	44	22	宁夏	宁夏固原市回民中学
7	2012	黄希庭	男	1937	75	51	重庆	西南大学
8	2012	代建荣	男	1974	38	19	云南	云南省昆明市五华区新萌学校
9	2013	刘志	女	1963	50	26	甘肃	甘肃省兰州市实验幼儿园
10	2013	张其星	男	1955	58	42	四川	雅安市雨城区上里镇共和村小学
11	2013	孔庆菊	女	1972	41	20	青海	青海省海北州门源县第二中学
12	2013	刘占良	男	1963	50	32	陕西	陕西省商洛中学
13	2013	陈德蓉	女	1943	70	不详	四川	芦山县国张中学
14	2013	陈萍	女	1976	37	15	四川	雅安市名山区第一中学
15	2013	高玉华	女	1978	35	13	四川	雅安市名山区第一中学
16	2013	郭昭祥	男	1962	51	32	四川	雅安市名山区第一中学
17	2013	罗国锋	男	1974	39	10	四川	芦山县芦山中学
18	2013	马开志	男	1964	48	25	四川	雅安中学
19	2013	薛春智	男	1971	42	21	四川	雅安市天全中学
20	2013	丑武江	男	1967	46	24	新疆	新疆农业职业技术学院动物科技分院
21	2013	刘开吉	男	1949	64	40	重庆	重庆警察学院
22	2014	陆苏新	男	1960	54	36	新疆	新疆生产建设兵团第六师五家渠高级中学
23	2014	乌兰	女	1970	44	25	内蒙古	锡林郭勒盟镶黄旗蒙古族中学
24	2014	吕杰	女	1972	42	23	甘肃	甘肃钢铁职业技术学院
25	2014	张国伟	男	1939	75	53	陕西	西北大学

序号	当选年份	姓名	性别	出生年份	当选年龄（岁）	当选时从教年限（年）	所在省区市	所在单位
26	2015	熊照才	男	1960	55	31	云南	云南省麻栗坡县董干镇上弄小学
27	2015	杨再明	男	1973	42	23	宁夏	宁夏吴忠市利通区马连渠乡汉渠学校
28	2015	何雅玲	女	1963	52	27	陕西	西安交通大学
29	2016	文天立	男	1957	59	40	四川	四川省广元市青川县红光小学
30	2016	王宏	男	1965	51	28	青海	青海省玉树藏族自治州称多县歇武镇中心寄宿制学校
31	2016	徐华	男	1969	47	23	广西	广西南宁市第二中学
32	2016	何黎	女	1962	54	31	云南	昆明医科大学
33	2017	艾米拉古丽·阿不都	女	1983	34	15	新疆	新疆维吾尔自治区喀什地区巴楚县多来提巴格乡幼儿园
34	2017	丁小彦	女	1965	52	26	重庆	重庆市巴蜀小学
35	2018	杨毛吉	女	1974	44	22	青海	青海省西宁市大通回族土族自治县第二完全中学
36	2018	于炯	男	1964	54	32	新疆	新疆大学
37	2018	党红妮	女	1975	43	19	陕西	陕西省商洛市特殊教育学校
38	2019	范徽丽	女	1976	43	25	广西	广西北海市涠洲岛幼儿园
39	2019	拉姆	女	1985	34	13	西藏	西藏自治区双湖县协德乡完全小学
40	2019	顾昌华	女	1964	55	33	贵州	铜仁职业技术学院
41	2019	王宗礼	男	1963	56	31	甘肃	西北师范大学
42	2020	何梅	女	1987	33	14	贵州	贵州省毕节市赫章县城关镇中心幼儿园
43	2020	丁海燕	女	1967	53	34	陕西	陕西省咸阳市旬邑县马栏齐心九年制寄宿学校
44	2020	张桂梅	女	1957	63	24	云南	云南省丽江市华坪女子高级中学
45	2020	肖敏	女	1977	43	24	四川	四川省泸州市特殊教育学校
46	2021	强巴次仁	男	1978	43	21	西藏	西藏自治区日喀则市萨嘎县昌果乡完全小学

续表

序号	当选年份	姓名	性别	出生年份	当选年龄（岁）	当选时从教年限（年）	所在省区市	所在单位
47	2021	李红波	女	1972	49	不详	贵州	贵州护理职业技术学院
48	2021	郝跃	男	1958	63	39	陕西	西安电子科技大学
49	2021	李龙梅	女	1964	57	20	重庆	重庆市特殊教育中心
50	2022	孙怡	女	1980	42	22	新疆	新疆生产建设兵团第二师铁门关市第一幼儿园
51	2022	安文军	男	1969	53	30	甘肃	甘肃省张掖市肃南县明花学校
52	2022	张先庚	女	1969	53	26	四川	四川护理职业学院

资料来源：教育部网站、《中国教育报》、《中国教师报》等。

第一节　西部地区"楷模教师"群体的成长轨迹

一　少年志学：坚定教育信念

年少时的愿望与追求是西部地区"楷模教师"未来成长与发展的基础，成长的环境和经历、自身的理想与信念等都是影响个体职业选择的重要因素。

第一，出身贫寒反哺教育。"贫苦农家出生的孔庆菊，深深了解农家孩子的淳朴、憨厚、善良，深知他们想摆脱贫困、渴求上学的愿望，懂得他们的父母因不识字而无法辅导的无奈，更能体会山区农民面朝黄土背朝天、省吃俭用供孩子上学的艰辛，因而在后来毅然决然选择坚守西部。"[①]于炯说，"新疆这片土地培养了我，我就要为它做出我的贡献"[②]。于是他选择扎根边疆、奉献边疆。王宏在毕业后也回到条件艰苦的家乡，只因希望贫困地区的孩子们能有更好的发展。

---

① 《人淡如菊 育花成海——记全国教书育人楷模、青海省海北州门源县第二中学教师孔庆菊》，中华人民共和国教育部网站，2013年9月9日，http://www.moe.gov.cn/jyb_xwfb/s5147/201309/t20130909_157107.html。
② 《边疆学子的"人生雕刻师"——记新疆大学软件学院院长于炯》，中华人民共和国教育部网站，2018年8月30日，http://www.moe.gov.cn/jyb_xwfb/xw_zt/moe_357/jyzt_2018n/2018_zt15/zt1815_km/201808/t20180830_346632.html。

第二，价值观念传承。张国伟受张伯声先生的影响，带着一颗热忱的心在大学时代就立下了科学报国的志向，并用50多年实现了自己的梦想。强巴次仁受到自己初中老师的影响，亲切温和的普布次仁是他心目中好老师的形象，榜样的力量引导他也走上教书育人的道路，扎根雪域边疆20多年。郝跃坚守西部40多年，最朴实的原因是心中充满了对革命年代的向往。安文军老师带着最初时对老师的敬仰走向教育事业，风雨兼程30多年。

第三，潜心教育、自觉担当。西部"楷模教师"出于对教育事业的热爱，对人生自我价值的追求，以及对自身职业的认同，选择前往教学的一线，为西部教育事业献出自己的力量。丁海燕19岁时被推荐到金盆村小学当教师，这一干就是30多年。丁海燕常说："从事教师职业是我的初心，是无悔的选择。我会珍惜每一天，做好本职工作，尽心尽力上好每一节课。"① 拉姆从湖南民族职业学校毕业，听闻藏北高原急需教师，便要过去。家人不同意，朋友们也打电话劝阻，拉姆却坚持过去。对拉姆来说，用青春在教育行业默默耕耘，人生更有意义。②

二 青年奉献：付诸教育实践

对教育事业的忠诚、对西部地区孩子们无怨无悔的奉献、对社会责任和历史使命的自觉担当，都促使"楷模教师"坚守选择西部地区的初心。

第一，虽条件艰苦却矢志不渝。偏远的地理环境和恶劣的自然条件是西部地区"楷模教师"从教之路上的不利因素。很多地方条件艰苦，地理位置偏僻，随之而来的就是交通不便、生活环境差等一系列问题，在西部地区任教的老师无疑面临更多的挑战。"王宏所在的称多县隶属于青海省玉树藏族自治州，平均海拔4500米，这里苦寒、缺氧，年平均气温在零下1.8摄氏度，环境封闭落后。"③ "范徽丽所在的涠洲岛由于地理位置特殊，

① 许祖华：《丁海燕：扎根深山育桃李 | 感念师恩·楷模⑥》，"微言教育"百家号，2020年9月13日，https://baijiahao.baidu.com/s? id=1677668914933422341&wfr=spider&for=pc。
② 孙庆玲：《八五后教师拉姆：耕耘"生命禁区"十三年，望孩子们能够学有所成》，中国小康网，2019年9月18日，https://www.chinaxiaokang.com/jiaoyupindao/2019/0918/804597.html。
③ 王英桂：《为爱坚守的藏乡园丁——记青海省称多县歇武镇中心寄宿制学校教师王宏》，中华人民共和国教育部网站，2016年9月29日，http://www.moe.gov.cn/jyb_xwfb/moe_2082/zl_2016n/2016_zl06/201609/t20160929_282664.html。

交通往来不便，岛上少有现代化的设施和物资，岛民的生活落后。涠洲岛上少有娱乐场所，许多地方连路灯也没有，陪伴这里老师的只有窗外的虫鸣声，单调、枯燥、停水、停电成了老师们的生活常态。"① "拉姆所在的高海拔地区，四季大风大雪还有缺氧反应，校务繁重琐碎。一间 12 平方米的房子，除了两张上下铺，只有一个取暖的炉子，校园内的那口吃水井一年有 8 个月是结着冰的，用水需要凿冰来取。"②

第二，尽管设施缺乏却自觉担当。教学设施的缺乏在很大程度上加大了西部教师的授课难度。从硬件上来说，不少学校教学场所简陋，教学设备不足，配套设施缺乏，物资不足。在广西河池市都安瑶族自治县，"莫振高所在的都安高中，学校校舍基本上都是瓦房，只有 1 栋宿舍楼和 3 栋小教学楼。每逢下大雨，房子就漏水。学校缺乏教具，莫振高就自己动手绘制挂图，在周末徒步 10 多公里的山路到老家，扛木板为学生修理桌椅"③。西藏仲巴县"仁多乡的校舍也破旧不堪，普琼动员老师们自己动手改善办学条件，他们自制旗杆坚持升旗仪式，自己动手修补漏雨的学生宿舍，自制篮球架丰富体育活动。"④ 从学校配置软件上来说，不少地区存在教学资源匮乏、教育资金不足、专业化教师缺乏等问题。当时安文军的学校"只有 3 名教师、几十名学生。仅 1000 多元的办公经费艰难地支撑着电费、煤费、教师出差费、培训费等一系列开支，为此，承担着两个年级两门课程教学任务的安文军常常为了保障学校冬季取暖，四处奔波祁连山下"⑤。

---

① 《边防海岛的最美教师——记广西北海市机关幼儿园（涠洲岛幼儿园）园长范徽丽》，中华人民共和国教育部网站，2019 年 9 月 4 日，http://www. moe. gov. cn/jyb_ xwfb/xw_ zt/moe_ 357/jyzt_2019n/2019_zt20/jsfc/jsyrkm/km2019/201909/t20190904_397462. html。
② 周小兰：《在羌塘草原奉献青春——记西藏双湖县协德乡完全小学校长拉姆》，中华人民共和国教育部网站，2019 年 9 月 12 日，http://www. moe. gov. cn/jyb_ xwfb/moe_ 2082/zl_ 2019n/2019_ zl68/201909/t20190912_398889. html。
③ 周仕敏、宋潇潇：《甘做瑶山教育的"化缘"人——记广西河池市都安高中校长莫振高》，中华人民共和国教育部网站，2011 年 9 月 18 日，http://www. moe. gov. cn/jyb_ xwfb/ moe_ 2082/s5936/s5885/201109/t20110919_124277. html。
④ 沙月：《普琼：以质朴之爱坚守"生命禁区"》，中华人民共和国教育部网站，2011 年 7 月 25 日，http://www. moe. gov. cn/jyb_ xwfb/xw_ zt/moe_ 357/s3582/s4672/s4913/s4914/ 201107/t20110725_122584. html。
⑤ 安文军：《教书育人初心不改》，中国教育新闻网，2022 年 9 月 13 日，http://www. jyb. cn/ rmtzcg/xwy/wzxw/202209/t20220913_2110945706. html。

第三，爱岗敬业且默默坚守。王宏已经 50 多岁，严重的肺气肿让他药不离身。尽管这样，他却从未想过离开学校、离开教学岗位。[1] 丁海燕因常年的辛勤工作和艰苦生活积劳成疾，而她为了不耽误学生上课，没有听从医生住院治疗的建议，只是平日带些药上课。[2] 2019 年，何梅流产，按规定她可以请假 15 天，但她 3 天后就回到了工作岗位。[3] 2013 年，组织考虑将拉姆调到县里工作，因为不忍心放弃小学还未毕业的学生，所以他拒绝了，选择留在艰苦的西部，成为身兼数职的班主任，在"生命禁区"羌塘草原继续耕耘。[4]

第二节　扎根本土：西部地区"楷模教师"的专业特质

一　教书和育人：热爱与责任交织

（一）因地制宜搞教育

一是推动课程改革，因地制宜挖掘课程资源。一方面，西部地区"楷模教师"在环境独特的地区开设匹配的地区课程。"范徽丽带领教师从读《涠洲岛志》开始，充分挖掘边防海岛的教育资源，深入开展海岛特色课程研究，以培养具有海洋意识、家国情怀兼具世界视野的海洋公民为目标，开展'海丫丫 365 成长行动'的探索与实践。"[5] "莫振高为了增强教

① 王英桂：《为爱坚守的藏乡园丁——记青海省称多县歇武镇中心寄宿制学校教师王宏》，中华人民共和国教育部网站，2016 年 9 月 29 日，http://www. moe. gov. cn/jyb_xwfb/moe_2082/zl_2016n/2016_zl06/201609/t20160929_282664. html。

② 冯丽：《大山深处"丁妈妈"——记 2020 年全国教书育人楷模、陕西省旬邑县马栏齐心九年制寄宿学校教师丁海燕》，2020 年 9 月 14 日，http://www. moe. gov. cn/jyb_xwfb/moe_2082/zl_2020n/2020_zl48/202009/t20200914_487717. html。

③ 俞曼悦：《爱在左责任在右——记贵州省赫章县城关镇中心幼儿园教师何梅》，2020 年 9 月 9 日，http://www. moe. gov. cn/jyb_xwfb/xw_zt/moe_357/jyzt_2020n/2020_zt16/2020jiaoshuyurenkaimo/202009/t20200909_486649. html。

④ 周小兰：《在羌塘草原奉献青春——记西藏双湖县协德乡完全小学校长拉姆》，2019 年 9 月 12 日，http://www. moe. gov. cn/jyb_xwfb/moe_2082/zl_2019n/2019_zl68/201909/t20190912_398889. html。

⑤ 《边防海岛的最美教师——记广西北海市机关幼儿园（涠洲岛幼儿园）园长范徽丽》，中华人民共和国教育部网站，2019 年 9 月 4 日，http://www. moe. gov. cn/jyb_xwfb/xw_zt/moe_357/jyzt_2019n/2019_zt20/jsfc/jsyrkm/km2019/201909/t20190904_397462. html。

材的适用性，带领老师们自编乡土教材，与全国统编教材结合使用。在教学内容的选择上不仅介绍课文本身，还介绍相关地理、历史等知识，使学生们对课程有一个整体的认识。"① 孔庆菊在初中新课改中，带头建立了一整套课改常规制度，在校本培训中开展各种专题培训，培养出一大批优秀人才，有些教师甚至成了专家。另一方面，西部地区"楷模教师"在任教的学校开发独具特色的学校课程。"拉姆在学校设立了丰富的兴趣小组活动课，定活动课程、定活动目标、定活动时间、定活动内容、定辅导教师、定活动地点。这些兴趣小组活动的开展促进了学生综合素质的提高。"② "贺红岩努力创造条件整合德育资源，使学校形成了课内外、校内外结合，知识、能力、行为并重，课堂、学校、社会联动，开放、立体的德育体系。"③ "丁小彦带领全校师生重构语文课程文化，建构了自主学习文化、主体课堂文化、课外阅读文化三者相结合的语文课程文化系统，打破传统课堂模式，让语文课程学习活了起来。"④

二是探索教学模式。在教学模式的探索中，西部地区"楷模教师"采用理论与实际相结合的育人模式，在各自的教学领域取得了不同成果。"文天立在四十余年教学生涯中，总结出了'依据学生生活，用活知识储备，激发学习兴趣，重视自主学习，强化合作交流，落实师生、生生互动，抓好知识迁移运用，推进知识内化整合'的教学模式和流程。"⑤ "郝跃以技术发展和产业需求为牵引，构建并实施了'理论课程－实践能力－

① 周琳、董豆豆：《学生的领路人——记广西壮族自治区都安高中校长莫振高》，中华人民共和国教育部网站，2011年9月27日，http://www.moe.gov.cn/jyb_xwfb/moe_2082/s5936/s5885/201109/t20110927_125036.html。
② 《在高原牧区奉献青春的辛勤园丁——记西藏自治区那曲市双湖县协德乡完全小学教师拉姆》，中华人民共和国教育部网站，2019年9月4日，http://www.moe.gov.cn/jyb_xwfb/xw_zt/moe_357/jyzt_2019n/2019_zt20/jsfc/jsyrkm/km2019/201909/t20190904_397467.html。
③ 蒋夫尔：《"小心思"做出德育"大文章"——记新疆察布查尔锡伯自治县第一中学教师贺红岩》，中华人民共和国教育部网站，2011年9月16日，http://www.moe.gov.cn/jyb_xwfb/moe_2082/s5936/s5885/201109/t20110916_124209.html。
④ 《三峡走出的"土专家"——记重庆巴蜀小学教师丁小彦》，中华人民共和国教育部网站，2017年9月5日，http://www.moe.gov.cn/jyb_xwfb/xw_zt/moe_357/jyzt_2017nztzl/2017_zt07/17zt06_qgjsyrkm/201709/t20170905_313429.html。
⑤ 《扎根山乡铸大爱——记四川省广元市青川县红光小学教师文天立》，中华人民共和国教育部网站，2016年9月8日，http://www.moe.gov.cn/jyb_xwfb/xw_zt/moe_357/jyzt_2016nztzl/2016_zt15/16zt15_jsyrkm/201609/t20160902_277520.html。

创新素质'三位一体微电子复合型创新人才培养模式。"① 在教学工作中，何雅玲院士不断探索人才培养的新模式，注重结合工程实际，用领域内新成果丰富、充实、更新工程应用实例。

　　三是创新教学方法。在教学中，西部地区"楷模教师"依据不同的情况制定了各有特色的教学方法，多维度地激发了学生的学习兴趣。①以地区为特色展开教学，因地制宜制定教学方法。"范徽丽把海岛上'夜不闭户'的淳朴民风和落后的交通作为开展户外教学的有利条件，开创'自然情境教学法'，把芭蕉林、大榕树、海滩等整个海岛变成生动的教育场所。"② "顾昌华所在的武陵山区腹地铜仁是典型的亚热带季风气候，结合这一气候特点，她带领教学团队创新了'依季分项、双境交替'的人才培养模式，根据季节分项目、分类别，校内外结合安排教学内容。"③ ②以教学为重点，依据学生身心发展规律采用相应的教学方法。丁小彦的教育教学方法始终在不断变化，她用激励性评价唤醒学生的自觉意识，给予学生自我成长的力量。"乌兰老师为了提升学生对蒙古语的学习兴趣，针对学生的心理特点大胆开展了'历史法教学'，即用'历史 + 语言 + 语法 + 民族 + 耐心'五位一体的教育方法，培养学生学习民族语言的热情，大大提高了教学质量。"④ 这些做法都收到了非常好的效果。③以学生为中心展开教学，依据学生的个体差异灵活变通教学方法。"徐华注重根据学生的个体差异制定教学方法，在数学教学中因时、因人、因教学材料改变教学手段。针对后进生采用做题加讲题相结合的方式来辅导，对优秀学生就使用任务驱动的方式激发学习兴趣，对毕业生就指导学生进行研

---

① 《做一颗永不生锈的"螺丝钉"——记西安电子科技大学微电子学院教授郝跃》，中华人民共和国教育部网站，2021 年 9 月 8 日，http://www.moe.gov.cn/jyb_xwfb/xw_zt/moe_357/2021/2021_zt18/jjsyr/202109/t20210906_559746.html。

② 《边防海岛的最美教师——记广西北海市机关幼儿园（涠洲岛幼儿园）园长范徽丽》，中华人民共和国教育部网站，2019 年 9 月 4 日，http://www.moe.gov.cn/jyb_xwfb/xw_zt/moe_357/jyzt_2019n/2019_zt20/jsfc/jsyrkm/km2019/201909/t20190904_397462.html。

③ 《武陵深处献身职教的"菇仙姑"——记贵州省铜仁职业技术学院教师顾昌华》，中华人民共和国教育部网站，2019 年 9 月 4 日，http://www.moe.gov.cn/jyb_xwfb/xw_zt/moe_357/jyzt_2019n/2019_zt20/jsfc/jsyrkm/km2019/201909/t20190904_397465.html。

④ 《爱心与创新谱写出讲台上的璀璨人生——记内蒙古锡林郭勒盟镶黄旗蒙古中学副校长乌兰》，中华人民共和国教育部网站，2019 年 9 月 4 日，http://www.moe.gov.cn/jyb_xwfb/xw_zt/moe_357/jyzt_2019n/2019_zt24/jygzzfc/jsyrkm/km2014/201909/t20190925_400873.html。

究性学习。"① "杨毛吉发明了'一条鞭法'考核法，培养学生良好的行为习惯和思想品德。"② 安文军老师在教学方面也有自己独特的一套方法，让学生"自主学习，先学后教"，为课堂营造出探究学习的氛围。③

（二）潜心育人促发展

一是心存大爱，砥砺德行。部分学生的学习观念不强、问题学生的状况层出不穷，在西部地区表现得更为明显。有的学生在知识层面跟不上学习进度。一些学生来自大山，学习基础差，理解能力也不强，教学难度很大。部分学生存在心理问题无法学习，比如遭遇家庭变故患有抑郁症，因父母离异无家可归，等等。个别学生因身体缺陷而不能接受教育。学生嘎玛旺姆因身体原因无法在校就读，"强巴次仁亲自带队送教上门，他每周去离学校50多公里的嘎玛旺姆家里，对孩子进行学习辅导，还用自己的工资购买慰问物品"④。"王宏任教的班级，学生不愿上学他就一次次家访，学生逃课他就一路追，直到说服为止，学生学不好，他就给他们单独辅导。在王宏的不断努力下，一个学期下来，昔日的后进班成为全校顶呱呱的模范班。"⑤ "安文军曾经的许多学生有严重的叛逆行为，不受管教，上课睡觉的、不完成作业甚至与教师顶撞的现象很普遍，但在他严慈相济的教导下，学生们知错就改，他也成为学生的良师益友。"⑥ 可见，教师是用一个灵魂唤醒另一个灵魂的职业，只有教师心中充满大爱，才能打开学生

---

① 《徐华：默默耕耘奉献大爱》，中华人民共和国教育部网站，2016 年 11 月 9 日，http://www. moe. gov. cn/jyb_ xwfb/xw_ zt/moe_ 357/jyzt_ 2016nztzl/2016_ zt11/2016_ zl32/201611/t20161109_ 288233. html。

② 《学生心中的"毛吉额娘"——记青海省西宁市大通县第二完全中学教师杨毛吉》，中华人民共和国教育部网站，2018 年 8 月 30 日，http://www. moe. gov. cn/jyb_ xwfb/xw_ zt/moe_ 357/jyzt_ 2018n/2018_ zt15/zt1815_ km/201808/t20180830_ 346631. html。

③ 《2022 年"全国教书育人楷模"安文军：坚守牧区 润物无声》，中国教育新闻网，2022 年 9 月 6 日，http://www. jyb. cn/rmtzcg/xwy/wzxw/202209/t20220906_ 2110942703. html。

④ 《高原上绽开最美"雪莲花"——记西藏自治区日喀则市萨嘎县昌果乡完全小学校长强巴次仁》，中华人民共和国教育部网站，2021 年 9 月 8 日，http://www. moe. gov. cn/jyb_ xwfb/xw_ zt/moe_ 357/2021/2021_ zt18/jjsyr/202109/t20210906_ 559799. html。

⑤ 王英桂：《为爱坚守的藏乡园丁——记青海省称多县歇武镇中心寄宿制学校教师王宏》，中华人民共和国教育部网站，2016 年 9 月 29 日，http://www. moe. gov. cn/jyb_ xwfb/moe_ 2082/zl_ 2016n/2016_ zl06/201609/t20160929_ 282664. html。

⑥ 《2022 年"全国教书育人楷模"安文军：坚守牧区 润物无声》，中国教育新闻网，2022 年 9 月 6 日，http://www. jyb. cn/rmtzcg/xwy/wzxw/202209/t20220906_ 2110942703. html。

的心灵之窗，促进学生健康成长。

二是转变观念，心系教育。在西部地区，很多家长对子女教育没有正确的认知，个别区域表现出对女性受教育的不重视。家长在子女教育方面的问题可总结为以下三点。①家长对子女教育不关心，没有用更多的精力关注孩子的学习；②部分家长对女子教育不重视，认为女性读书无用；③家长对子女的教育问题没有正确的认知，认为应该超前教育。"普琼刚到仁多乡时，发现家长让孩子进学校接受教育的积极性并不高，学生请假或者逃学回家放牧的事情时常发生。仁多乡是一个纯牧业乡，牧民教育观念相对落后，一些家长宁愿让孩子放牛放羊，也不愿意送他们去上学。普琼就到学生家里，讲法律、讲政策、讲身边的故事、讲孩子的发展、讲社会的进步，用执着和热忱感动家长。"[①]"20年来，强巴次仁向农牧区教育意识淡薄的家长开展劝学工作，改变了许多孩子的命运。"[②]

三是关心学生，教育扶贫。在西部地区有很多经济困难家庭，贫寒的家境不足以支持学生接受教育。"何桂琴对这些看在眼里，急在心里，长期以来她积极奔走，广泛发动社会力量，联系到30多个单位和许多热心人与全校542名贫困学生结成了帮扶对子。"[③]"莫振高在从教期间，连续35年用自己微薄的工资资助了近300名贫困生。近10年来，他先后筹集了3000多万元善款，资助1.8万名贫困生圆了大学梦。"[④]

二　科研和发展：实践与研究一体

（一）专业自主促发展

教师的专业自主发展是教师个体在专业信念、专业知识和专业能力

---

① 沙月：《普琼：以质朴之爱坚守"生命禁区"》，中华人民共和国教育部网站，2011年7月25日，http://www.moe.gov.cn/jyb_xwfb/xw_zt/moe_357/s3582/s4672/s4913/s4914/201107/t20110725_122584.html。

② 周小兰：《像格桑花一样扎根雪域边陲——记西藏萨嘎县昌果乡完全小学校长强巴次仁》，中华人民共和国教育部网站，2021年10月20日，http://www.moe.gov.cn/jyb_xwfb/moe_2082/2021/2021_zl57/202110/t20211020_573716.html。

③ 马富春：《何桂琴：教书是我最大的幸福》，中华人民共和国教育部网站，2012年9月29日，http://www.moe.gov.cn/jyb_xwfb/moe_2082/s6236/s6843/201209/t20120929_142839.html。

④ 周仕敏、宋潇潇：《甘做瑶山教育的"化缘"人——记广西河池市都安高中校长莫振高》，中华人民共和国教育部网站，2011年9月18日，http://www.moe.gov.cn/jyb_xwfb/moe_2082/s5936/s5885/201109/t20110919_124277.html。

等方面丰富和提高的过程，即教师根据自身专业发展情况自觉地拟订发展计划，选择适合自己的专业学习内容，监控自己的专业发展进程，实现和评价自我专业发展目标。教师专业发展的核心是教师的自主专业成长。对西部"楷模教师"来说，外在环境的影响是教师自主专业发展的外因。在西部地区存在因师资短缺要求教师"身兼数职"的情况，也存在小学教师进行初中教学等专业知识结构不匹配的情况，此时部分"楷模教师"会进行自主性发展。吴忠师范学校主要培养小学教师，而杨再明要教的科目却是初中化学，由此他"开始了一个初中教师'攻城拔寨'的研习生涯。他潜心研究初中化学课的教学要点，仔细琢磨教学录像，还多次旁听老教师的课，思考如何让化学课堂浅显化、趣味化。很快，他胜任了初中化学教学工作"①。教师的自我发展是教师在职业生涯中寻求内在的积极的自我发展。强巴次仁在岗时特别注重专业知识的巩固及提升，积极参与课外及其他专业领域的学习和活动，不断拓宽自身知识面。"孔庆菊不断丰富和提高着自己，主动争取学习机会，先后十多次参加了省内外各种培训，而且通过自学先后取得了汉语言文学专业专科和本科学历。"②

（二）立足前沿做科研

一线教师从事教育科研与专业研究者做科研最大的不同就在于，前者是以在教学中遇到的实际问题为主，将研究成果运用于教学实践。教师在一线教学中将教学科研成果用于实际问题的解决，同时结合教育教学的新情况，使研究成果引导教育教学走出困境。一方面，立足于实践，西部"楷模教师"在教学一线着手解决教育教学的实际问题。另一方面，将最新科研成果运用于实际的教育教学中，并收到较好成效。"范徽丽深入开展海岛特色课程研究，以培养具有海洋意识、家国情怀兼具世界视野的海

---

① 陈少远：《把教学"玩儿"成了一门艺术——记宁夏吴忠市利通区马连渠乡汉渠学校教师杨再明》，中华人民共和国教育部网站，2015 年 9 月 12 日，http://www.moe.gov.cn/jyb_xwfb/xw_zt/moe_357/jyzt_2015nztzl/2015_zt09/15zt09_2015jsyr/201509/t20150929_211372.html。

② 《散发材料二：2013 年度全国教书育人楷模先进事迹介绍》，中华人民共和国教育部网站，2013 年 9 月 2 日，http://www.moe.gov.cn/jyb_xwfb/xw_fbh/moe_2069/s7135/s7589/s7590/201309/t20130902_156693.html。

洋公民为目标,开展'海丫丫365成长行动'的探索与实践。"① 徐华提出组建"南宁二中教科研联合体"的构思,在学校各方面的支持下,广西众多学校成为南宁二中教科研联合体合作学校。这些合作学校在南宁二中真诚务实的帮助下,教育教学质量均取得了令人欣喜的突破。刘占良在长期的教学和教研活动中,探索总结出为"学"治"教"、抓"纲"务"本"、以"练"促"能"的教学教研思想,把教学与教研紧密结合,使教师的"教"和学生的"学"都有了明确的方向。②

第三节 西部地区教师专业发展的有益启示

一 迎难而上,坚定教育信念

教育是一项重要的事业,教师是这项事业中不可或缺的部分。作为教师,坚定的教育信念是支撑他们不断前行的动力。西部"楷模教师"通常需要克服许多挑战,包括教育资源缺乏、家长观念差异、学生基础薄弱等,然而他们在艰苦的条件下依然坚守教学岗位,不断提高专业能力,坚持交流与合作,这些行为给我们提供了宝贵的启示。首先,我们要认识到教育事业的重要性,即教育关系到国家和民族的未来发展。作为一名教师,要坚守教育信念,不断提高自己的素养,用热情和信仰去影响和带动学生的成长。其次,作为一名教师要有足够的职业责任感,把学生的成长和发展放在首要位置,要时刻关注学生的需要和成长,用专业知识和技能去帮助他们解决问题,促进他们全面发展。坚定教育信念不仅是一种责任,更是一种担当和信仰。只有坚持初心,才能不断前行,迎接更多的挑战和机遇。教师需要在教学岗位上更加坚守和执着,不断努力追求更高的教育目标。

① 《边防海岛的最美教师——记广西北海市机关幼儿园(涠洲岛幼儿园)园长范徽丽》,中华人民共和国教育部网站,2019年9月4日,http://www.moe.gov.cn/jyb_xwfb/xw_zt/moe_357/jyzt_2019n/2019_zt20/jsfc/jsyrkm/km2019/201909/t20190904_397462.html。
② 《散发材料二:2013年度全国教书育人楷模先进事迹介绍》,中华人民共和国教育部网站,2013年9月2日,http://www.moe.gov.cn/jyb_xwfb/xw_fbh/moe_2069/s7135/s7589/s7590/201309/t20130902_156693.html。

二 集思广益，灵活解决问题

西部教师通常需要以创造性的方式解决问题，因为他们可能没有足够的资源，并且传统的教育模式可能无法适应当地的学生群体。这种创造性解决问题的精神，不仅是西部教师的必备素质，也是现代教育工作者所必须具备的重要素质之一。首先，要有勇气尝试新的方法和思路。西部教师面临的困难和挑战非常多，而且缺乏优质的教育资源和先进的教学设备。"楷模教师"通常通过创造性思考，充分利用有限的资源和环境条件，不断改善教学效果。因此，西部教师在解决问题时，也应该不断尝试新的方法和思路，勇于创新，不断探索适合自己的解决方案。其次，要注重团队合作。"楷模教师"在面临困难时，常常通过团队合作的方式寻找解决方案。在团队中，每个人都能够发挥自己的优势和特长，共同解决问题。因此，西部教师也应该注重团队合作，积极与同事、朋友合作，共同思考问题，寻找解决方案。

自古以来，有埋头苦干的人，有拼命硬干的人，有为民请命的人，有舍身求法的人……他们都是民族的脊梁。"全国教书育人楷模"事迹被挖掘、让大众熟知，不仅体现了社会对他们的认可，也让更多的新手教师从他们的职业生涯中找寻到一些有益的启示，从而促进自身的专业发展，为国育才、为党育人。

第四部分　"楷模教师"角色分布特征及启示

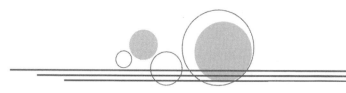

第十三章 "楷模教师"的角色认同群像[*]

教师队伍建设长期以来是国家和社会关注的重要方面。党的十八大以来，我国出台了一系列国家层面的政策措施，把教师队伍建设摆在教育事业优先发展的战略地位。有学者认为，我国自古以来就有"尊师重教"的传统，至今教师的角色理想并未有大的突破性发展，教师职业的工具性价值并未发生改变。① 要推动建设高质量教师队伍，就需要帮助教师形成相对积极、稳定的角色认同感。笔者借助中宣部、教育部联合开展的"全国教书育人楷模"推选活动，深入研究"楷模教师"角色的具体样态，以及他们角色建构的影响因素及重要意义。

本章通过对 2010～2022 年 19 位"楷模教师"的先进事迹进行分析，梳理他们关于个人期望和社会期望的两方面材料，挖掘促进教师坚守的积极因素，并尝试提出新时代师资队伍建设的优化路径。19 位"楷模教师"分布在各个学段，当选时最小的年龄是 38 岁，最大的年龄是 94 岁，平均从教年限约为 32 年，广泛分布在全国各省区市（见表 13-1）。

表 13-1　2010～2022 年部分"楷模教师"基本信息

序号	当选年份	姓名	性别	出生年份	当选年龄（岁）	当选时从教年限（年）	所在省区市	所在单位
1	2010	王生英	女	1956	54	37	河南	河南省林州市横水镇卸甲平村小学

* 本章系重庆市儿童发展与教师教育研究中心立项课题"'全国教书育人楷模'乡村教师群像研究"（课题编号：JSJY2102）的结项成果。

① 田春、王凯婷：《文化社会学视域下的教师角色定位的认同、特点和研究启示》，《兵团教育学院学报》2019 年第 1 期，第 42 页。

续表

序号	当选年份	姓名	性别	出生年份	当选年龄（岁）	当选时从教年限（年）	所在省区市	所在单位
2	2010	汪金权	男	1963	47	23	湖北	湖北省黄冈市蕲春县第四中学
3	2012	吕映红	女	1963	49	28	山东	山东省诸城市枳沟镇枳沟小学
4	2011	周小燕	女	1917	94	71	上海	上海音乐学院
5	2012	朴航瑛	女	1967	45	24	吉林	吉林省汪清县天桥岭林业中学
6	2013	汪秀丽	女	1953	60	41	河北	河北省张家口市职教中心
7	2015	熊照才	男	1960	55	31	云南	云南省麻栗坡县董干镇上弄小学
8	2015	杨再明	男	1973	42	23	宁夏	宁夏吴忠市利通区马连渠乡汉渠学校
9	2016	李天来	男	1955	61	34	辽宁	沈阳农业大学
10	2017	苏富梅	女	1957	60	41	河北	河北省张家口市特殊教育学校
11	2017	丁小彦	女	1965	52	26	重庆	重庆市巴蜀小学
12	2017	王利	男	1976	41	18	黑龙江	黑龙江省齐齐哈尔市龙江县黑岗乡中心学校
13	2018	张玉滚	男	1980	38	17	河南	河南省南阳市镇平县高丘镇黑虎庙小学
14	2018	应彩云	女	1963	55	35	上海	上海市杨浦区本溪路幼儿园
15	2019	贾利民	男	1968	51	30	河北	河北省兴隆县六道河中学
16	2019	顾昌华	女	1964	55	33	贵州	铜仁职业技术学院
17	2020	丁海燕	女	1967	53	34	陕西	陕西省咸阳市旬邑县马栏齐心九年制寄宿学校
18	2021	李红霞	女	1972	49	27	河北	河北省石家庄外国语学校
19	2022	安文军	男	1969	53	30	甘肃	甘肃省张掖市肃南县明花学校

资料来源：教育部网站、《中国教育报》、《中国教师报》等。

第一节 "楷模教师"角色认同现状

教师的角色认同不仅受到社会结构、社会地位和环境等的影响,而且在与他人的互动中不断调适和建构,最终指向个体自我和社会自我的统一。[①] 重视教师群体的角色认同是促进教师队伍稳定发展的内在动力。本章涉及的 19 位"楷模教师",涵盖高教、职教、中小学、幼教、特教等各级各类教育,兼顾地域、民族、性别、年龄等因素,既有在高校勇攀科研高峰的领军拔尖人才,也有在乡村默默奉献的一线教师。他们牢记为党育人、为国育才的使命,坚决贯彻落实立德树人的根本任务,模范践行"四有好老师"标准,努力当好"四个引路人",始终坚守"四个相统一",向学生做为学、为事、为人的示范。

一 "楷模教师"的个人期望

苦乐参半几乎是所有"楷模教师"的真实写照。"苦"主要包括学校环境的艰苦、工作的琐碎繁忙、经济收入的不足、身体病痛的折磨等;"乐"主要指他们在艰苦的条件下依旧不失乐观的心态,这种乐观的心态主要来自自身对教育事业、教师职业和自身教师形象的认同和期望。

(一)教育事业是"绿叶":给予人生不平凡的意义

教育是民族振兴、社会进步的重要基石,教师对教育事业的认同感是他们坚守教育岗位的首要前提。"楷模教师"兢兢业业工作,认同教育事业的价值,用平凡成就自己的一生。安文军执教 30 年,乡村艰苦的生活让大批老师来了又去,但他却一直坚守着,培养了超过 3000 名学生,他们已经奔赴各行各业,遍布天南地北。安老师用教育改变了无数大山人的命运。[②] 30 多年中,沈阳农业大学教授李天来一直工作在教学和科研第一线,以满腔工作热情,为我国设施园艺学科与产业发展做出突出贡献。他深夜

[①] 李茂森:《教师的身份认同研究及其启示》,《全球教育展望》2009 年第 3 期,第 87 页。

[②] 郑芃生:《祁连山下 30 年的教育坚守——记甘肃省张掖市肃南裕固族自治县明花学校教师安文军》,中华人民共和国教育部网站,2022 年 9 月 20 日,http://wap. moe. gov. cn/jyb_xwfb/moe_2082/2022/2022_zl23/202209/t20220920_663284. html。

秉烛，悉心指导学生的学业；他关爱青年教师，甘为人梯；他不仅为农学领域培养了一大批人才，也力克北方严寒地区冬季蔬菜不能高产的难题。① 在平凡普通的日子里，"楷模教师"用心做好教书育人的本职工作，不忘初心，矢志不渝。

（二）教师职业是"花匠"：浇灌每位孩子的心田

教书育人是教师的本职工作，"楷模教师"把自己的全部精力都放到教学和学生身上，努力办好让人民满意的教育，为祖国培育人才。其一，做好教书本职工作，做到"要给学生一杯水，教师要有一桶水"。吕映红为了能够快速提高自己的教学水平，经常利用假期去别的学校向名师请教教学经验。② 其二，不仅要教好书，也要育好人。安文军非常注意教育方式，即使学生一再犯错，他也总是用温和的语气让他们通过自我反省的方式改变。在安老师用心呵护下，他带领的班级总是名列前茅。③ 丁海燕所在的旬邑县，村民生活习惯差，一些孩子不讲卫生、言语粗鄙，她深知身教重于言传，总是带头讲普通话，尤其注重培养学生的行为习惯。④ 做美的教师、育美的少年、办美的教育是"楷模教师"的职责使命。

（三）教师形象是"红烛"：点燃自己，照亮教育前路

"楷模教师"对自身有着高要求，利用高尚的道德情操和崇高的精神境界树立良好形象。丁海燕刚走上工作岗位时就和自己"约法三章"：学校交给的任务，必须无条件完成；要求学生做到的，自己首先做到；告诫学生不做的，自己坚决不做。这一坚持就是大半辈子。⑤ 总之，教师要优

---

① 《桃李不言，下自成蹊——记沈阳农业大学教授李天来》，中华人民共和国教育部网站，2016 年 9 月 8 日，https：//www. moe. gov. cn/jyb_xwfb/xw_zt/moe_357/jyzt_2016nztzl/2016_zt15/16zt15_jsyrkm/201609/t20160902_277468. html。

② 袁新文、孙家莉：《吕映红：为留守孩子撑起一片天》，中华人民共和国教育部网站，2012 年 10 月 8 日，http：//www. moe. gov. cn/jyb_ xwfb/moe _ 2082/s6236/s6843/201210/t20121008_142902. html。

③ 安文军：《教书育人初心不改》，《中国民族教育》2022 年第 9 期，第 21 页。

④ 《深山红烛"丁妈妈"——记陕西省咸阳市旬邑县马栏齐心九年制寄宿学校教师丁海燕》，中华人民共和国教育部网站，2020 年 9 月 9 日，http：//www. moe. gov. cn/jyb_ xwfb/xw_zt/moe_357/jyzt_2020n/2020_zt16/2020jiaoshuyurenkaimo/202009/t20200909_486652. html。

⑤ 冯丽：《大山深处"丁妈妈"——记 2020 年全国教书育人楷模、陕西省旬邑县马栏齐心九年制寄宿学校教师丁海燕》，中华人民共和国教育部网站，2020 年 9 月 14 日，http：//www. moe. gov. cn/jyb_xwfb/moe_2082/zl_2020n/2020_zl48/202009/t20200914_487717. html。

化自身形象，以德立教、率先垂范、严于律己、无私奉献，把外树形象与内强素质结合起来。

二 "楷模教师"的社会期望

在社会中，教师被认为是太阳底下最光辉的职业，"学高为师，身正为范"也蕴含着社会对教师的要求。社会对教师的尊重、认同和期望也会对教师的角色认同产生影响。"楷模教师"的社会期望主要包括社会认可、其他教师敬仰和学生们喜爱三方面。

（一）社会认可——"太阳底下最灿烂的花朵"

社会上关于教师的评价和言论影响着教师的角色认同，社会对教师的认可主要包括国家、社会人士和学生家长三方面的认同。第一，国家大力宣传"楷模教师"。从 2010 年起开始评选"楷模教师"，到 2020 年中宣部、教育部联合宣传，加大对优秀教师的宣传和表彰力度，都旨在营造尊师重教的社会风气。坚守山村教育几十年的王生英在获奖时谈到自己在山里教书不是难事，因为有山里乡亲的大力支持，尤其要感谢党和政府。[1]第二，社会各界人士赞美"楷模教师"。从宣传"楷模教师"的新闻稿标题如《在高原牧区奉献青春的辛勤园丁》《写下的是奉献，擦去的是名利》《托起山里孩子的读书梦》等可以看出，社交媒体上关于"楷模教师"群体的描述多是尊敬的，社会中对乡村教师也都是正面评价居多，可见"楷模教师"被大家广泛认可和尊重。第三，家长从心底里尊敬"楷模教师"。应彩云开设"家长讲坛"，使年轻家长明白亲子教育的关键性；举行开放半日活动，让家长近距离发现孩子的进步与弱项。不仅如此，她还发放家教手册、指点亲子教育策略，在她的热情感染下，家园共育变得分外有效，使家长甚至是一线教师体会到学前教育的真谛。[2] 张玉滚多年来除了悉心教学，还资助了 300 多名同学读书，使黑虎庙村的儿童无一失学，家

---

[1] 《爱心，坚守山乡三十七载——记河南林州市卸甲平村小学教师王生英》，中华人民共和国教育部网站，2010 年 9 月 11 日，http://www.moe.gov.cn/jyb_xwfb/moe_2082/s5936/s4620/201009/t20100915_99447.html。

[2] 谢沂楠：《孩子是天我是云——记上海市杨浦区本溪路幼儿园教师应彩云》，中华人民共和国教育部网站，2018 年 8 月 30 日，https://www.moe.gov.cn/jyb_xwfb/xw_zt/moe_357/jyzt_2018n/2018_zt15/zt1815_km/201808/t20180830_346618.html。

长们都说，有了玉滚孩子们就有希望了。① 综上，"楷模教师"在各自的岗位上踏实教书，用心育人，得到了社会上的普遍认可。

（二）其他教师敬仰——未来教育的"领跑人"

作为同事，"楷模教师"的一言一行在无形之中熏陶着其他教师，他们是值得学习的榜样。第一，在"楷模教师"的帮助下，其他教师教学能力迅速提升。丁小彦将自己数十年的教育经验倾囊相授，并和巴蜀小学的语文教师们共同打造了多样化的语文课堂，同时也耐心指导自己的徒弟教学，让他们迅速成长为学校的骨干级教师。② 第二，在"楷模教师"的帮助下，其他教师坚定了扎根教育事业的信心。"楷模教师"面对学生付出真心、面对困难坚持不懈、面对名利选择淡然的生活态度，为身边的其他教师树立了鲜活的"榜样"，感召更多教师为教育奉献一生，也受到大家的尊敬。

（三）学生们喜爱——是"孩子王"，也是"良师益友"

学生的认可是"楷模教师"坚守从教的基石，积极的师生关系也促进"楷模教师"的角色认同。"楷模教师"将学生视如自己的孩子，不但在学业上耐心指导，在生活上对他们的关怀也是无微不至，走进了学生们的内心。第一，"楷模教师"深受学生喜爱，是名副其实的"孩子王"。杨再明至今已经教过3000名学生，每逢节假日都有大批毕业生前来拜访杨老师，他们常说："我们有幸认识杨老师这样的好老师，真是幸福。"③ 熊照才一说起自己的学生，眼睛里就充满了喜悦，他经常会忘记自己是老师的身份，学生们也都很愿意和熊老师一起玩耍。④ 第二，"楷模教师"心中有向

① 《十八弯山路上的一轮明月——记河南省南阳市镇平县高丘镇黑虎庙小学教师张玉滚》，中华人民共和国教育部网站，2018年8月30日，http://www.moe.gov.cn/jyb_xwfb/xw_zt/moe_357/jyzt_2018n/2018_zt15/zt1815_km/201808/t20180830_346628.html。

② 胡航宇：《将儿童的心灵雕塑得红亮巧慧——记重庆市巴蜀小学教师丁小彦》，中华人民共和国教育部网站，2017年9月23日，http://www.moe.gov.cn/jyb_xwfb/moe_2082/zl_2017n/2017_zl43/201709/t20170925_315215.html。

③ 陈少远：《把教学"玩儿"成了一门艺术——记宁夏吴忠市利通区马连渠乡汉渠学校教师杨再明》，中华人民共和国教育部网站，2015年9月12日，http://www.moe.gov.cn/jyb_xwfb/xw_zt/moe_357/jyzt_2015nztzl/2015_zt09/15zt09_2015jsyr/201509/t20150929_211372.html。

④ 董鲁皖龙、陈少远：《苗寨里最受尊敬的先生——记云南省麻栗坡县上弄小学教师熊照才》，中华人民共和国教育部网站，2015年9月23日，http://www.moe.gov.cn/jyb_xwfb/xw_zt/moe_357/jyzt_2015nztzl/2015_zt09/15zt09_2015jsyr/201509/t20150929_211356.html。

往美好未来的希望之光,是大家的"良师益友"。苏富梅的学生——"全国自强模范"单海军语气里充满感激:"是苏妈妈培养我成才、帮我介绍对象、让我成家立业。今后我不会让苏妈妈失望,会像当年她对待我一样,教我现在的学生"①。

第二节 "楷模教师"角色认同原因分析

"楷模教师"的角色认同不仅包括对学生的关爱,也包括乡村教师对乡村教育及乡村生活的热爱等,受到社会因素和个体因素双重影响。

一 孩子们"渴望的眼神"给予他们坚持从教的勇气

面对艰苦的条件,"楷模教师"虽然也有过迷茫、孤独甚至纠结,但每次总能从孩子们的眼里看到希望、获得勇气,所以"楷模教师"像对待自己的子女那般关爱学生。朴航瑛没有子女,学生取得优异的成绩是她最大的满足与幸福,她认为是学生的精彩让她感到了骄傲和自豪。② 当丁海燕亲眼看到山里的孩子们茁壮成长,向着更广阔的天地飞去时,真切地体会到身为人师的成就感和幸福感。③ "我不能承受没有学生的生活",这是周小燕对生活最贴切的描述。她悉心指导学生,看着他们长大成才,在声乐的天地里成就自己的事业。有人赞扬她培养了那么多音乐人才,她却说最主要的是学生自己勤奋努力,而她个人起的作用则是微不足道的。④ 为了让孩子们能好好上学并有所成就,"楷模教师"除了一辈子坚守在教育岗位,还通过不断学习提高自身的专业能力。贾利民推行的智慧素养教

---

① 周洪松:《用爱让残缺花蕾绽放——记河北省张家口市特殊教育学校校长苏富梅》,中华人民共和国教育部网站,2017 年 9 月 16 日,https://www. moe. gov. cn/jyb_xwfb/moe_2082/zl_2017n/2017_zl43/201709/t20170918_314682. html。

② 杨明方:《朴航瑛:洒向学生都是爱》,中华人民共和国教育部网站,2012 年 10 月 9 日,http://www. moe. gov. cn/jyb_xwfb/moe_2082/s6236/s6843/201210/t20121009_142955. html。

③ 冯丽:《大山深处"丁妈妈"——记 2020 年全国教书育人楷模、陕西省旬邑县马栏齐心九年制寄宿学校教师丁海燕》,中华人民共和国教育部网站,2020 年 9 月 14 日,http://www. moe. gov. cn/jyb_xwfb/moe_2082/zl_2020n/2020_zl48/202009/t20200914_487717. html。

④ 董少校:《金嗓丹心的"中国之莺"——记上海音乐学院终身教授、著名女高音歌唱家周小燕》,中华人民共和国教育部网站,2011 年 9 月 15 日,https://www. moe. gov. cn/jyb_xwfb/xw_zt/moe_357/s6211/s6210/s6253/s6254/201207/t20120702_138710. html。

育，包括"一育、三课、四自、五管"特色课程体系，是他课后踏实学习、不断更新教学理念的成果。总之，为了让孩子们学得好、过得好，"楷模教师"坚守岗位，努力提升自我。

二 学生时代"得遇良师"促成他们追求教育梦想的初心

在从教之前，"楷模教师"对教育和教师的认知，在他们的职业选择和坚守中起了一定的作用。从材料中可以看出，不少"楷模教师"在学生时代遇到了坚守教学岗位、热爱教育事业的好老师，这是他们走上教书育人道路的引路人。安文军从事教师职业的契机源于对自己老师的敬佩。他的老师70多岁仍坚持为教育事业做贡献，尽心尽力地撰写《明花教育志》，正是老师的这份严谨、认真，激励安文军不断磨砺教学技能，促进自身成长。① 王利的父亲也是一位农村老师，父亲对学生的爱和对教育的坚守一直铭刻在他的心中，所以他才会在大学毕业后放弃县城工作，主动申请返乡从教。② 李红霞深情回忆起自己的学生时代："从小学到大学，老师们给了我最多的帮助。如今，我也成了老师，我愿意一直为孩子们点灯。"③ 学生时代遇到的好老师，不仅教会书本上的知识，还有一颗懂得尊重爱护学生的心，这激励"楷模教师"在教学之路上坚守。

三 "一生只为一事来"成为他们实现自我价值的信念

有学者将教师对自己职业的认同分为"功利"和"道德"两个层面。真正优秀的教师应该达到道德的境界，忠诚于教育事业、甘于奉献，不追求功利，通过教师这一平凡的职业来实现自己的人生理想。④ "一生只为一

---

① 《2022年"全国教书育人楷模"安文军：坚守牧区 润物无声》，中国教育新闻网，2022年9月6日，http://www.jyb.cn/rmtzcg/xwy/wzxw/202209/t20220906_2110942703.html。

② 曹曦：《"教书育人用心，是个好把式"——记黑龙江省龙江县黑岗乡中心学校教师王利》，中华人民共和国教育部网站，2017年9月18日，http://www.moe.gov.cn/jyb_xwfb/moe_2082/zl_2017n/2017_zl43/201709/t20170918_314683.html。

③ 马利：《"我愿意一直为孩子们点灯"——记全国教书育人楷模，石家庄外国语学校党总副书记、教师李红霞》，河北新闻网，2021年9月10日，https://baijiahao.baidu.com/s?id=1710455783302263837&wfr=spider&for=pc。

④ 《传承"大别山精神"献身教书育人事业——湖北省教育界人士畅谈学习全国教书育人楷模汪金权事迹体会》，中华人民共和国教育部网站，2011年4月7日，http://www.moe.gov.cn/jyb_xwfb/xw_zt/moe_357/s3582/s4672/s4896/s4897/201104/t20110407_117122.html。

事来"是"楷模教师"的毕生追求。汪秀丽初任教师时的目标就是"当一名合格的人民教师",为此,她倾尽心血和智慧,培养了高度团结的班集体,打造出最受学生喜爱的哲学课堂,传授给学生们终身受用的人生观、世界观、价值观和辩证思维等。① 顾昌华几十年来扎根职业教育,对从事教师这个职业从不后悔。她始终坚持"千教万教教人求真"的理念,所追求的人生理想就是用自己所学的农业知识和种植技能帮助学生们在田野上播下优良的种子,在自己心中播下真善美的种子。② 综上所述,"楷模教师"将能够奉献自己毕生所学,培养出更多优秀的学生作为自己最大的愿望,"一生只为一事来"是他们能坚守教育、实现自我价值的信念。

第三节　教师角色认同的有益启示

《中共中央　国务院关于全面深化新时代教师队伍建设改革的意见》(以下简称《意见》)将教师的职业认同、"三感"的获得与教师责任紧密联系起来。《意见》指出,"尊师重教蔚然成风,广大教师在岗位上有幸福感、事业上有成就感、社会上有荣誉感,教师成为让人羡慕的职业"。本节围绕增强教师的荣誉感、成就感和幸福感三方面来谈如何提升教师的角色认同,增强教师坚守教育事业的责任感,建设新时代高素质教师队伍,从而推动教育事业发展。

一　利用节日仪式宣传,提升荣誉感

教师节是全体教师共同的节日,也体现了社会对教师的肯定和尊敬。教师节的大部分活动也是为了展现教师职业的价值,讴歌教师的重要作用,从而提高教师行业的社会认同度和教师群体的身份地位。③ 近年来,

---

① 《为了山城的孩子——记河北省张家口市职教中心校长汪秀丽》,中华人民共和国教育部网站,2013 年 9 月 6 日,http://www. moe. gov. cn/jyb_xwfb/moe_2082/s7081/s7596/201309/t20130906_157047. html。

② 《武陵深处献身职教的"菇仙姑"——记贵州省铜仁职业技术学院教师顾昌华》,中华人民共和国教育部网站,2019 年 9 月 4 日,http://www. moe. gov. cn/jyb_xwfb/xw_zt/moe_357/jyzt_2019n/2019_zt20/jsfc/jsyrkm/km2019/201909/t20190904_397465. html。

③ 龙宝新:《论教师节日文化的功能与建设》,《宁波大学学报》(教育科学版) 2012 年第 4 期,第 26 页。

每年教师节教育部、中宣部都会公布"楷模教师"新名单，体现国家对教师典型树立的重视。在全国众多学校中，有许多优秀教师值得学习，如安文军在从教初期经常向身边同事取经，才让自己信心百倍地投身到教育工作中。因此，要重点挖掘身边可学可做的教师模范，每年教师节可以请优秀教师分享自己的教育故事、教学经验，邀请师生、家长到现场，以真正发挥"楷模教师"应有的示范和带头作用。这样不仅可以激发以及提高其他教师对教育的热情，也可以在社会中营造出尊师重教的氛围，从而提高教师的荣誉感。

二 构建城乡教师学习共同体，获得成就感

学习型组织是以共同愿景为基础，以团队学习为特征，熟练地创造、获取和传递知识的组织。① 乡村优秀师资相对匮乏，乡村教师整体上专业知识和能力不足，加之教学条件差，教师可学习、可利用的教学资源也不够。而城市教师可以通过向乡村教师传授新的教学知识、方法和技术等，从而得到锻炼。基于此，加强城乡教师沟通交流、构建城乡教师学习共同体，是实现乡村教师专业成长的现实路径。首先，在学习共同体中组织城乡教师"一对一"帮扶，相互学习教学和班级管理经验，针对具体问题具体分析，能够快速促进城乡教师成长。其次，城乡教师学习共同体中应经常性开展读书分享、课题研讨、案例分析、听课评课等活动，实现城乡教学资源共享，提升城乡教师的专业知识和教学教研能力，促进教师专业成长，从而使其获得成就感。

三 借助互动仪式链理论，收获幸福感

教师的人际关系与社会互动影响着教师的角色认同。当前，教师群体尤其是乡村教师中出现了难以与学校环境和教育事业产生情感上共鸣等问题，导致容易产生职业倦怠，不利于心理健康。兰德尔·柯林斯提出互动仪式链理论，其核心要义是通过具体情境中的互动仪式推动群体团结，产生情感能量，与群体符号相联系，最终形成组织中的道德规范、思想文化

---

① 丁家云、谭艳华主编《管理学：理论、方法与实践》，中国科学技术大学出版社，2010，第53页。

和价值观念的基础。① 基于互动仪式链理论，从学校层面，应丰富教师业余活动，如举办联谊、集体教研活动等，通过互动的仪式形成共同的价值追求，产生群体团结的情感能量。从教师层面，应鼓励新教师与家长多沟通交流，搭建起家校合作的桥梁，让家长接纳和支持教师工作；鼓励新教师多与优秀教师交流工作，互相学习成长，达到情感上的共鸣。从学生层面，良好的师生关系能让教师收获幸福感，因此教师应多与学生一起参与活动，拉近与学生的关系，得到学生的爱戴，激发自身坚守教育事业的内生动力，收获幸福感。

---

① 刘晓亮：《互动仪式链理论对青年价值观培育的启示》，《中国青年研究》2018 年第 6 期，第 100 页。

第十四章 乡村"楷模教师"的群像[*]

教育大计，教师为本。实现乡村振兴需要高质量的乡村教育体系，而优秀的乡村教师群体是撑起高质量乡村教育的脊梁，乡村教师是乡村教育振兴的根本力量。2015年国务院印发《乡村教师支持计划（2015—2020年）》，明确提出"吸引优秀人才到乡村学校任教，提高教师队伍整体水平，促进教育公平，推动城乡一体化建设，推进社会主义新农村建设"[①]。如何让乡村教师"下得去，留得住，教得好"，建立优质的乡村教师队伍，成为乡村教育的重点和难点。从2018年教育部印发《教师教育振兴行动计划（2018—2022年）》到2020年出台《新时代乡村教师队伍建设的意见》，一系列国家政策的颁布使得全国乡村教师队伍建设取得了较好成果，同时也培养了一批高质量乡村教师。[②] 加强新时代乡村教师队伍建设，打造一支热爱乡村、数量充足、素质优良、充满活力的乡村教师队伍，这样的期望离不开优秀典型的树立。[③] 2010年以来，教育部联合中央主要媒体和教育媒体，评选出百余位"全国教书育人楷模"教师。本章通过对其中36位乡村"楷模教师"的先进事迹材料进行文本分析，梳理其成长轨迹、职业贡献，挖掘促进乡村教师专业化发展的有利因素，并尝试提出新时代

[*] 本章系重庆市儿童发展与教师教育研究中心重点项目"'全国教书育人楷模'乡村教师群像研究"（课题编号：JSJY2102）、四川乡村教育发展研究中心重点项目"'全国教书育人楷模'乡村教师群像研究"（课题编号：SCXCJY2023A03）的研究成果。

[①] 《国务院办公厅关于印发乡村教师支持计划（2015—2020年）的通知》，中国政府网，2005年6月8日，https://www.gov.cn/xinwen/2015-06/08/content_2875260.htm。

[②] 吴彬镪、李建辉：《乡村教师促进乡村教育振兴的问题及其改进》，《湖南师范大学教育科学学报》2022年第5期，第1页。

[③] 《教育部等六部门关于加强新时代乡村教师队伍建设的意见》，中华人民共和国教育部网站，2020年8月28日，http://www.moe.gov.cn/srcsite/A10/s3735/202009/t20200903_484941.html。

乡村教师队伍建设的优化路径。当选的 36 名乡村"楷模教师"广泛分布
于全国 22 个省区市，涉及各个学段，其中学前教育阶段的教师有 4 人，小
学教育阶段的教师有 20 人，中学教育阶段的教师有 8 人，职业教育阶段的
教师有 5 人（见表 14-1）。

表 14-1 2010～2022 年乡村"楷模教师"基本信息

序号	当选年份	姓名	性别	出生年份	当选年龄（岁）	当选时从教年限（年）	所在省区市	所在单位	学段
1	2010	王生英	女	1956	54	37	河南	河南省林州市横水镇卸甲平村小学	小学
2	2010	汪金权	男	1963	47	23	湖北	湖北省黄冈市蕲春县第四中学	中学
3	2010	普琼	男	1976	34	7	西藏	西藏自治区仲巴县仁多乡完全小学	小学
4	2011	张金波	男	1958	53	14	辽宁	辽宁省建平县职业教育中心	职教
5	2011	左相平	男	1959	52	38	贵州	贵州省六盘水市盘县响水镇中学	中学
6	2012	吕映红	女	1963	49	28	山东	山东省诸城市枳沟镇枳沟小学	小学
7	2012	范妹锁	男	1965	47	27	山西	山西省晋中市榆次区长凝镇东长凝小学	小学
8	2012	朴航瑛	女	1967	45	24	吉林	吉林省汪清县天桥岭林业中学	中学
9	2013	张其星	男	1955	58	42	四川	雅安市雨城区上里镇共和村小学	小学
10	2014	李广	男	1958	56	38	河北	河北省围场县棋盘山学区中心校莫里莫幼儿园	学前
11	2014	仲威平	女	1966	48	27	黑龙江	黑龙江省铁力市工农乡中心学校	小学
12	2014	陆繁伟	男	1971	43	23	山东	山东省枣庄市共青希望小学	小学
13	2014	王祖德	男	1972	42	17	江西	江西省萍乡市武功山职业中等专业学校	职教
14	2015	熊照才	男	1960	55	31	云南	云南省麻栗坡县董干镇上弄小学	小学

续表

序号	当选年份	姓名	性别	出生年份	当选年龄（岁）	当选时从教年限（年）	所在省区市	所在单位	学段
15	2015	杨再明	男	1973	42	23	宁夏	宁夏吴忠市利通区马连渠乡汉渠学校	中学
16	2015	曾维奋	男	1974	41	13	海南	海南省澄迈县永发中心学校儒林小学	小学
17	2016	文天立	男	1957	59	40	四川	四川省广元市青川县红光小学	小学
18	2016	支月英	女	1961	55	36	江西	江西省宜春市奉新县澡下镇白洋教学点	小学
19	2016	王宏	男	1965	51	28	青海	青海省玉树藏族自治州称多县歇武镇中心寄宿制学校	小学
20	2017	张赛芬	女	1969	48	28	浙江	浙江省舟山职业技术学校	职教
21	2017	刘发英	女	1970	47	25	湖北	湖北省宜昌市长阳土家族自治县龙舟坪镇花坪小学	小学
22	2017	王利	男	1976	41	18	黑龙江	黑龙江省齐齐哈尔市龙江县黑岗乡中心学校	中学
23	2017	艾米拉古丽·阿不都	女	1983	34	15	新疆	新疆维吾尔自治区喀什地区巴楚县多来提巴格乡幼儿园	学前
24	2018	朱辉球	男	1970	48	28	江西	江西陶瓷工艺美术职业技术学院	职教
25	2018	张建华	女	1974	44	25	河北	河北省保定市阜平县阜平镇大园村大园小学	小学
26	2018	张玉滚	男	1980	38	17	河南	河南省南阳市镇平县高丘镇黑虎庙小学	小学
27	2019	顾昌华	女	1964	55	33	贵州	铜仁职业技术学院	职教
28	2019	贾利民	男	1968	51	30	河北	河北省兴隆县六道河中学	中学
29	2019	范徽丽	女	1976	43	25	广西	广西北海市涠洲岛幼儿园	学前
30	2019	拉姆	女	1985	34	13	西藏	西藏自治区双湖县协德乡完全小学	小学

续表

序号	当选年份	姓名	性别	出生年份	当选年龄（岁）	当选时从教年限（年）	所在省区市	所在单位	学段
31	2020	丁海燕	女	1967	53	34	陕西	陕西省咸阳市旬邑县马栏齐心九年制寄宿学校	小学
32	2020	孙浩	男	1980	40	20	安徽	安徽省宿州市埇桥区汴河中心小学	小学
33	2021	张万波	男	1973	48	24	辽宁	辽宁省本溪市本溪满族自治县第五中学	中学
34	2021	强巴次仁	男	1978	43	21	西藏	西藏自治区日喀则市萨嘎县昌果乡完全小学	小学
35	2021	郭文艳	女	1983	38	19	河南	河南省新乡市辉县市西平罗乡中心幼儿园	学前
36	2022	安文军	男	1969	53	30	甘肃	甘肃省张掖市肃南县明花学校	小学

资料来源：教育部网站、《中国教育报》、《中国教师报》等。

第一节　乡村"楷模教师"群体的成长轨迹

一　幼年经历：榜样激励埋下教育"种子"

　　幼年和青少年时期的乡村"楷模教师"思想活跃，接受新事物能力强，身边有着各种各样优秀的人和典型的事。榜样不仅可以对他们的生活起到一种引领和示范作用，更能激发他们对未来的向往。青少年时期榜样的力量是巨大的，不仅能使一个人积极向上、不断进取、奋发有为，而且会影响和塑造人的世界观、人生观、价值观和道德观。青少年时期榜样对青少年成长具有深远影响，对他们以后从事乡村教育起着重要的作用，这样的榜样可能是父母长辈、教师等。如安文军崇尚教育事业，他的愿望就是当一名优秀教师，而这个愿望源于他对老师的敬佩，带着这份敬佩他走进了师范学校的大门，在师长们"学高为师、身正为范"的教导下发奋读书。①

---

　　① 安文军：《教书育人初心不改》，中国教育新闻网，2022 年 9 月 6 日，http://m. jyb. cn/rmtzcg/xwy/wzxw/202209/t20220906_2110942703_ wap. html。

王生英用"神圣天使"这样的词表达自己最初对教师职业的感受和尊重，上小学时老师对她的关爱，促使她走上讲坛。① 王利回忆说："我父亲也是一名乡村教师，他对学生的爱、对教育的坚守从小就留在我的脑海里，这也是我在大学毕业后坚持回到家乡龙江县靠山种羊场学校的主要原因。"② 可见，父母、教师等榜样形象的影响与乡村"楷模教师"的职业选择具有较强的关联性。

二　青年经历：扎根乡村体现责任担当

不少乡村"楷模教师"青年时期就主动请缨，到最贫困、祖国最需要的地方任教，放弃了更好的教学条件和待遇，默默奉献，扎根乡村基层，服务社会，彰显出青年教师的责任与担当。刘发英从师范学校毕业后，同父亲一样做出了进山的选择，在填报分配志愿表时，她在志愿栏里写道："到长阳最边远、最贫困的黄柏山去。"③ 张万波作为省优秀毕业生从师专毕业，当时，本溪县南部山区的第五中学急需数学教师，政治专业的张万波"临危受命"，留在了这所坐落在村里的初中。④ 华中师范大学中文系毕业的汪金权被分配到闻名遐迩的黄冈中学任教，一年后，他主动申请从黄冈中学调到地处偏远农村的蕲春四中，从此坚守在山区的讲台上长达20多年。⑤

---

① 《爱心，坚守山乡三十七载——记河南林州市卸甲平村小学教师王生英》，中华人民共和国教育部网站，2010 年 9 月 11 日，http://www. moe. gov. cn/jyb_ xwfb/moe_2082/s5936/s4620/201009/t20100915_99447. html。

② 曹曦：《"教书育人用心，是个好把式"——记黑龙江省龙江县黑岗乡中心学校教师王利》，中华人民共和国教育部网站，2017 年 9 月 18 日，http://www. moe. gov. cn/jyb_xwfb/moe_2082/zl_2017n/2017_zl43/201709/t20170918_314683. html。

③ 《托起山里孩子的读书梦——记湖北省宜昌市长阳县龙舟坪镇花坪小学教师刘发英》，中华人民共和国教育部网站，2017 年 9 月 5 日，http://www. moe. gov. cn/jyb_xwfb/xw_zt/moe_357/jyzt_2017nztzl/2017_zt07/17zt06_qgjsyrkm/201709/t20170905_313423. html。

④ 刘玉：《娃儿们走出大山的筑梦人——记辽宁省本溪县第五中学教师张万波》，中华人民共和国教育部网站，2021 年 9 月 13 日，http://www. moe. gov. cn/jyb_xwfb/moe_2082/2021/2021_zl57/202109/t20210913_562454. html。

⑤ 程墨、罗曼、何易：《"我愿一生做一个好老师"——记湖北省黄冈市蕲春四中教师汪金权》，中华人民共和国教育部网站，2010 年 9 月 19 日，http://www. moe. gov. cn/jyb_xwfb/moe_2082/s5936/s4620/201009/t20100919_108176. html。

三 职业发展轨迹：年复一年传递教育真情

（一）吃苦耐劳彰显教育情怀

在偏远山区任教，条件不好就自己创造条件，教师数量不够就以家为校，什么困难都阻挡不了乡村"楷模教师"的教育热情，他们用吃苦耐劳、勇于奉献的精神彰显高尚的师德与教育情怀。张建华在阜平县最偏远贫困的乡村任教，简陋的土坯房四面漏风，破桌子、烂板凳"弱不禁风"，稍有不慎，就会"散架寿终"，而这一切都不能熄灭她的教学热情。[1] 教初中时李广带着学生利用课余时间背着铁锹、镐头铲平操场，师生一起刨坑整地，栽植松树，翻新校舍，安装暖气，改善饮水设施，焊制安全护栏，倾心血营造"世外桃源"。[2] 王宏身残志坚，育人教书，以校为家，不改初心，扎根高原藏区近30年，以心换心，以爱育爱，唤醒孩子的心灵。[3]

（二）心系学生展现教育温度

乡村"楷模教师"无时无刻不在挂念着学生。自从担任教师以来，他们热爱教育事业，对学生负责，对自己负责。他们将爱心化作教书育人的一种动力，把爱倾注在每一位学生身上，展现教育的温度。多种疾病缠身的丁海燕，在为自己的病痛伤心难过一阵后，悄悄抹干眼泪，藏起诊断书，又回到她倾心热爱的学校和孩子们中间。只要和学生在一起，她就忘记了所有的病痛和不舒心，在她心里只有一个信念：我苦点儿累点儿没有啥，但不能误了孩子。[4] 普琼病情严重，术后必须静养，教育局特地给他批了两个月的假，但不到一个月，普琼就归校了。问他原因，憨厚的他嘿

---

[1] 《太行山深处的快乐耕耘者——记河北省阜平县阜平镇大园村大园小学教师张建华》，中华人民共和国教育部网站，2018年8月30日，http://www.moe.gov.cn/jyb_xwfb/xw_zt/moe_357/jyzt_2018n/2018_zt15/zt1815_km/201808/t20180830_346614.html。

[2] 潘琴琴、耿建扩：《教育楷模李广：营造山村孩子的世外桃源》，中国日报网，2018年8月6日，https://baijiahao.baidu.com/s?id=1608028601934579654&wfr=spider&for=pc。

[3] 《通天河畔"护梦人"——记青海省玉树州称多县歇武镇中心寄宿制学校教师王宏》，中华人民共和国教育部网站，2016年9月29日，http://www.moe.gov.cn/jyb_xwfb/moe_2082/zl_2016n/2016_zl06/201609/t20160929_282664.html。

[4] 《深山红烛"丁妈妈"——记陕西省咸阳市旬邑县马栏齐心九年制寄宿学校教师丁海燕》，中华人民共和国教育部网站，2020年9月9日，http://www.moe.gov.cn/jyb_xwfb/xw_zt/moe_357/jyzt_2020n/2020_zt16/2020jiaoshuyurenkaimo/202009/t20200909_486652.html。

嘿一笑，只有一句话："想孩子们了。"① 有些孩子交不起学费，支月英就帮着垫，有时候连自己买米买菜的钱都不够。为了多赚点钱，支月英曾在双休日、节假日跟着壮劳力去山里扛木头、装车。一次，她坐的大货车出了车祸，支月英昏迷了很长时间才醒来。②

第二节 无私奉献：乡村"楷模教师"的职业贡献

在不同时代，国家和社会对人才的要求不同，树立的典型也就不同。战争年代，敢于冲锋陷阵、英勇无畏的英雄形象成为典型；和平年代，随着社会不断进步，树立典型的标准也更加多样化。树立的典型一定是符合当时的社会主流价值观的。因此，乡村"楷模教师"是在当代教育领域有突出贡献、得到国家和社会认可的典型，他们无私奉献、教书育人，其美好品质值得一线教育工作者认真感悟与学习。

一 教书育人初心不改

（一）无私奉献铸就伟大人格

乡村"楷模教师"坚守在贫困、艰苦的乡村地区，工作在教学一线十几年甚至几十年，具有高尚的师德与无私奉献的伟大人格。在草原腹地，面对高海拔的缺氧反应、四季的大风大雪、校务的繁重琐碎，拉姆坚守了十几年，长期上门给基础差的学生补课，教过近 2000 名学生。③ 吕映红为了留守儿童把自己的家办成"替补学校"，婉拒众多城区学校抛来的"橄榄枝"，用近 30 年的坚守诠释了"桃李不言，下自成蹊"，用不是母亲胜

---

① 张晨：《坚守"生命禁区"的讲台——记西藏仲巴县仁多乡完小校长普琼》，中华人民共和国教育部网站，2010 年 9 月 18 日，http://www.moe.gov.cn/jyb_xwfb/moe_2082/s5936/s4620/201009/t20100919_108166.html。

② 丁雅诵：《江西省奉新县白洋教学点负责人支月英"让更多孩子走出大山，远离贫困"》，中华人民共和国教育部网站，2021 年 3 月 21 日，http://www.moe.gov.cn/jyb_xwfb/moe_2082/2021/2021_zl19/renmin/202103/t20210322_521741.html。

③ 周小兰：《在羌塘草原奉献青春——记西藏双湖县协德乡完全小学校长拉姆》，中华人民共和国教育部网站，2019 年 9 月 12 日，http://www.moe.gov.cn/jyb_xwfb/moe_2082/zl_2019n/2019_zl68/201909/t20190912_398889.html。

似母亲的爱点亮了留守儿童的心灵,被人们称为"爱心妈妈"。① 在被称为"世界屋脊的屋脊""生命禁区的禁区"的仲巴县仁多乡,普琼十几年如一日地坚守在讲台上,改善教学设施,关爱学生,在平凡中彰显了崇高精神,在淳朴中展现了美好品格。② 王生英自愿到偏僻、艰苦的桃园学校任教,改善学校条件,起早贪黑地备课、上课、批改作业、辅导学生,经常吃住在学校,工作到忘我的程度。她无私的奉献精神,感动着学生,也感染着无数的村民。③ 单亲儿童、贫困儿童、留守儿童,围在仲威平身边的大都是这样一些特殊的孩子,挂心、操心、用心,仲威平的心思一门扑在这些孩子身上,坚持了几十年,自己的儿子反倒成了"被遗忘的对象"。④ 深受病痛折磨仍坚守教学一线,朴航瑛用行动诠释了自己的信念:"癌症虽然使我失去了做母亲的资格,但学生就是我的孩子,学生就是我的一切。"⑤

(二)深沉的爱托起读书之梦

乡村"楷模教师"在生活上对学生无微不至地照顾,在学习上关心每一位学生的成长。他们对学生付出无条件的爱,帮助学生走出大山,圆了许许多多贫困学生的读书梦。网络助学传奇的缔造者、爱心大使刘发英被大山里的孩子亲切地唤为"英子姐姐",她与崎岖山路结缘,募集善款1000多万元帮助2700余名贫困学生圆了读书梦。⑥ 陆繁伟到学生家里走访

① 娄辰、叶婧:《吕映红:在黑板上写下奉献擦去名利》,中华人民共和国教育部网站,2012 年 9 月 21 日,http://www.moe.gov.cn/jyb_xwfb/moe_2082/s6236/s6843/201209/t20120921_142585.html。
② 沙月:《普琼:以质朴之爱坚守"生命禁区"》,中华人民共和国教育部网站,2011 年 7 月 25 日,http://www.moe.gov.cn/jyb_xwfb/xw_zt/moe_357/s3582/s4672/s4913/s4914/201107/t20110725_122584.html。
③ 《爱心,坚守山乡三十七载——记河南林州市卸甲平村小学教师王生英》,中华人民共和国教育部网站,2010 年 9 月 11 日,http://www.moe.gov.cn/jyb_xwfb/moe_2082/s5936/s4620/201009/t20100915_99447.html。
④ 曹曦:《在白山黑水间播种希望——记十九大代表、铁力市工农乡中心校教师仲威平》,中华人民共和国教育部网站,2017 年 10 月 21 日,http://www.moe.gov.cn/jyb_xwfb/moe_2082/zl_2017n/2017_zl49/201710/t20171023_317146.html。
⑤ 杨明方:《朴航瑛:洒向学生都是爱》,中华人民共和国教育部网站,2012 年 10 月 9 日,http://www.moe.gov.cn/jyb_xwfb/moe_2082/s6236/s6843/201210/t20121009_142955.html。
⑥ 《托起山里孩子的读书梦——记湖北省宜昌市长阳县龙舟坪镇花坪小学教师刘发英》,中华人民共和国教育部网站,2017 年 9 月 5 日,http://www.moe.gov.cn/jyb_xwfb/xw_zt/moe_357/jyzt_2017nztzl/2017_zt07/17zt06_qgjsyrkm/201709/t20170905_313423.html。

2400 多次，用工资资助学生、补修教学楼，因地制宜举办兴趣小组、开设彩泥画特色课程等，教学质量的提高使得原来流失的学生重返校园。在控制辍学率方面，该校一直走在山亭区前列。[①] 爱是最长久的润泽，张玉滚爱教育、爱学校、爱孩子。这种爱未必荡气回肠，却是贴心贴肺的疼惜。学生们有个头疼脑热的，他总能第一时间发现，他办公室的药箱里常备着感冒发烧药；有的孩子一时交不上餐费，他就悄悄掏腰包垫上。为了孩子，他练就了一身过硬的本领：颠起勺子能做饭，拿起针线能缝纫，课桌椅坏了他来修，校舍破了他来补。[②] 从"支姐姐"到"支妈妈"，支月英把自己最美好的青春年华无私奉献给了大山里的孩子们，她教了整整两代人，先后使 1000 多名学生走出大山，接受更好的教育，而她依然继续在大山深处坚守。[③]

二 教育教学成果丰硕

(一) 锤炼教学精益求精

如何教好学生，如何把课上好，这是每一位"楷模教师"都要思考的问题。教学过程就是师生之间交流与知识建构的过程，乡村"楷模教师"锤炼课堂，精益求精，将青春年华奉献给了三尺讲台，探索出一套行之有效的教学方法。吕映红积极进行教学改革实验，探索实施"合作学习""愉快写作""自主互动、个性赏读"等教学法，开展"分层次、步步高、探究学习"的数学教学实验，获得潍坊市创新奖、潍坊市政府教学成果奖。[④] 孙浩提倡"把握学情顺学而教"教学法，将信息技术同数学学科有效融合，制作的微课、课件在省级和全国评选中荣获多个奖项，是入

① 余闯：《2014 年度全国教书育人楷模陆繁伟先进事迹》，共产党员网，2014 年 9 月 10 日，https://www.12371.cn/2014/09/10/ARTI1410329985234851.shtml。

② 《十八弯山路上的一轮明月——记河南省南阳市镇平县高丘镇黑虎庙小学教师张玉滚》，中华人民共和国教育部网站，2018 年 8 月 30 日，http://www.moe.gov.cn/jyb_xwfb/xw_zt/moe_357/jyzt_2018n/2018_zt15/zt1815_km/201808/t20180830_346628.html。

③ 胡晓军：《支月英：一生只为一事来》，中国共产党新闻网，2019 年 10 月 11 日，http://cpc.people.com.cn/BIG5/n1/2019/1011/c428852-31394304.html。

④ 袁新文、孙家莉：《吕映红：为留守孩子撑起一片天》，中华人民共和国教育部网站，2012 年 10 月 8 日，http://www.moe.gov.cn/jyb_xwfb/moe_2082/s6236/s6843/201210/t20121008_142902.html。

选省"教坛新星"最年轻的教师。① 文天立学习先进教学理论，推进教学改革，在40年的教学生涯中，他总结出"依据学生生活，用活知识储备，激发学习兴趣，重视自主学习，强化合作交流，落实师生、生生互动，抓好知识迁移运用，推进知识内化整合"的教学模式和流程。②

（二）教育科研攻坚克难

在教学实践的过程中，乡村"楷模教师"扎扎实实做教育，辛勤耕耘，默默奉献，在取得教学成果的基础上，不断进行教育科学研究，在专业领域取得新的进步，教研相长。孙浩有多篇教学感悟在省级刊物发表，近20篇论文获得省市级奖项；多次参与安徽省教科院组织的《基础训练》《寒暑假作业》的编写修订，供全省小学生使用，当选为市区"送培送教"首席专家。③ 2018年张建华名师工作室启动，半年中集中研修3次，送培送教21次，公开发表论文18篇，主持、参与省市级课题5项。④ 贾利民在进行课堂教学的同时，还进行教育科研，截至2019年，主持了5项国家级课题、2项省级课题、4项市级课题，其中有2项被评为全国科研成果一等奖，出版论著和教材11部。⑤

三　点亮乡村文明灯塔

乡村"楷模教师"工作在偏远落后地区，为那里的学生送去知识，传承文化，弘扬无私奉献精神，更以高尚的人格感染学生，推进乡村地区精

---

① 《乡村教育的守望者——记安徽省宿州市埇桥区汴河中心小学教师孙浩》，中华人民共和国教育部网站，2020年9月9日，http://www. moe. gov. cn/jyb_ xwfb/xw_ zt/moe_357/jyzt_2020n/2020_zt16/2020jiaoshuyurenkaimo/202009/t20200909_486634. html。

② 《扎根山乡铸大爱——记四川省广元市青川县红光小学教师文天立》，中华人民共和国教育部网站，2016年9月8日，http://www. moe. gov. cn/jyb_ xwfb/xw_ zt/moe_357/jyzt_2016nztzl/2016_zt15/16zt15_jsyrkm/201609/t20160902_277520. html。

③ 方梦宇：《"守护村小，带动更多人成长"——记2020年全国教书育人楷模、安徽省宿州市埇桥区汴河中心小学教师孙浩》，中华人民共和国教育部网站，2020年9月18日，http://www. moe. gov. cn/jyb_ xwfb/moe_2082/zl_ 2020n/2020_ zl48/202009/t20200918_488730. html。

④ 《太行山深处的快乐耕耘者——记河北省阜平县阜平镇大园村大园小学教师张建华》，中华人民共和国教育部网站，2018年8月30日，http://www. moe. gov. cn/jyb_ xwfb/xw_ zt/moe_357/jyzt_2018n/2018_ zt15/zt1815_ km/201808/t20180830_346614. html。

⑤ 《扎根大山追逐他的教育梦——记河北兴隆县六道河中学校长贾利民》，中华人民共和国教育部网站，2019年9月4日，http://www. moe. gov. cn/jyb_ xwfb/xw_ zt/moe_357/jyzt_2019n/2019_ zt20/jsfc/jsyrkm/km2019/201909/t20190904_397450. html。

神文明建设，助力教育扶贫。熊照才被誉为"边境线上的文明守望者"，他从教会学生做人这个基本点出发，从行为规范抓起，培养学生的道德文明素质和礼貌意识，推动边境地区社会主义精神文明建设。[①] 华中师范大学中文系毕业的汪金权自愿从城里调到偏远农村中学执教 23 年，湖北大学教授、教育学院院长靖国平称赞他："汪老师是中国乡村教育的守望者；一位大别山精神的标志性人物。"[②] 杨再明所在的汉渠学校地处偏远农村，学生辍学现象不绝，有些家长抱有"孩子不读书、不学文化，照样可以务农、挣钱"的偏见，他常常走家串户，踩着泥路找回辍学的学生。[③] 古彩陶瓷创作面临"青黄不接"的窘境时，朱辉球带着学生传承非遗，关心学生的成长和民族陶瓷技艺的传播。[④]

第三节　新时代乡村教师队伍建设的优化路径

一　乡村教师队伍建设要坚持因地制宜，寻求特色发展

乡村教育的健康长远发展根本在教师，他们服务于广大乡村少年儿童，数十年如一日地工作在乡村一线。正是一代又一代乡村教师的坚守与付出，才让众多乡村少年儿童实现读书梦，走出大山。在实际工作中，要充分考虑乡村教师队伍建设发展的现状与实际需要，因地制宜，采取有效措施使乡村教师队伍建设落到实处。同时，要鼓励乡村学校开展教育教学改革创新实践，鼓励教师积极探索创新教育教学方法与管理机制，加强师德师风建设，提高课堂教学质量，深化农村教育改革。"楷模教师"范徽

---

① 《熊照才：边境线上的文明守望者》，腾讯教育网，2011 年 6 月 9 日，https://baike. baidu. com/reference/8116081/533aYdO6cr3_ z3kATPKLyvnzZCaVYI6su7aBUeFzzqIP0XOpTYrwFJkjrt Qw87hmW1mb4ckyNoZM2bj6Ck1H7elINbA。

② 《传承"大别山精神"献身教书育人事业——湖北省教育界人士畅谈学习全国教书育人楷模汪金权事迹体会》，中华人民共和国教育部网站，2011 年 4 月 7 日，http://www. moe. gov. cn/jyb_ xwfb/xw_ zt/moe_ 357/s3582/s4672/s4896/s4897/201104/t20110407_ 117122. html。

③ 陈少远：《把教学"玩儿"成了一门艺术——记宁夏吴忠市利通区马连渠乡汉渠学校教师杨再明》，中华人民共和国教育部网站，2015 年 9 月 12 日，http://www. moe. gov. cn/jyb_ xwfb/xw_ zt/moe_ 357/jyzt_ 2015nztzl/2015_ zt09/15zt09_ 2015jsyr/201509/t20150929_ 211372. html。

④ 甘甜：《播撒民族技艺传承的火种——记江西陶瓷工艺美术职业技术学院教授朱辉球》，中华人民共和国教育部网站，2018 年 9 月 7 日，http://www. moe. gov. cn/jyb_ xwfb/moe_ 2082/zl_ 2018n/2018_ zl62/201809/t20180907_ 347687. html。

丽因地制宜，为海岛幼儿量身打造"海丫丫 365 成长行动"，成立特级教师工作坊，带领全市青年骨干教师共同成长。扎根山村的"楷模教师"李广带领师生刨坑整地、栽植松树、翻新宿舍、改善饮水设施等，用勤劳的双手为山村学生开辟了一个属于自己的"世外桃源"。

二 乡村教师队伍建设要坚定理想信念，厚植乡土情怀

建设稳定的教师队伍，除了在全社会提倡尊师重教，还需要教师自身保持教育初心，具有高尚的教育情怀和坚定的理想信念。培养乡村教师，更要培养其对家乡、乡村的热爱之情，使其关注乡村、乡村农民、乡村少年儿童的实际状况，关心乡村教育环境与发展。许多"楷模教师"从小就在农村长大，不忍心家乡的孩子失学，毅然选择在乡村任教，一教就是几十年。更有"楷模教师"放弃去城里或者更好的地方任教的机会，选择在家乡或者偏远地区任教，具有高度的责任感和使命感，以认真负责的态度投身于乡村教育事业。因此，在社会层面想确保乡村教师留得住，需要教育部门切实提高乡村教师的地位与待遇，加强社会舆论宣传；在个体层面要坚定乡村教师的理想信念，培养其乡土情怀，使其注重自我反思，不断提升自我修养，将浓厚的乡土情怀融入日常教学，促进乡村教育事业的健康发展。

三 乡村教师队伍建设要留住乡村教师，助力乡村振兴

一方面，教育是振兴乡村的基础和支撑，教师队伍建设对于乡村振兴具有重要意义。乡村教师队伍建设是乡村教育的核心问题，关系到让每个乡村孩子都能接受公平、有质量的教育，有利于帮助乡村孩子学习成才，阻止贫困现象代际传递，助推乡村振兴的实现。乡村教师不只有教育的责任，更要推动乡村社会、经济与文化的全面进步，助力乡村振兴。另一方面，乡村振兴是推动建设富强民主文明和谐美丽的社会主义现代化强国的重要举措。实现乡村振兴，首先要实现人才振兴。乡村人才振兴靠教育，乡村教育的振兴依靠乡村教师，要让乡村留得住教师。因此，需要健全教师培养、聘用、激励和保障机制，促进教师在乡村学校扎根、成长、成才。通过提高乡村教师的待遇、优化乡村教师职称制度、加大对乡村教师培养力度、建立健全乡村教师保障机制等措施，改善乡村基础教育设施，

让乡村留得住老师，解决教育教学条件差、生活条件艰苦、年轻教师留不住、乡村儿童没学上等一系列问题。总之，乡村振兴离不开乡村教师队伍建设，吸引教师投身乡村教育离不开乡村条件的改善，也离不开乡村落后面貌的改变。总之，乡村教师队伍建设要与乡村振兴齐头并进。

"楷模教师"作为国家颁发给榜样教师的重要荣誉，也包括对默默守护乡村少年儿童、传递文化知识、推动乡村振兴的优秀乡村教师的褒奖，激励更多的人关注乡村教育发展，投身乡村教育事业。教师个体要通过学习榜样的先进事迹，努力成为有理想信念、有道德情操、有扎实学识、有仁爱之心的"四有"好教师。

第十五章　少数民族地区"楷模教师"的群像[*]

习近平总书记 2022 年在参加十三届全国人大五次会议内蒙古代表团审议时强调，"民族团结是我国各族人民的生命线，中华民族共同体意识是民族团结之本。要紧紧抓住铸牢中华民族共同体意识这条主线，深化民族团结进步教育，引导各族群众牢固树立休戚与共、荣辱与共、生死与共、命运与共的共同体理念，不断巩固中华民族共同体思想基础，促进各民族在中华民族大家庭中像石榴籽一样紧紧抱在一起，共同建设伟大祖国，共同创造美好生活"①。总书记的发言充分体现了新时代铸牢中华民族共同体意识的重大历史意义。本章通过对"楷模教师"先进事迹材料的分析发现，少数民族地区教师在岗位上不仅教书育人成果丰硕，而且肩负着铸牢新时代中华民族共同体意识的时代重任。

第一节　少数民族地区"楷模教师"群体的成长轨迹

一　选择一线教育事业的原因分析

从成长背景分析，少数民族地区"楷模教师"选择一线教育事业的原因主要有以下几点。一是梦想催生职业未来。艾米拉古丽·阿不都说：

---

* 本章系重庆市儿童发展与教师教育研究中心重点项目"'全国教书育人楷模'乡村教师群像研究"（课题编号：JSJY2102）、四川乡村教育发展研究中心重点项目"'全国教书育人楷模'乡村教师群像研究"（课题编号：SCXCJY2023A03）的结项成果。
① 《习近平在参加内蒙古代表团审议时强调：不断巩固中华民族共同体思想基础 共同建设伟大祖国 共同创造美好生活》，中华人民共和国教育部网站，2022 年 3 月 5 日，http://www.moe.gov.cn/jyb_xwfb/s6052/moe_838/202103/t20210306_517959.html。

"当一名幼儿园老师，一直是我的梦想。"① 二是热爱点燃育人情怀。熊照才"喜欢和孩子们在一起，整天和娃娃在一起是一种享受"②。三是传承赓续精神血脉。"刘发英的父亲常说：'如果每个山里的孩子都一心想着离开农村，那农村永远不可能富裕，农民只能世代贫穷。'这句话在刘发英的心里烙下了印。1991 年 7 月，刘发英从当时的枝城师范毕业，同父亲一样，做出了进山的选择。在填报分配志愿表时，她在志愿栏里写道：'到长阳最边远、最贫困的黄柏山去。'"③ 四是用乡情反哺桑梓事业。王宏说："当时的条件确实很苦，但这里是我的家乡，我已经受过那样的苦了，如果再不想办法让娃娃们走出去，他们将来的出路就会更窄。"他深知，在这样落后封闭的地方，唯有读书才是改变命运的首选之路，这也是他当初选择当教师的原因④。总之，是梦想和热爱，更是传承和乡情促使这些"楷模教师"坚定地选择投身于少数民族地区的教育事业。

二　多年扎根教育行业的原因分析

本章以 2010~2022 年少数民族地区"楷模教师"的先进事迹材料为研究对象，对 18 位少数民族地区的"楷模教师"展开了深入的文本分析，统计出了他们的基本信息（见表 15-1）。

表 15-1　2010~2022 年少数民族地区"楷模教师"基本信息（1）

序号	当选年份	姓名	性别	出生年份	当选年龄（岁）	当选时从教年限（年）	所在省区
1	2010	普琼	男	1976	34	7	西藏

---

① 《用真心和爱心对待每个孩子——记新疆巴楚县多来提巴格乡幼儿园园长艾米拉古丽·阿不都》，中华人民共和国教育部网站，2017 年 9 月 25 日，http://www. moe. gov. cn/jyb_xwfb/moe_2082/zl_2017n/2017_zl43/201709/t20170925_315209. html。

② 《熊照才：边境线上的文明守望者》，腾讯教育网，2018 年 5 月 18 日，https://baike. baidu. com/reference/8116081/533aYdO6cr3_z3kATPKLyvnzZCaVYI6su7aBUeFzzqIPOXOpTYrwFJkjrtQw87hmW1mb4ckyNoZM2bj6Ck1H7elINbA。

③ 《托起山里孩子的读书梦——记湖北省宜昌市长阳县龙舟坪镇花坪小学教师刘发英》，中华人民共和国教育部网站，2017 年 9 月 5 日，http://www. moe. gov. cn/jyb_xwfb/xw_zt/moe_357/jyzt_2017nztzl/2017_zt07/17zt06_qgjsyrkm/201709/t20170905_313423. html。

④ 《为爱坚守的藏乡园丁——记青海省称多县歇武镇中心寄宿制学校教师王宏》，中华人民共和国教育部网站，2016 年 9 月 29 日，http://www. moe. gov. cn/jyb_xwfb/moe_2082/zl_2016n/2016_zl06/201609/t20160929_282664. html。

续表

序号	当选 年份	姓名	性别	出生 年份	当选年龄 （岁）	当选时从教 年限（年）	所在省区
2	2013	孔庆菊	女	1972	41	20	青海
3	2014	李广	男	1958	56	38	河北
4	2014	乌兰	女	1970	44	25	内蒙古
5	2015	熊照才	男	1960	55	31	云南
6	2015	杨再明	男	1973	42	23	宁夏
7	2016	王宏	男	1965	51	28	青海
8	2016	何黎	女	1962	54	31	云南
9	2017	艾米拉古丽· 阿不都	女	1983	34	15	新疆
10	2017	刘发英	女	1970	47	25	湖北
11	2018	杨毛吉	女	1974	44	22	青海
12	2019	拉姆	女	1985	34	13	西藏
13	2019	李琳娜	女	1960	59	28	海南
14	2019	顾昌华	女	1964	55	33	贵州
15	2020	丁海燕	女	1967	53	34	陕西
16	2021	强巴次仁	男	1978	43	21	西藏
17	2021	张万波	男	1973	48	24	辽宁
18	2022	安文军	男	1969	53	30	甘肃

资料来源：教育部网站、《中国教育报》、《中国教师报》等。

　　从表 15-1 可以看出，一方面，少数民族地区"楷模教师"当选时的年龄普遍偏大，平均年龄约为 47 岁，最小年龄为 34 岁，最大的年龄为 59 岁，中位值为 47.5 岁。另一方面，大多数"楷模教师"已扎根少数民族地区一线教育事业多年，当选时从教平均年限为 25 年，最短的 7 年，最长的 38 年，中位值为 25 年。那么，这些"楷模教师"为什么选择长期坚守在少数民族地区的教育岗位上，甘于清贫、无私奉献，甚至愿将他们的毕生精力都花费在少数民族教育事业上呢？首先是亲人的支持。熊照才说："我老婆是个大字不识的苗家妇女，几十年来，她不但不曾抱怨我工资低，有时自己还去集市上买菜买米送到学校，和我说不上几句话就匆匆忙忙赶回家干农活儿了。没有她的支持，我很难坚持下去。"① 其次是爱与责任。普琼说："我不留下谁留下？我不坚守谁坚守？我要是离开了，把这儿的孩子交给谁？走进学校的孩子，一个都不能少。"② 再次是痴迷教育。李琳娜说："教育似乎有一种魔力吸引着我不愿改行。"③ 最后是作为毕生事业。"献身科研，矢志育人，已成为顾昌华毕生不渝的追求。"④

三　坚守少数民族教育事业的原因分析

据表 15-1 的统计数据，占总数 83% 的少数民族地区"楷模教师"的工作单位是处在偏远的农村地区。是什么让他们日复一日地坚守在这里，履行着神圣的教书育人使命呢？一是肩负的责任与使命。李广说："我对大山有感情，离不了这儿，这些个家庭啊，我要一走，这个园子就没人管了。"⑤ 二是整合个体与社会的价值。普琼说："在这里，我的聪明才智可以得到最大限度的发挥，我的人生价值可以得到最大限度的体现。因此，我选择了坚守。"⑥ 三是坚守少数民族教育事业。熊照才说："一所学校必须有教师坚守。我想过，如果调到好的地方，学校就没有人坚守了。也许因为我是苗族人，苗岭山寨更需要我。"⑦ 四是心系山里孩子的命运。刘发

---

① 董鲁皖龙、陈少远：《苗寨里最受尊敬的先生——记云南省麻栗坡县上弄小学教师熊照才》，中华人民共和国教育部网站，2015 年 9 月 23 日，http://www. moe. gov. cn/jyb_ xwfb/xw_ zt/moe_ 357/jyzt_2015nztzl/2015_zt09/15zt09_2015jsyr/201509/t20150929_211356. html。

② 沙月：《普琼：以质朴之爱坚守"生命禁区"》，中华人民共和国教育部网站，2011 年 7 月 25 日，http://www. moe. gov. cn/jyb_ xwfb/xw_ zt/moe_ 357/s3582/s4672/s4913/s4914/201107/t20110725_122584. html。

③ 赵叶苹：《职业教育的"永动机"——记全国教书育人楷模、海南职业技术学院教授李琳娜》，新华网，2019 年 11 月 4 日，http://www. xinhuanet. com/politics/2019-11/04/c_1125191480. htm。

④ 《武陵深处献身职教的"菇仙姑"——记贵州省铜仁职业技术学院教师顾昌华》，中华人民共和国教育部网站，2019 年 9 月 4 日，http://www. moe. gov. cn/jyb_ xwfb/xw_ zt/moe_357/jyzt_2019n/2019_zt20/jsfc/jsyrkm/km2019/201909/t20190904_397465. html。

⑤ 潘琴琴、耿建扩：《教育楷模李广：营造山村孩子的世外桃源》，"中国日报网"百家号，2018 年 8 月 6 日，https://baijiahao. baidu. com/s? id =1608028601934579654&wfr =spider&for =pc。

⑥ 沙月：《普琼：以质朴之爱坚守"生命禁区"》，中华人民共和国教育部网站，2011 年 7 月 25 日，http://www. moe. gov. cn/jyb_ xwfb/xw_ zt/moe_ 357/s3582/s4672/s4913/s4914/201107/t20110725_122584. html。

⑦ 董鲁皖龙、陈少远：《苗寨里最受尊敬的先生——记云南省麻栗坡县上弄小学教师熊照才》，中华人民共和国教育部网站，2015 年 9 月 23 日，http://www. moe. gov. cn/jyb_ xwfb/xw_ zt/moe_ 357/jyzt_2015nztzl/2015_zt09/15zt09_2015jsyr/201509/t20150929_211356. html。

英想"让山里孩子有更多人生出彩的机会"①。五是少数民族教育意义重大。杨再明说："一个民族文化素质的提高，离不开基础教育的普及和深入。"这位平凡的农村教师决意扎根这方土壤，深耕教学，享受教师这份职业带给他的简单而纯真的乐趣。② 燃烧自己，照亮山里孩子的前行之路，少数民族"楷模教师"用无私奉献的坚守彰显出教育工作者的责任、使命和担当。同时，他们着眼于长远利益，提高民族素质、传承本土文化。少数民族地区"楷模教师"将个人生命价值、职业价值与社会价值熔铸为一体，在民族地区的教育岗位上发着光、散着热。

第二节　团结进步：少数民族地区"楷模教师"的职业贡献

一　教学

身处少数民族地区的"楷模教师"，在教学上结合少数民族文化大胆探索、开拓创新，兢兢业业地工作在教学一线。首先，因材施教，激发学生的学习兴趣。杨再明认为，"上好一门课，需要激发学生的好奇心，在每节课都设置高潮和亮点，引起学生共鸣"③。其次，开拓创新，传承少数民族文化。"乌兰老师为了提升学生对蒙古语的学习兴趣，针对学生的心理特点大胆开展了'历史法教学'，即用历史 + 语言 + 语法 + 民族 + 耐心五位一体的教育方法，培养学生学习民族语言的热情，大大提高了教学质量。"④ 最后，以人为本，寓教于乐。王宏"把学生的经验、社会生活纳入

---

① 宋磊：《在爱心助学道路上守护孩子们的梦想，湖北省全国人大代表刘发英亮相"代表通道"》，"长江日报"百家号，2022 年 3 月 8 日，https://baijiahao. baidu. com/s? id = 1726691890169461318&wfr = spider&for = pc。

② 陈少远：《把教学"玩儿"成了一门艺术——记宁夏吴忠市利通区马莲渠乡汉渠学校教师杨再明》，中华人民共和国教育部网站，2015 年 9 月 12 日，http://www. moe. gov. cn/jyb_xwfb/xw_zt/moe_357/jyzt_2015nztzl/2015_zt09/15zt09_2015jsyr/201509/t20150929_211372. html。

③ 陈少远：《把教学"玩儿"成了一门艺术——记宁夏吴忠市利通区马莲渠乡汉渠学校教师杨再明》，中华人民共和国教育部网站，2015 年 9 月 12 日，http://www. moe. gov. cn/jyb_xwfb/xw_zt/moe_357/jyzt_2015nztzl/2015_zt09/15zt09_2015jsyr/201509/t20150929_211372. html。

④ 《爱心与创新谱写出讲台上的璀璨人生——记内蒙古锡林郭勒盟镶黄旗蒙古中学副校长乌兰》，中华人民共和国教育部网站，2019 年 9 月 4 日，http://www. moe. gov. cn/jyb_xwfb/xw_zt/moe_357/jyzt_2019n/2019_zt24/jygzzfc/jsyrkm/km2014/201909/t20190925_400873. html。

课程教学，寓教于乐。教学中，他坚持'以学生为主'的指导思想，认真钻研教材，改变传统教学方法，大胆尝试新的教学方法，使枯燥乏味的课堂民主化、科学化和艺术化，变成了学生汲取知识营养的所在"①。在教学方法上，少数民族地区"楷模教师"根据学生的发展规律，将教学知识设计得适宜化，进一步激发学生的学习兴趣。在教学内容上，少数民族地区"楷模教师"也丝毫未懈怠教师岗位的历史责任，他们结合本地区少数民族的文化风俗，大胆创新教学方法，传承发展少数民族文化。在教学主体上，紧跟时代的潮流，将新课程理念融入教学，以学生为主体，寓教于乐。

二 育人

人才是强国之基，育人为教学之重。少数民族地区"楷模教师"不仅在教学方面独具匠心，而且育人成果丰硕。第一，用心呵护，为国育才。"对家庭较贫穷的学生，强巴次仁给他们送医、送鞋、送衣，像对待自己的孩子一样呵护每一个学生，把爱传递给每一个学子，努力让学生感受到爱的力量，并教育学生做一个懂得无私奉献、回报祖国的人。"② 第二，以德育人，求善求真。杨毛吉认为，"教育要考虑学生的终身发展，要培养他们美好的人性和德性。成长比成功和成才更重要"③。顾昌华"始终坚持千教万教教人求真的理念，把优良的种子种在农民的田间，把真善美的种子种在学生的心间"④。第三，真情待人，言传身教。"育人德为先，身教胜言传。"每学年开始，何黎的第一堂课的主题都是"怎样做一名好医生"。面对讲台下的医学生，何黎嘱咐："只有将精湛医术与人文情怀贯穿

① 《通天河畔"护梦人"——记青海省玉树州称多县歇武镇中心寄宿制学校教师王宏》，中华人民共和国教育部网站，2016年9月8日，http://www.moe.gov.cn/jyb_xwfb/xw_zt/moe_357/jyzt_2016nztzl/2016_zt15/16zt15_jsyrkm/201609/t20160902_277522.html。
② 《高原上绽开最美"雪莲花"——记西藏自治区日喀则市萨嘎县昌果乡完全小学校长强巴次仁》，中华人民共和国教育部网站，2021年9月8日，http://www.moe.gov.cn/jyb_xwfb/xw_zt/moe_357/2021/2021_zt18/jjsyr/202109/t20210906_559799.html。
③ 《学生心中的"毛吉额娘"——记青海省西宁市大通县第二完全中学教师杨毛吉》，中华人民共和国教育部网站，2018年8月30日，http://www.moe.gov.cn/jyb_xwfb/xw_zt/moe_357/jyzt_2018n/2018_zt15/zt1815_km/201808/t20180830_346631.html。
④ 《武陵深处献身职教的"菇仙姑"——记贵州省铜仁职业技术学院教师顾昌华》，中华人民共和国教育部网站，2019年9月4日，http://www.moe.gov.cn/jyb_xwfb/xw_zt/moe_357/jyzt_2019n/2019_zt20/jsfc/jsyrkm/km2019/201909/t20190904_397465.html。

于治病救人始终，用心、用情对待患者，你才有资格告诉人们自己是一名好医生。"① 少数民族地区"楷模教师"用爱去呵护学生成长，教会学生做一个有无私奉献精神、懂得报效国家的人。从长远出发，着眼于学生的终身发展，秉持"成长比成功、成才更重要"的育人观念，培养学生求知、求真、求善的美德。第四，教师自身做示范，坚信身教胜于言传，教育学生要立长志，用真情对待每一位学生。

三　民族团结

据表 15-2 统计，一方面，少数民族地区"楷模教师"中中共党员占大多数，约占 78%。这背后蕴含着少数民族地区"楷模教师"对党和中华民族这个大家庭的忠诚与热爱。另一方面，从少数民族地区"楷模教师"的所属学段看，从事中小学教育的约占 72%，剩余少数民族地区"楷模教师"在学前、高职和高等教学领域占比大致相当。一线教师和中共党员两个角色的耦合，促成了工作的高效。作为党员的少数民族地区"楷模教师"将赤子之心融入教学、家访工作，在教书育人的同时又进行有关民族团结的思想政治教育。

表 15-2　少数民族地区"楷模教师"基本信息（2）

序号	姓名	民族	政治面貌	所属学段	所在单位
1	普琼	藏族	中共党员	小学	西藏自治区仲巴县仁多乡完全小学
2	孔庆菊	藏族	不详	中学	青海省海北州门源县第二中学
3	李广	满族	中共党员	学前	河北省围场县棋盘山学区中心校莫里莫幼儿园
4	乌兰	蒙古族	中共党员	中学	内蒙古锡林郭勒盟镶黄旗蒙古族中学
5	熊照才	苗族	中共党员	小学	云南省麻栗坡县董干镇上弄小学
6	杨再明	回族	中共党员	中学	宁夏吴忠市利通区马连渠乡汉渠学校

---

① 张烁：《昆明医科大学教授何黎——育人德为先，身教胜言传》，中央纪委国家监委网站，2016 年 9 月 19 日，https://www.ccdi.gov.cn/lswh/renwu/201609/t20160919_120690.html。

续表

序号	姓名	民族	政治面貌	所属领域	所在单位
7	王宏	藏族	中共党员	小学	青海省玉树藏族自治州称多县歇武镇中心寄宿制学校
8	何黎	彝族	中共党员	高等	昆明医科大学
9	艾米拉古丽·阿不都	维吾尔族	中共党员	学前	新疆维吾尔自治区喀什地区巴楚县多来提巴格乡幼儿园
10	刘发英	土家族	中共党员	小学	湖北省宜昌市长阳土家族自治县龙舟坪镇花坪小学
11	杨毛吉	藏族	民盟成员	中学	青海省西宁市大通回族土族自治县第二完全中学
12	拉姆	藏族	中共党员	小学	西藏自治区双湖县协德乡完全小学
13	李琳娜	回族	群众	高职	海南职业技术学院
14	顾昌华	土家族	不详	高职	铜仁职业技术学院
15	丁海燕	回族	中共党员	小学	陕西省咸阳市旬邑县马栏齐心九年制寄宿学校
16	强巴次仁	藏族	中共党员	小学	西藏自治区日喀则市萨嘎县昌果乡完全小学
17	张万波	满族	中共党员	中学	辽宁省本溪市本溪满族自治县第五中学
18	安文军	裕固族	中共党员	小学	甘肃省张掖市肃南县明花学校

资料来源：教育部网站、《中国教育报》、《中国教师报》等。

　　一方面，推动铸牢中华民族共同体意识。"马栏是多民族聚居区，丁海燕利用工作和家访等时机，默默做了许多拉近民族感情、维护民族团结的事。她说，无论哪个民族，都是祖国的一分子，要紧紧团结在中华民族这个大家庭里。"① 另一方面，用语言搭建民族之间沟通的桥梁。"课堂上说的每一句话，王宏都会先用藏语讲一遍，再耐心地用汉语教一遍，如此循环往复。"② 少数民族地区"楷模教师"实行双语教学，既要让少数民族

① 冯丽：《大山深处"丁妈妈"——记2020年全国教书育人楷模、陕西省旬邑县马栏齐心九年制寄宿学校教师丁海燕》，中华人民共和国教育部网站，2020年9月14日，http://www.moe.gov.cn/jyb_xwfb/moe_2082/zl_2020n/2020_zl48/202009/t20200914_487717.html。
② 王英桂：《为爱坚守的藏乡园丁——记青海省称多县歇武镇中心寄宿制学校教师王宏》，中华人民共和国教育部网站，2016年9月29日，http://www.moe.gov.cn/jyb_xwfb/moe_2082/zl_2016n/2016_zl06/201609/t20160929_282664.html。

孩子都学好普通话，促进中华民族的团结，也要传承本民族的语言文化。在维护少数民族地区的稳定方面，少数民族地区"楷模教师"利用工作和家访的机会向少数民族同胞宣传党和国家的政策，阐述民族团结的重大意义，强调要铸牢新时代中华民族共同体意识，让边疆地区和谐稳定。在维护民族团结方面，各民族之间能够顺畅地交流沟通是重要的前提条件，因此少数民族地区"楷模教师"还肩负着向少数民族地区群众传授普通话的重任。

第三节　知识报国、忠诚于事业、反哺乡土的"楷模教师"

一　知识报国

少数民族地区"楷模教师"通过日复一日的钻研，用自身的知识和技术报效祖国，发挥教师的个体功能，实现民族区域价值，诠释了家国情怀和责任担当。顾昌华打磨精品课程、建设骨干专业。"在她的主持下，《园林植物识别技术》成为国家级精品和精品资源共享课程……创新了'依季分项、双境交替'的人才培养模式，使设施农业技术专业从院级重点专业发展成省级示范专业，最终建设成国家骨干重点专业。"① 李琳娜开发电子业务、促进创业致富，"带领学生为推动海南省鲜活农产品直供直销配送体系链条上的企业信息化，开发多家企业的信息化管理系统和电子商务平台，为多家热带产品企业代运营电子商务业务，实现学生'创新、创业、创富'教育和实践的良性循环"。② 何黎攀登国际高峰、勇探疑难杂症。"SELL 及 DDB2 是重型痤疮的易感基因。经过艰苦的努力，何黎带领团队取得了这一突破性成果，标志着我国皮肤学在痤疮研究领域达到了国际学

① 《武陵深处献身职教的"菇仙姑"——记贵州省铜仁职业技术学院教师顾昌华》，中华人民共和国教育部网站，2019 年 9 月 4 日，http：//www. moe. gov. cn/jyb_ xwfb/xw_ zt/moe_ 357/jyzt_2019n/2019_ zt20/jsfc/jsyrkm/km2019/201909/t20190904_397465. html。

② 《高等职业教育的探索者、实践者——记海南职业技术学院教授李琳娜》，中华人民共和国教育部网站，2019 年 9 月 4 日，http：//www. moe. gov. cn/jyb_ xwfb/xw_ zt/moe_ 357/jyzt_2019n/2019_ zt20/jsfc/jsyrkm/km2019/201909/t20190904_397463. html。

术的前沿水平。"① 何黎精挑细选，收集了 600 多例疑难皮肤病病例，以病案分析的形式主编了《皮肤性病学》《美容皮肤科学》《皮肤科疑难病例精粹》等教材。"这些病例非常珍贵，为全国广大临床皮肤科医师提供了丰富的少见疑难病例诊断及治疗思路。"② 总之，少数民族地区"楷模教师"在农业、电商、医学等众多领域中兢兢业业，为国育才。

二　忠诚于事业

少数民族地区"楷模教师"在教育工作中呕心沥血、鞠躬尽瘁，忠于教育事业、忠于党、忠于祖国，把全部汗水都挥洒在教育事业上。普琼说："既然选择了教育事业，我最大的情就是对教育事业的忠诚之情，就是对农牧区孩子们无怨无悔的奉献之情，就是对社会责任和历史使命的自觉担当之情。"③ 李广将忠诚与热爱凝为一体，"把一生献给了这里的孩子们，用自己的无私奉献，践行了一个共产党员对党的教育事业的无限忠诚与热爱"。④ 强巴次仁矢志不忘"为党育人、为国育才"的初心，为教育事业发展贡献了自己的全部力量⑤。强烈的职业奉献精神促使李琳娜不断前行，"她把自己的命运和职业教育发展紧紧相连，一步一个脚印，踏上了职业教育的远行之路"⑥。综上，教师职业是使命和担当，更是理想和追求；教师最重要的职业品质是忠诚与热爱，他们将教育事业与自己的生命融为一体，用尽一生去热爱和发展本职事业。

---

① 张烁：《昆明医科大学教授何黎——育人德为先，身教胜言传》，中央纪委国家监委网站，2016 年 9 月 19 日，https://www.ccdi.gov.cn/lswh/renwu/201609/t20160919_120690.html。
② 张烁：《昆明医科大学教授何黎——育人德为先，身教胜言传》，中央纪委国家监委网站，2016 年 9 月 19 日，https://www.ccdi.gov.cn/lswh/renwu/201609/t20160919_120690.html。
③ 沙月：《普琼：以质朴之爱坚守"生命禁区"》，中华人民共和国教育部网站，2011 年 7 月 25 日，http://www.moe.gov.cn/jyb_xwfb/xw_zt/moe_357/s3582/s4672/s4913/s4914/201107/t20110725_122584.html。
④ 《为了山村娃的快乐成长——记河北承德市围场县哈里哈乡莫里莫幼儿园教师李广》，中华人民共和国教育部网站，2019 年 9 月 4 日，http://www.moe.gov.cn/jyb_xwfb/xw_zt/moe_357/jyzt_2019n/2019_zt24/jygzzfc/jsyrkm/km2014/201909/t20190925_400874.html。
⑤ 《高原上绽开最美"雪莲花"——记西藏自治区日喀则市萨嘎县昌果乡完全小学校长强巴次仁》，中华人民共和国教育部网站，2021 年 9 月 8 日，http://www.moe.gov.cn/jyb_xwfb/xw_zt/moe_357/2021/2021_zt18/jjsyr/202109/t20210906_559799.html。
⑥ 赵叶苹：《职业教育的"永动机"——记全国教书育人楷模、海南职业技术学院教授李琳娜》，新华网，2019 年 11 月 4 日，http://www.xinhuanet.com/politics/2019-11/04/c_1125191480.htm。

三 反哺乡土

少数民族地区的知识分子学成回归、反哺乡土，成为当地的一线教师，这不仅给当地的教育事业添砖加瓦，还有益于改善家乡的社会风气，提升民族的整体素质，更能带领偏远地区的人民维护民族团结。首先，通过教育助推乡村振兴。孔庆菊说："我们坚持把教育作为阻断贫困代际传递的重要途径，继续努力，办好人民满意的教育，为实施乡村振兴战略培养更多更好的人才。"① 其次，培养人才，服务当地。"顾昌华和她的团队不辞辛劳奔赴农业生产一线解决技术难题，将科研成果转化到实际生产中，年均开展各类技术服务培训累计2000人次，负责33个专业村（合作社）的技术指导，受益人口接近3万人，为地方种植产业发展培养了大批技术能手。"② 再次，提升素质，优化风气。"杨毛吉用朴实的语言宣传立德修身的意义，宣传师德精神；她结合生活实例为更多家庭指明教育子女的方法；针对子女不孝敬老人、婆媳关系难处、夫妻关系紧张等现象，她大力宣讲'家和百事兴、反家庭暴力'。"③ 最后，增进团结，维护稳定。普琼经常利用进村工作的机会宣传党的政策，用自己的亲身经历，用西藏的发展历程，向牧民群众宣传共产党好、祖国大家庭好。④ 少数民族地区"楷模教师"通过教育来培养当地人才，用自身智慧服务于当地产业发展，培养技术能手，促进乡村振兴。同时，讲礼仪、树德行，提升民族素质，促进当地社会风气良好发展，为维护民族团结和国家稳定贡献着自己的力量。

---

① 《孔庆菊代表：教育是人生出彩的最大机会》，中华人民共和国教育部网站，2021年3月5日，http://www.moe.gov.cn/jyb_xwfb/xw_zt/moe_357/2021/2021_zt01/daibiaoweiyuan/dbwytongdao/202103/t20210308_518460.html。
② 《献身职教的"菇仙姑"——记铜仁职业技术学院教师顾昌华》，中华人民共和国教育部网站，2019年9月21日，http://www.moe.gov.cn/jyb_xwfb/moe_2082/zl_2019n/2019_zl68/201909/t20190923_400398.html。
③ 王英桂：《学生心中的"毛吉额娘"——记青海省大通县第二完全中学教师杨毛吉》，中华人民共和国教育部网站，2018年9月14日，http://www.moe.gov.cn/jyb_xwfb/moe_2082/zl_2018n/2018_zl62/201809/t20180914_348686.html。
④ 《普琼：以质朴之爱坚守"生命禁区"》，中华人民共和国教育部网站，2011年7月25日，http://www.moe.gov.cn/jyb_xwfb/xw_zt/moe_357/s3582/s4672/s4913/s4914/201107/t20110725_122584.html。

从上述研究可知，忠诚和热爱是人类灵魂工程师的重要品质，责任和使命促使"楷模教师"扎根乡村教育事业。在个体层面，少数民族地区教师要树立高尚的民族教育情怀，忠诚于社会主义教育事业，要"守得住、沉得下"，立足本土、自尊自强，结合现代多元化的教学方法，提高本地区的教育质量，将实现个人价值与社会价值合为一体。在区域发展层面，少数民族地区教师要有高尚的民族教育情怀。"楷模教师"长年深耕在少数民族地区的教育一线，他们用个人行动诠释了教师的责任和担当，教学独具匠心、育人成果丰硕，用知识的力量和教育的智慧反哺乡土、报效祖国，他们更为民族团结进步和铸牢新时代中华民族共同体意识而努力奉献。在国家层面，教师这份职业对少数民族地区的发展影响很大，在新时代背景下要铸牢中华民族共同体意识，将民族地区教师队伍建设摆在重要位置。

第十六章 "楷模教师"中校长群像[*]

国运兴衰，系于教育，重在教师。《中共中央 国务院关于全面深化新时代教师队伍建设改革的意见》指出，"加强中小学校长队伍建设，努力造就一支政治过硬、品德高尚、业务精湛、治校有方的校长队伍。面向全体中小学校长，加大培训力度，提升校长办学治校能力，打造高品质学校。实施校长国培计划，重点开展乡村中小学骨干校长培训和名校长研修。支持教师和校长大胆探索，创新教育思想、教育模式、教育方法，形成教学特色和办学风格，营造教育家脱颖而出的制度环境"①。作为学校的最高管理者，校长肩负着学校发展的重大责任，其职业素质的高低直接影响学校的办学水平。正如伟大的人民教育家陶行知所说："校长是一个学校的灵魂，要想评论一个学校，先要评论他的校长。"由此校长的重要性可见一斑。在此基础上，我们对 2010 年以来评选出的"楷模教师"中的校长群体进行文本分析，梳理其成长轨迹、职业贡献，并试图提出促进校长专业发展的有效途径。

2010 年以来，由教育部联合权威媒体面向公众评选出百余位"楷模教师"。本章将筛选出的 46 位校长的事迹文本作为研究对象（见表 16 – 1）。

---

* 本章系四川省教师教育研究中心立项课题"'全国教书育人楷模'中校长群像研究"（课题编号：TER2022 – 021）的结项成果。

① 《中共中央 国务院关于全面深化新时代教师队伍建设改革的意见》，中华人民共和国教育部网站，2018 年 1 月 20 日，http://www.moe.gov.cn/jyb_xxgk/moe_1777/moe_1778/201801/t20180131_326144.html。

表 16 - 1 2010~2022 年"楷模教师"中校长的基本信息

序号	当选年份	姓名	性别	出生年份	当选年龄（岁）	当选时从教年限（年）	所在省区市	所在单位	学段
1	2010	吴邵萍	女	1965	45	27	江苏	江苏省南京市北京东路小学附属幼儿园	学前
2	2010	普琼	男	1976	34	7	西藏	西藏自治区仲巴县仁多乡完全小学	小学
3	2010	于漪	女	1929	81	59	上海	上海市杨浦高级中学	中学
4	2010	黄金莲	女	1954	56	19	福建	福建省三明市特殊教育学校	特校
5	2011	莫振高	男	1957	54	32	广西	广西壮族自治区都安瑶族自治县高级中学	中学
6	2011	左相平	男	1959	52	38	贵州	贵州省六盘水市盘县响水镇中学	中学
7	2011	刘佳芬	女	1959	52	20	浙江	浙江省宁波市达敏学校	特校
8	2012	孙明霞	女	1968	44	26	安徽	安徽省淮南市直机关幼儿园	学前
9	2012	范妹锁	男	1965	47	27	山西	山西省晋中市榆次区长凝镇东长凝小学	小学
10	2013	刘志	女	1963	50	26	甘肃	甘肃省兰州市实验幼儿园	学前
11	2013	张其星	男	1955	58	42	四川	雅安市雨城区上里镇共和村小学	小学
12	2013	俞国平	男	1972	41	23	浙江	浙江省乐清育英学校小学分校	小学
13	2013	刘占良	男	1963	50	32	陕西	陕西省商洛市商洛中学	中学
14	2013	陈德蓉	女	1943	70	不详	四川	芦山县国张中学	中学
15	2013	罗国锋	男	1974	39	10	四川	芦山县芦山中学	中学
16	2013	薛春智	男	1971	42	21	四川	雅安市天全中学	中学
17	2013	谢小双	男	1954	59	不详	上海	上海市辛灵中学、风帆初级职业学校	特校
18	2014	李广	男	1958	56	38	河北	河北省围场县棋盘山学区中心校莫里莫幼儿园	学前

续表

序号	当选年份	姓名	性别	出生年份	当选年龄（岁）	当选时从教年限（年）	所在省区市	所在单位	学段
19	2014	陆繁伟	男	1971	43	23	山东	山东省枣庄市共青希望学校	小学
20	2014	乌兰	女	1970	44	25	内蒙古	内蒙古锡林郭勒盟镶黄旗蒙古族中学	中学
21	2014	葛华钦	男	1954	60	28	江苏	江苏省南京市溧水区特殊教育学校	特校
22	2015	高歌今	女	1966	49	30	天津	天津市河东区第一幼儿园	学前
23	2016	游向红	女	1962	54	35	北京	北京市丰台区第二幼儿园	学前
24	2016	刘文婷	女	1972	44	26	河南	河南省洛阳市老城区培智学校	特校
25	2017	艾米拉古丽·阿不都	女	1983	34	15	新疆	新疆维吾尔自治区巴楚县多来提巴格乡幼儿园	学前
26	2017	刘发英	女	1970	47	25	湖北	湖北省宜昌市长阳土家族自治县龙舟坪镇花坪小学	小学
27	2017	沈茂德	男	1958	59	35	江苏	江苏省无锡市天一中学	中学
28	2017	苏富梅	女	1957	60	41	河北	河北省张家口市特殊教育学校	特校
29	2018	张建华	女	1974	44	25	河北	河北省保定市阜平县阜平镇大元村大园小学	小学
30	2018	张玉滚	男	1980	38	17	河南	河南省南阳市镇平县高丘镇黑虎庙小学	小学
31	2018	卢桂英	女	1963	55	31	海南	海南省商业学校	职教
32	2018	党红妮	女	1975	43	19	陕西	陕西省商洛市特殊教育学校	特校
33	2019	封莉容	女	1954	65	39	上海	上海宋庆龄学校	学前
34	2019	范徽丽	女	1976	43	25	广西	广西北海市涠洲岛幼儿园	学前
35	2019	拉姆	女	1985	34	13	西藏	西藏自治区双湖县协德乡完全小学	小学

续表

序号	当选年份	姓名	性别	出生年份	当选年龄（岁）	当选时从教年限（年）	所在省区市	所在单位	学段
36	2019	贾利民	男	1968	51	30	河北	河北省兴隆县六道河中学	中学
37	2019	张俐	女	1968	51	33	江西	江西省南昌市启音学校	特校
38	2020	窦桂梅	女	1967	53	34	北京	清华大学附属小学	小学
39	2020	张伯礼	男	1948	72	38	天津	天津中医药大学	高等
40	2021	郭文艳	女	1983	38	19	河南	河南省新乡市辉县市西平罗乡中心幼儿园	学前
41	2021	强巴次仁	男	1978	43	21	西藏	西藏自治区日喀则市萨嘎县昌果乡完全小学	小学
42	2021	李龙梅	女	1964	57	20	重庆	重庆市特殊教育中心	特校
43	2022	杨瑞清	男	1963	59	41	江苏	江苏省南京市浦口区行知教育集团	小学
44	2022	孙怡	女	1980	42	22	新疆	新疆生产建设兵团第二师铁门关市第一幼儿园	学前
45	2022	杨明生	男	1963	59	38	安徽	安徽省六安市霍邱县第一中学校	中学
46	2022	周美琴	女	1967	55	35	上海	上海市浦东新区特殊教育学校	特校

资料来源：教育部网站、《中国教育报》、《中国教师报》等。

第一节　"楷模教师"中校长群体的成长轨迹

一　选择：留下与出走

46名校长中，当选时从教年限最短的为7年，最长的为59年，他们一直扎根于教育事业，热爱自己的岗位，坚守初心。

第一，出身贫困，却矢志笃行。出生于山里的范妹锁选择回到家乡，面对没有专业教师的情况，他几乎承担了所有的课程。为了孩子的安全他殚精竭虑，盖宿舍，照顾孩子的生活，并积极创办"七色教学活动"。他常说："校长不是官，而是一个服务者，服务学生、服务教师、服务教学。"范妹锁用实际行动温暖他人的心，也真正地成为人们心中的好老师、好校长。① 陆繁伟由于身体原因无缘高考，选择留守家乡办教育。他有一个强烈的愿望：在本村当一名民办教师，尽自己所能让山区孩子都能读上书，并能读好书。② 贾利民高考失利，家中没钱支持他复读，正赶上他的老家陡子峪中学缺教师，学校决定让贾利民担任初中英语代课教师。从走进学校的那一刻起，贾利民就暗暗立下了誓言："自己虽不是科班出身，但一定要努力拼搏，做一名优秀的人民教师！"③

第二，深受榜样影响，怀有育人初心。初中时，强巴次仁受到尼木县中学教师普布次仁的影响，立志要成为一名像普布次仁一样的好老师。怀着这样的初心，强巴次仁考上了师范学校，走上教书育人的道路。④ 张建华说："当年要不是老师培养，我不会走出大山。我也要把孩子们送出大山，让他们看看外面的世界。"由于自己感受到来自老师的关心和爱护，张建华回到了家乡，也要让山里的孩子学到知识，受到良好的教育。⑤ "外面的老师进不来，咱自己培养的学生留不下，都走了，山里的孩子怎么办？"老校长的话让张玉滚留在了黑虎庙小学，他立志要通过自己的努力，用自己的坚守放飞孩子们的梦想。"我是山里人，知道山里的苦。看着自己教的学生走出大山，我就觉得值。"这是支撑张玉滚坚持下来的信念。⑥

---

① 李建斌、邢兆远：《山里人的好老师——记晋中市榆次区东长凝寄宿制小学校长范妹锁》，中华人民共和国教育部网站，2012 年 9 月 12 日，http：//www. moe. gov. cn/jyb_ xwfb/moe_ 2082/s6236/s6843/201209/t20120912_ 142032. html。

② 易佳：《2014 年度全国教书育人楷模陆繁伟先进事迹》，共产党员网，2014 年 9 月 10 日，https：//www. 12371. cn/2014/09/10/ARTI1410329985234851. shtml。

③ 周洪松：《让山里娃也能享受优质教育——记河北省兴隆县六道河中学校长贾利民》，中华人民共和国教育部网站，2019 年 9 月 18 日，http：//www. moe. gov. cn/jyb_ xwfb/moe_ 2082/zl_ 2019n/2019_ zl68/201909/t20190918_ 399604. html。

④ 《高原上绽开最美"雪莲花"——记西藏自治区日喀则市萨嘎县昌果乡完全小学校长强巴次仁》，中华人民共和国教育部网站，2021 年 9 月 8 日，http：//www. moe. gov. cn/jyb_ xwfb/xw_ zt/moe_ 357/2021/2021_ zt18/jjsyr/202109/t20210906_ 559799. html。

⑤ 周洪松：《太行深处的快乐园丁——记河北阜平县阜平镇大园村大园小学教师张建华》，中华人民共和国教育部网站，2018 年 9 月 5 日，http：//www. moe. gov. cn/jyb_ xwfb/moe_ 2082/zl_ 2018n/2018_ zl62/201809/t20180906_ 347617. html。

⑥ 王胜昔、刁良梓：《改变山里娃命运的人——记全国教书育人楷模、河南黑虎庙小学校长张玉滚》，中华人民共和国教育部网站，2018 年 9 月 6 日，http：//www. moe. gov. cn/jyb_ xwfb/s5147/201809/t20180906_ 347460. html。

第三，**热爱教育，甘为人梯**。1977年李广主动来到小山村莫里莫，在这里安了家、落了户，用勤劳的双手为山村里的孩子们创建了一个属于自己的"世外桃源"，他扎根山沟守护山里娃。① 1986年，南京市相关部门打算在溧水、六合、浦口、高淳、江宁5县创办一批聋哑学校。原本在溧水县富塘小学任教的葛华钦，不顾家人的反对，毅然参加了特殊教育培训，并在溧水建立了聋哑学校。② 2003年，得知仲巴县缺少教师，在日喀则地区教育局工作人员的鼓励下，普琼毅然离开自己的家乡——条件比较优越的康马县，来到了条件艰苦的仲巴县仁多乡。③ 从小生活在城市里的拉姆，主动申请到位于羌塘草原腹地的双湖县任教，家人不同意，朋友们也打电话劝阻，拉姆却坚持："出生在哪儿，孩子是没有办法选择的，总需要有老师帮他们成长成才。"她用爱守护每个学生，以校为家，以学生的家为校，她把自己的全部精力和时间都毫无保留地奉献给牧区的孩子们。④ 范徽丽看到涠洲岛缺乏教育资源的情形后，主动要求承担建设幼儿园的工作，她要让海岛的孩子们也能和市区的孩子一样享受到童年的快乐和幸福。⑤

二 困境：坚守与突围

第一，**在艰苦条件下开展劝学工作**。得知仲巴县缺少教师，普琼毅然选择到条件艰苦的仁多乡任教。到仁多乡的第三天，普琼就出现了严重的高原反应，头痛、失眠、气喘、浑身乏力，但他依然坚持。因为地区落后，有不少孩子辍学，普琼亲自挨家挨户地做劝学、保学工作，让每个适学儿童都能走进学校。由于所有学生都寄宿，老师们还要照顾学生的日常

① 潘琴琴、耿建扩：《教育楷模李广：营造山村孩子的世外桃源》，中国新闻网，2018年8月6日，https://www.chinanews.com.cn/sh/2018/08-06/8590686.shtml。

② 万玉凤、易佳：《2014年度全国教书育人楷模葛华钦先进事迹》，共产党员网，2014年9月10日，https://www.12371.cn/2014/09/10/ARTI1410329058719632.shtml。

③ 《普琼：以质朴之爱坚守"生命禁区"》，中国网络电视台，2012年9月7日，http://kejiao.cntv.cn/program/2012jsj/20120907/100396.shtml。

④ 周小兰：《在羌塘草原奉献青春——记西藏双湖县协德乡完全小学校长拉姆》，中华人民共和国教育部网站，2019年9月12日，http://www.moe.gov.cn/jyb_xwfb/moe_2082/zl_2019n/2019_zl68/201909/t20190912_398889.html。

⑤ 周仕敏、欧金昌：《为海岛之子的人生奠基——记广西北海市机关幼儿园、涠洲岛幼儿园园长范徽丽》，中华人民共和国教育部网站，2019年9月19日，http://www.moe.gov.cn/jyb_xwfb/moe_2082/zl_2019n/2019_zl68/201909/t20190919_399700.html。

起居，工作内容多而杂，但普琼从未抱怨，而是像父亲一样用爱和真心对待每一个孩子。① 强巴次仁从小就有当一名"好老师"的决心，在面对困难时，他没有放弃，而是逐一解决，从向农牧区教育意识淡薄的家长开展劝学工作到把每一名学生都当成自己的孩子，从关心教职工生活到加强教师队伍建设，他事事从大局出发，从小处着手，切实关心每一个处于困境中的学生并给予帮助，获得了家长和学生的信任，赢得了教职工的尊敬和爱戴。②

第二，投身教育，解决发展难题。选择教育事业的陆繁伟，一直勤学好问，努力提升自我，通过自学进修成为一名正式的教师，认真教好每一堂课。担任校长后，更是主动担当责任，亲自修建教学楼，创建乡村少年宫，对全镇留守儿童进行集中管理，为每个家庭操碎了心。他擅长解决教育发展中的难题，把毕生精力献给教育事业，把教书育人当成崇高追求。③坚守海岛的范徽丽，面对房屋建设困难、交通不便、教师招聘不利等各种各样的问题，都没有放弃，而是用智慧化解了一个又一个难题。她深耕幼教几十载，从普通幼师到成为园长，带领团队创设富有北海地域特色的"海丫丫365成长行动"。④

第三，实践教学，注重专业发展。走上从教道路的贾利民，初任教师时为了教好英语苦下功夫。白天，他备课、上课、辅导学生；晚上，他批改作业、查阅资料，跟着录音机练发音。他在参与课堂教学的同时，还着手进行教育科研，当上校长后更是尽心尽力，把所有的精力都倾注在学校教育教学及管理创新上，让更多的孩子享受到优质教育。⑤科班出身的刘志一直勤学不辍地钻研幼儿教育理论，运用理论指导实践，解决在教学实践中遇到的各

---

① 《普琼：以质朴之爱坚守"生命禁区"》，中国网络电视台，2012年9月7日，http://ke-jiao. cntv. cn/program/2012jsj/20120907/100396. shtml。

② 《高原上绽开最美"雪莲花"——记西藏自治区日喀则市萨嘎县昌果乡完全小学校长强巴次仁》，中华人民共和国教育部网站，2021年9月8日，http://www. moe. gov. cn/jyb_xwfb/xw_zt/moe_357/2021/2021_zt18/jjsyr/202109/t20210906_559799. html。

③ 余闯：《2014年度全国教书育人楷模陆繁伟先进事迹》，共产党员网，2014年9月10日，https://www. 12371. cn/2014/09/10/ARTI1410329985234851. shtml。

④ 周仕敏、欧金昌：《为海岛之子的人生奠基——记广西北海市机关幼儿园、涠洲岛幼儿园园长范徽丽》，中华人民共和国教育部网站，2019年9月19日，http://www. moe. gov. cn/jyb_xwfb/moe_2082/zl_2019n/2019_zl68/201909/t20190919_399700. html。

⑤ 周洪松：《让山里娃也能享受优质教育——记河北省兴隆县六道河中学校长贾利民》，中华人民共和国教育部网站，2019年9月18日，http://www. moe. gov. cn/jyb_xwfb/moe_2082/zl_2019n/2019_zl68/201909/t20190918_399604. html。

种难题。她长期坚守在幼儿教育一线,以教科研促进教师的专业化成长。①

三 蜕变:教书与育人

第一,回归教育的本真。德国哲学家尼采说,人的精神会由骆驼阶段变到狮子阶段,再由狮子阶段变到婴儿阶段。从教多年,俞国平从初出茅庐的山村教师变身为民办学校小学校长、特级教师。细数来路,俞国平说,在经历了从"骆驼"到"狮子"的精神变化之后,他把自己的育人理念复归于"婴儿",即把一切放下,真正站在儿童的视角,回归教书育人的本真。② 永怀热忱、一心为学生的谢小双,怀着不放弃每一个学生的信念,耐心对待处于困境中的孩子,每天开车接送失足少年晓黎,用行动治愈失去亲生父母的莎莎……设身处地为他们着想,呵护关心着他们。即使学生毕业了,谢小双依然默默守候在他们身后,给予他们家人般的温暖,将大爱献给孩子,真正做到了有教无类。③

第二,享受教育的喜悦。张玉滚坚守大山深处多年,始终爱教育、爱学校、爱孩子,他通过自己的努力改变了山里娃的命运,托起了大山的希望。他教过很多孩子,培养出多名大学生,提起这他总是笑呵呵的。④ 艾米拉古丽·阿不都用耐心、爱心对待每一个孩子,大事小事细致入微,美化墙面、打扫卫生等她都亲力亲为。她常说:"我热爱这份工作,看到全乡所有适龄孩子都能入园接受教育,再累也值得。"⑤

---

① 刘鹏、董洪亮:《兰州市实验幼儿园园长刘志:给孩子一个快乐童年》,中华人民共和国教育部网站,2013 年 10 月 12 日,http://www.moe.gov.cn/jyb_xwfb/s5147/201310/t20131012_158279.html。

② 《在讲台上实现自己的人生价值——记浙江乐清育英学校小学分校校长俞国平》,中华人民共和国教育部网站,2013 年 9 月 6 日,http://www.moe.gov.cn/jyb_xwfb/moe_2082/s7081/s7596/201309/t20130906_157049.html。

③ 《不放弃一个学生的好教师——记上海市杨浦区辛灵中学校长谢小双》,中华人民共和国教育部网站,2013 年 9 月 6 日,http://www.moe.gov.cn/jyb_xwfb/moe_2082/s7081/s7596/201309/t20130906_157048.html。

④ 王胜昔、刁良梓:《改变山里娃命运的人——记全国教书育人楷模、河南黑虎庙小学校长张玉滚》,中华人民共和国教育部网站,2018 年 9 月 6 日,http://www.moe.gov.cn/jyb_xwfb/s5147/201809/t20180906_347460.html。

⑤ 蒋夫尔:《用真心和爱心对待每个孩子——记新疆巴楚县多来提巴格乡幼儿园园长艾米拉古丽·阿不都》,中华人民共和国教育部网站,2017 年 9 月 25 日,http://www.moe.gov.cn/jyb_xwfb/moe_2082/zl_2017n/2017_zl43/201709/t20170925_315209.html。

第二节 民主治校:"楷模教师"中校长群体的
职业贡献

加快推进学校治理现代化是教育治理现代化的必然要求。而学校治理体系与治理能力尚未完善,当代校长面临严峻挑战。分析"楷模教师"中校长群体的职业贡献,找出他们的共性,对于推动当下校长的专业发展具有一定的启示意义。

一 热爱学生,无私奉献

(一) 发扬学生特长,考虑长远发展

拿特教来说,它是一项崇高而伟大的事业,教师要用大爱之心教育培养好每一个特殊孩子。学校教师要耐心执教,细心呵护,真正让他们和其他孩子一样接受良好的教育。另外,要加强融合教育,培养这些孩子的生活技能、职业特长,切实为每个孩子的未来发展、更好地融入社会奠定坚实基础。刘文婷说:"智障孩子是折翼的天使,对他们来说,我是老师,也是亲人,要帮助他们树立生活的信心,帮助他们掌握一技之长。"在音乐教学中,刘文婷感受到智障儿童虽然思维迟钝,但他们对音乐、对美有着独特的感受和渴望。她潜心钻研教材,灵活教学,不断改革创新,善于巧妙设计,运用启发式、愉快式教学方法,寓教于乐,发挥学生的天赋,让他们拥有一技之长,能够走进社会。[①]

(二) 资助贫困学生,开展劝学工作

从材料中可以看到,大部分校长扎根于贫困偏远的山区农村,他们有些是本地人,有些来自外地,但都拥有共同的理念:再苦不能苦孩子,再穷不能穷学生。面对一个个渴望知识的面庞,校长们伸出援助之手,用自己的行动感染每一个孩子,守护孩子们的心灵。"化缘校长"莫振高,一心为了瑶山的孩子,几十年来资助几百名贫困生上大学。他还通过各种渠道"化缘",筹款数千万元,为大山送出了数万名优秀大学生。莫振高常

---

① 史晓琪:《刘文婷:为折翼天使撑起一片天》,大河网,2017 年 8 月 24 日,http://newpaper. dahe. cn/hnrb/html/2017 - 08/24/content_178686. htm。

常这样对人说："都安穷，可再穷也不能穷了这帮娃娃。"① 刘发英毕业后主动申请支援边远乡村，尽己所能帮助山区的孩子们。除了认真教课，还自费帮助家庭困难的孩子。但这远远不够，于是她通过网络等渠道筹得数千万元助学款，资助了几千名贫困生。②

二 尊师爱师，以身作则

(一) 坚守一线教学，日常指导教师

身为校长、特级教师的俞国平，多年如一日地坚守在教学一线。同样的课文，听讲过几百次，他却仍有兴趣不断钻研，一上讲台便迸发出新的激情。③ 站在校长的岗位上，即便学校管理工作繁重，窦桂梅仍然坚守课堂一线，每天与孩子们在一起，过着充实的教育生活。要求教师们做到的事情，窦桂梅总是先做好。她主张教师对孩子要有发自内心的爱。担任校长后，她坚持清早站在校门口迎接每一名学生，给孩子们送上大拇指、鞠躬礼和微笑，这一站就是 10 多年。④ "身先才能率人，律己才能服人。"这是孙明霞最常挂在嘴边的话。工作多年，孙明霞坚持每天早上 6 点多到幼儿园，7 点钟准时站在门口，微笑着迎接每一位学生和家长。⑤ 艾米拉古丽·阿不都一贯遵循"以情感人、以德育人、以理服人"的管理理念，用自己的人格魅力、扎实的业务素养和创新精神感染全体教职工。她经常亲自指导教师进行环境创设、制作区角活动材料，鼓励并支持年轻教师通过

① 阙东临：《2011 年度全国教书育人楷模莫振高先进事迹》，共产党员网，2013 年 9 月 22 日，https://www.12371.cn/2013/09/22/ARTI1379840657694733.shtml。
② 程墨、徐世兵、吴宜芝：《书写助学传奇的"英子姐姐"——记湖北省长阳县小学教师刘发英》，中华人民共和国教育部网站，2017 年 9 月 22 日，http://www.moe.gov.cn/jyb_xwfb/moe_2082/zl_2017n/2017_zl43/201709/t20170922_315005.html。
③ 《在讲台上实现自己的人生价值——记浙江乐清育英学校小学分校校长俞国平》，中华人民共和国教育部网站，2013 年 9 月 6 日，http://www.moe.gov.cn/jyb_xwfb/moe_2082/s7081/s7596/201309/t20130906_157049.html。
④ 《"儿童的成长是我的最高荣誉"——记清华大学附属小学校长、教师窦桂梅》，中华人民共和国教育部网站，2020 年 9 月 9 日，http://www.moe.gov.cn/jyb_xwfb/xw_zt/moe_357/jyzt_2020n/2020_zt16/2020jiaoshuyurenkaimo/202009/t20200909_486628.html。
⑤ 《艾米拉古丽·阿不都：用爱心托起明天的太阳——记新疆喀什地区巴楚县巴格乡双语幼儿园园长艾米拉古丽》，中华人民共和国教育部网站，2017 年 9 月 5 日，http://www.moe.gov.cn/jyb_xwfb/xw_zt/moe_357/jyzt_2017nztzl/2017_zt07/17zt06_qgjsyrkm/201709/t20170905_313434.html。

各种途径实现专业成长。①

(二)注重师德培育,提高教师质量

一个好学校需要一批好教师,而校长对于教师的成长起着决定性的作用。这就要求校长不仅要有知人善任的能力,也要有人际洞察力和指挥能力。从 1951 年走上教师岗位起,于漪就扎根教育事业,她教过形形色色的学生,总在思考该用怎样的教育方法使他们提高、成长,因材施教的教学经验也据此形成。于漪特别注重对教师的培养,坚持开设专题讲座,致力于培养更多的优秀教师。她说:"我希望每位校长都能成为学校教师培养的第一责任人,因材施教,让更多中青年教师脱颖而出,在教书育人中发挥更多聪明才智。"② 谢小双非常重视对学校教师的培养,面对特殊的学生,他让老师们坚定两个信念:一个都不放弃、人人都会成功。老师不仅要关心学生的学习,更要时刻关心学生的生活、心理,坚持以育人为首要目标,让学生真正地感受到来自老师的爱。③ 园长孙明霞很清楚调动教职工积极性的重要性,她利用开学前的一个月时间,白天带着教职工和施工队一起搬砖瓦、刷油漆,将幼儿园的内外环境修整一新,晚上分别找教职工谈心,晓之以理、动之以情,让教职工明白幼儿园的发展是每一名教职工的责任。④

三 结合实际,特色管理

(一)营造美好环境,创造校园文化

学校环境文化影响学生的价值观念和行为习惯,好的校园环境有益于学生的学习和成长。为了改善环境,李广植树造林,创建生态校园,让幼儿园春有绿、夏有花、秋有果。他在节假日利用废旧轮胎巧妙造型,建成立体移动花坛,在校园内栽植了五角枫、龙爪榆、樱桃、果树等。各种植

---

① 本刊记者:《"教师的微笑是孩子心中的阳光"——全国教书育人楷模孙明霞访谈录》,《幼儿教育》2012 年第 34 期,第 27 页。

② 任国平:《记"人民教育家"国家荣誉称号获得者于漪》,"中国教育报"百家号,2019 年 9 月 30 日,https://baijiahao.baidu.com/s? id =1646076613259767620&wfr = spider&for = pc。

③ 《不放弃一个学生的好教师——记上海市杨浦区辛灵中学校长谢小双》,中华人民共和国教育部网站,2013 年 9 月 6 日,http://www.moe.gov.cn/jyb_ xwfb/moe_ 2082/s7081/s7596/201309/t20130906_ 157048.html。

④ 本刊记者:《"教师的微笑是孩子心中的阳光"——全国教书育人楷模孙明霞访谈录》,《幼儿教育》2012 年第 34 期,第 27 页。

物错落有致、色彩协调，营造出美好的校园环境。范妹锁根据实际开展了丰富多彩的"七色教学活动"，七种颜色就是生机和希望。比如绿色代表生机，范妹锁和老师们积极构建走廊文化、围墙文化、校园宣传文化等校园文化体系，让浓郁快乐的校园文化充盈学校，让学生耳濡目染；红色代表活力，范妹锁带领教师开展丰富多彩的综合实践活动，组织泥塑乐园、阳光棋社、DIY手工创意、吟韵苑、剪纸、创新小画廊、哆来咪合唱团等兴趣小组；此外，橙色代表丰富、蓝色代表经典、黄色代表舒适，等等。一种颜色代表一种教学内容，范妹锁希望孩子们在"七色教学活动"中健康快乐、幸福成长。①

（二）因地制宜，在实践中积极探索

范徽丽基于海岛的实际情况，带领教师们研读《涠洲岛志》，充分挖掘边防海岛的教育资源，深入开展海岛特色课程研究，编制了"海丫丫上学了""神奇的涠洲岛""缤纷海洋""海岛花园"等八个主题的"海丫丫课程"，向幼儿讲述人与海岛的故事，培养幼儿热爱家乡、保护海岛的家园情怀。② 莫振高为了提升教材的适用性，带领老师们自编乡土教材，与全国统编教材结合使用；组织教学内容，不仅讲解课本知识，还介绍相关地理、历史等知识，使学生们对课程有一个整体的认识。③ 针对农村山石土木随处都是的实际，陆繁伟因地制宜、就地取材，发动学生到山上找奇石、挖树根，举办兴趣小组。学校进而开设了彩泥画特色课程，组织"红领巾小社团""规划小社团""科技小社团"等。④ 拉姆在学校设立了丰富的兴趣小组活动课，定活动课程、定活动目标、定活动时间、定活动内容、定辅导教

① 赵婀娜、孙家莉：《范妹锁与大山血脉相连》，中华人民共和国教育部网站，2012年10月10日，http://www.moe.gov.cn/jyb_xwfb/moe_2082/s6236/s6843/201210/t20121010_143011.html。
② 周仕敏、欧金昌：《为海岛之子的人生奠基——记广西北海市机关幼儿园、涠洲岛幼儿园园长范徽丽》，中华人民共和国教育部网站，2019年9月19日，http://www.moe.gov.cn/jyb_xwfb/moe_2082/zl_2019n/2019_zl68/201909/t20190919_399700.html。
③ 周琳、董豆豆：《学生的领路人——记广西壮族自治区都安高中校长莫振高》，中华人民共和国教育部网站，2011年9月27日，http://www.moe.gov.cn/jyb_xwfb/moe_2082/s5936/s5885/201109/t20110927_125036.html。
④ 余闯：《2014年度全国教书育人楷模陆繁伟先进事迹》，共产党员网，2014年9月10日，https://www.12371.cn/2014/09/10/ARTI1410329985234851.shtml。

师、定活动地点，这些兴趣小组活动的开展促进了学生综合素质的提高。①

四 与时俱进，发展自我

（一）科学研究，注重专业发展

新时代，将科学家精神融入教育，具有重大的现实意义和时代价值。对学生而言，既可以提高学习能力，又可以促进高阶思维发展，为成长为创新型人才奠定基础；对教师而言，不仅有助于提升其职业素养，而且可以推动自我反思和终身学习；对教育行业而言，可以推动学科领域理论和实践的进步与发展。窦桂梅有个习惯，任何一节常态教学，她都要写三遍教案：第一遍是寒暑假提前备课时的初备教案；第二遍是在集体教研、备课的过程中，基于原稿再丰富的教案；第三遍是在教学之前夹在书里给儿童呈现的教案。窦桂梅把每一节课都当作研究课，对讲台的专注使窦桂梅在专业上不断取得突破。② 打铁还需自身硬，俞国平深知这一道理。他从自己做起，一是积累，向视频学习；二是请教，向名师请教；三是尝试，不断讨论、改进。经过长期的积累和沉淀之后，年仅35岁的他成为浙江省最年轻的特级教师之一。但他并未就此止步，而是进一步思考如何从"教书，教课文"向"育人，教一生"转变。③ "发展孩子是教师永远的追求。"吴邵萍是这么说的，也是这么做的。为了更好地促进孩子的发展，吴邵萍在科研的路上稳扎稳打，不断地把科研成果运用到教学中。④

① 《在高原牧区奉献青春的辛勤园丁——记西藏自治区那曲市双湖县协德乡完全小学教师拉姆》，中华人民共和国教育部网站，2019年9月4日，http://www.moe.gov.cn/jyb_xwfb/xw_zt/moe_357/jyzt_2019n/2019_zt20/jsfc/jsyrkm/km2019/201909/t20190904_397467.html。
② 《"儿童的成长是我的最高荣誉"——记清华大学附属小学校长、教师窦桂梅》，中华人民共和国教育部网站，2020年9月9日，http://www.moe.gov.cn/jyb_xwfb/xw_zt/moe_357/jyzt_2020n/2020_zt16/2020jiaoshuyurenkaimo/202009/t20200909_486628.html。
③ 《在讲台上实现自己的人生价值——记浙江乐清育英学校小学分校校长俞国平》，中华人民共和国教育部网站，2013年9月6日，http://www.moe.gov.cn/jyb_xwfb/moe_2082/s7081/s7596/201309/t20130906_157049.html。
④ 张春铭：《吴邵萍：智慧园长的幸福人生》，中华人民共和国教育部网站，2011年2月18日，http://www.moe.gov.cn/jyb_xwfb/xw_zt/moe_357/s3582/s4672/s4899/s4900/201102/t20110218_115068.html。

（二）终身学习，弥补自身不足

终身学习是当今社会所倡导的学习理念，这在"楷模教师"中的校长身上体现更明显。他们在实践教学中，遇到自己的短板时会及时更新自己的知识，弥补自身不足。在对聋儿开展教学的同时，张俐利用业余时间进行了大专、本科的学历进修，勤奋钻研特教知识和前沿理论，并联系实际进行课题研究。她先后参与了"聋儿语言康复训练"、"特教学校、聋儿家庭、社会合力教育"、"医教结合背景下特殊教育的改革与发展"和"语用视域下的聋校语文教学研究"等课题，不断提升自我。① 面对时代不断进步，李广说："活到老，学到老，我要尽最大努力不让山里孩子输在起跑线上。"他抓紧每一点儿空闲学习美术、舞蹈、音乐等知识，主动参加各类培训，刻苦钻研幼儿教育方法。②

第三节 新时代促进校长专业发展的有效途径

习近平总书记对广大教师提出"四有好老师"、"四个引路人"和"四个相统一"的殷切希望，引导广大教师以赤诚之心、奉献之心、仁爱之心投身教育事业。一系列重要论述和指示，也让广大教师有了更加明确的前进方向。正是通过"楷模教师"的突出事迹，我们看到了教师们盼望学生成人成才的拳拳之爱和凝心铸魂、立德树人的崇高师德。笔者基于对"楷模教师"中校长群体的专业特质分析，提出以下提升校长能力的途径。

一 培育教育情怀，提升自觉力

教育是具有情怀的一项事业。我们从这些校长的事迹中可以感受到他们内心对于教育的无比热爱。正是因为热爱，才有强大的动力做好教育、办好学校，积极主动地为教育事业奉献自我。李龙梅在特殊教育学校一干就是20年，从学生的学习到家庭生活，她事无巨细。她坚持家访，尽可能

---

① 《为听障孩子撑起一片爱的蓝天——记江西省南昌市启音学校教师张俐》，中华人民共和国教育部网站，2019年9月4日，http://www.moe.gov.cn/jyb_xwfb/xw_zt/moe_357/jyzt_2019n/2019_zt20/jsfc/jsyrkm/km2019/201909/t20190904_397459.html.

② 潘琴琴、耿建扩：《教育楷模李广：营造山村孩子的世界桃源》，中国新闻网，2018年8月6日，https://www.chinanews.com.cn/sh/2018/08-06/8590686.shtml.

地了解关心每一个孩子，她坚信每一个孩子都是天使，像爱自己的孩子一样爱他们。孩子们在校园里听到她的声音时，也会亲热地叫她"李妈妈"。李龙梅说："能看到我的每一个孩子挺起胸膛的样子，是我今生最大的欣慰。"① 因此，从个人层面来看，教师可以从日常生活中发现学生的可爱之处和教学的乐趣，反思实践并坚定自身的教育信念，从教学经历中提炼教育经验，深入观察自身的教育信念是否产生了较好的教学效果、是否能够促进学生的发展，从而不断强化教育情怀。从宏观层面来看，教育主管部门需要切实提高教师待遇，加大社会舆论宣传力度，进一步巩固教师的社会地位，让教师真切感受到来自社会各界的关怀，提升教育自觉。

二 注重教育实践，提升行动力

理论与实践相辅相成，要从实践中总结经验方法，获取真知。在数十年的教学生涯中，刘占良一直从事中学数学教学和研究工作。他酷爱研究，善思考、勤实践。1990 年，27 岁的他就担任数学教研组组长。在教课之余，他悉心研究教材、研究学生、研究教学方法，把研究作为教师自我成长的根本途径，积极推广教育教学新方法。当上校领导后，刘占良把更多精力转向提高学校教师群体的素质。他组织实施学校新课程，多次带队赴外地考察交流，学习借鉴高效的课堂教学和管理模式，主持研究实施方案，积极启动实施高效课堂教学模式。刘占良一直坚守在教学一线，进行教育实践，不断改进提升，真正做到教育教学一体化。教研相结合是现在对教师的一项要求，教师在教学过程中要结合具体实际勤于思考、经常总结，提升教育行动力。

三 加强教育管理，提升领导力

学校管理是校长工作的重要部分，良好的校园文化对于教师和学生的成长都具有重要意义。在教师队伍建设上，校长要以身作则，严于律己、宽以待人，提升公信力，既要在专业、素质等方面对教师严格要求，也要在生活细节等处换位思考，真正做到宽严相济。校长应该具有强烈的团队

---

① 《让每一个盲孩子挺起胸膛向前走——记重庆市特殊教育中心校长李龙梅》，中华人民共和国教育部网站，2021 年 9 月 6 日，http://www.moe.gov.cn/jyb_xwfb/xw_zt/moe_357/2021/2021_zt18/jjsyr/202109/t20210906_559817.html。

感召力，做群体奋进的引领者、学校"圣园激情"的点燃者，这是沈茂德的职业观。他提出将学校建设成"生态公园"、"温馨家园"、"文化圣园"和"数字校园"。硬件的精心设计赋予学校华丽的外表，而校园文化的创建则使其拥有可贵的"灵魂"。在沈茂德看来，学校管理的核心是建设优秀的学校文化，当一所学校发展到一定阶段后，"超越规范"就成了一种管理的内在诉求。这并不是说不要规范，而是要建立在较稳定的规范基础上的更高层次的文化管理。其中最难也是最关键的，便是教师文化建设。一有空闲，沈茂德就会约谈一些老师，每人至少一到两个小时。对工作实绩优异的，他积极给予鼓励；对有困难需要帮助的，他动用自己的社会资源予以解决；对教学出现问题的，他会与其一起研讨原因，商量解决方法。①

教育家雅斯贝尔斯说："真正的教育是一棵树摇动另一棵树，一朵云推动另一朵云，一个灵魂唤醒另一个灵魂。"教育绝不仅仅是生活呵护、知识传授这么简单。真正的教育是唤醒灵魂的教育，是着眼于国家、民族的公民教育。

"楷模教师"中的校长群体不仅具有深厚的教育情怀，也实实在在地为教育事业付出了艰苦的行动，是当代校长学习的标杆。通过对优秀榜样的学习，广大教师能够不断地加强对教育的认识与理解，领悟教育的真谛，也逐渐在实际行动中激励自我，不断地向榜样靠近，成为新一代优秀教师。

---

① 潘玉娇：《热爱每一株幼苗的"教育农夫"——记江苏省无锡市天一中学校长沈茂德》，中华人民共和国教育部网站，2017 年 9 月 19 日，http://www.moe.gov.cn/jyb_xwfb/moe_2082/zl_2017n/2017_zl43/201709/t20170919_314755.html。

第十七章 女性"楷模教师"的群像

笔者通过研究发现，近年来中小学女性教师的数量不断增长，尤其在农村，可以说女性教师撑起了农村基础教育的半边天。如何提升女性教师队伍建设水平将是未来教育界面临的重要问题。"全国教书育人楷模"的评选为教育工作者筛选出大量优秀范例，给师范生、新手女性教师、熟手女性教师提供了最为生动鲜明的榜样，为高质量女性教师的培养添砖加瓦。本章对2010~2022年女性"楷模教师"的先进事迹材料进行文本分析，力图从中找到女性"楷模教师"的成长轨迹以及在职贡献，并提出了女性教师队伍建设的优化路径。在所有"楷模教师"中，有74位女性教师，当选年龄最小的为28岁，最大的为94岁，平均年龄约为51岁，广泛分布在全国各省区市。其中，来自东部省份的教师有30人，中部省份的有20人，西部省份的有24人（见表17-1）。

表 17-1 2010~2022 年女性"楷模教师"基本信息汇总

序号	当选年份	姓名	性别	出生年份	当选年龄（岁）	当选时从教年限（年）	所在省区市	所在单位
1	2010	王生英	女	1956	54	37	河南	河南省林州市横水镇卸甲平村小学
2	2010	石雪晖	女	1949	61	34	湖南	湖南农业大学
3	2010	吴邵萍	女	1965	45	27	江苏	江苏省南京市北京东路小学附属幼儿园
4	2010	黄金莲	女	1954	56	19	福建	福建省三明市特殊教育学校
5	2010	于漪	女	1929	81	59	上海	上海市杨浦高级中学

续表

序号	当选年份	姓名	性别	出生年份	当选年龄（岁）	当选时从教年限（年）	所在省区市	所在单位
6	2011	桂贤娣	女	1961	50	30	湖北	湖北省武汉市汉阳区钟家村小学
7	2011	石利颖	女	1974	37	18	北京	北京市第五幼儿园
8	2011	贺红岩	女	1966	45	24	新疆	新疆维吾尔自治区察布查尔锡伯自治县第一中学
9	2011	刘佳芬	女	1959	52	20	浙江	浙江省宁波市达敏学校
10	2011	李吉林	女	1938	73	55	江苏	江苏省南通师范学校第二附属小学
11	2011	周小燕	女	1917	94	71	上海	上海音乐学院
12	2012	张丽莉	女	1984	28	5	黑龙江	黑龙江省佳木斯市第十九中学
13	2012	孙明霞	女	1968	44	26	安徽	安徽省淮南市直机关幼儿园
14	2012	朴航瑛	女	1967	45	24	吉林	吉林省汪清县天桥岭林业中学
15	2012	何桂琴	女	1968	44	22	宁夏	宁夏固原市回民中学
16	2012	吕映红	女	1963	49	28	山东	山东省诸城市枳沟镇枳沟小学
17	2012	姜小鹰	女	1953	59	24	福建	福建医科大学
18	2013	杨小玲	女	1972	41	23	湖北	湖北省武汉市第一聋哑学校
19	2013	胡遂	女	1956	57	42	湖南	湖南大学
20	2013	高玉华	女	1978	35	13	四川	雅安市名山区第一中学
21	2013	陈萍	女	1976	37	15	四川	雅安市名山区第一中学
22	2013	孔庆菊	女	1972	41	20	青海	青海省海北州门源县第二中学
23	2013	陈德蓉	女	1970	43	不详	四川	芦山县国张中学
24	2013	刘志	女	1963	50	26	甘肃	甘肃省兰州市实验幼儿园
25	2013	汪秀丽	女	1953	60	41	河北	河北省张家口市职教中心
26	2014	乌兰	女	1970	44	25	内蒙古	内蒙古锡林郭勒盟镶黄旗蒙古族中学
27	2014	仲威平	女	1966	48	27	黑龙江	黑龙江省铁力市工农乡中心学校

序号	当选年份	姓名	性别	出生年份	当选年龄（岁）	当选时从教年限（年）	所在省区市	所在单位
28	2014	吕杰	女	1972	42	23	甘肃	甘肃钢铁职业技术学院
29	2015	李银环	女	1968	47	27	北京	北京市通州区培智学校
30	2015	高歌今	女	1966	49	30	天津	天津市河东区第一幼儿园
31	2015	何雅玲	女	1963	52	27	陕西	西安交通大学
32	2015	程惠芳	女	1953	62	39	浙江	浙江工业大学
33	2015	李庾南	女	1939	76	58	江苏	江苏省南通市启秀中学
34	2016	刘文婷	女	1972	44	26	河南	河南省洛阳市老城区培智学校
35	2016	禹诚	女	1972	44	23	湖北	湖北省武汉市第二轻工业学校
36	2016	支月英	女	1961	55	36	江西	江西省宜春市奉新县澡下镇白洋教学点
37	2016	林冬妹	女	1964	52	25	广东	广东水利电力职业技术学院
38	2016	游向红	女	1962	54	35	北京	北京市丰台区第二幼儿园
39	2016	何黎	女	1962	54	31	云南	昆明医科大学
40	2017	刘发英	女	1970	47	25	湖北	湖北省宜昌市长阳土家族自治县龙舟坪镇花坪小学
41	2017	艾米拉古丽·阿不都	女	1983	34	15	新疆	新疆维吾尔自治区喀什地区巴楚县多来提巴格乡幼儿园
42	2017	张赛芬	女	1969	48	28	浙江	浙江省舟山职业技术学校
43	2017	丁小彦	女	1965	52	26	重庆	重庆市巴蜀小学
44	2017	苏富梅	女	1957	60	41	河北	河北省张家口市特殊教育学校
45	2017	王静康	女	1938	79	57	天津	天津大学
46	2017	钱易	女	1936	81	58	北京	清华大学
47	2018	党红妮	女	1975	43	19	陕西	陕西省商洛市特殊教育学校
48	2018	张建华	女	1974	44	25	河北	河北省保定市阜平县阜平镇大元村大园小学
49	2018	杨毛吉	女	1974	44	22	青海	青海省西宁市大通回族土族自治县第二完全中学

续表

序号	当选年份	姓名	性别	出生年份	当选年龄（岁）	当选时从教年限（年）	所在省区市	所在单位
50	2018	应彩云	女	1963	55	35	上海	上海市杨浦区本溪路幼儿园
51	2018	卢桂英	女	1963	55	31	海南	海南省商业学校
52	2019	张俐	女	1968	51	33	江西	江西省南昌市启音学校
53	2019	拉姆	女	1985	34	34	西藏	西藏自治区双湖县协德乡完全小学
54	2019	范徽丽	女	1976	43	25	广西	广西北海市涠洲岛幼儿园
55	2019	顾昌华	女	1964	55	33	贵州	铜仁职业技术学院
56	2019	李琳娜	女	1960	59	28	海南	海南职业技术学院
57	2019	封莉容	女	1954	65	39	上海	上海宋庆龄学校
58	2020	何梅	女	1987	33	14	贵州	贵州省毕节市赫章县城关镇中心幼儿园
59	2020	肖敏	女	1977	43	24	四川	四川省泸州市特殊教育学校
60	2020	魏亚丽	女	1974	46	27	山东	山东省潍坊商业学校
61	2020	窦桂梅	女	1967	53	34	北京	清华大学附属小学
62	2020	丁海燕	女	1967	53	34	陕西	陕西省咸阳市旬邑县马栏齐心九年制寄宿学校
63	2020	张桂梅	女	1957	63	24	云南	云南省丽江市华坪女子高级中学
64	2021	郭文艳	女	1983	38	19	河南	河南省新乡市辉县市西平罗乡中心幼儿园
65	2021	王丹凤	女	1966	55	31	黑龙江	黑龙江省牡丹江市职业教育中心学校
66	2021	李红霞	女	1972	49	27	河北	河北省石家庄外国语学校
67	2021	李红波	女	1972	49	不详	贵州	贵州护理职业技术学院
68	2021	李龙梅	女	1964	57	20	重庆	重庆市特殊教育中心
69	2022	郭晓芳	女	1979	43	21	湖南	湖南省长沙市芙蓉区育英学校
70	2022	李粉霞	女	1976	46	22	山西	山西机电职业技术学院
71	2022	马丹	女	1973	49	23	湖北	湖北省武汉市旅游学校
72	2022	孙怡	女	1980	42	22	新疆	新疆生产建设兵团第二师铁门关市第一幼儿园

续表

序号	当选年份	姓名	性别	出生年份	当选年龄（岁）	当选时从教年限（年）	所在省区市	所在单位
73	2022	张先庚	女	1969	53	26	四川	四川护理职业学院
74	2022	周美琴	女	1967	55	35	上海	上海市浦东新区特殊教育学校

资料来源：教育部网站、《中国教育报》、《中国教师报》等。

第一节 女性"楷模教师"的成长轨迹

一 青少年时期：埋下爱与教育的纯粹种子

社会和家庭是影响个人发展最早以及最重要的因素，在很大程度上会给个人的发展施以成长外力。虽然主观能动性才是决定一个人最终发展程度的因素，但社会传统文化、家庭观念等外部因素的作用也不容小觑。教育心理学表明，个人年龄越小，其可塑性越大。随着年龄的增长以及个体成长经验的积累，主观能动性才能在个人发展过程中占据主导地位。因此，女性"楷模教师"在年少时期受到怎样的家庭及社会影响，从而埋下纯粹的爱与教育的种子值得深入探索。"社会性别刻板印象"是谈论女性话题时出现的高频词组，它是整个社会的主流文化及思想对男女两大性别群体所持有的固化态度，属于个人成长的外部环境，是难以改变的。而在这些女性"楷模教师"中，社会性别刻板印象通过家庭辐射出的、真正施于女性教师的影响是微乎其微的。相反，较为开明的、赞同性别平等的家庭和社会风气对于教师们影响颇深。清华大学教授钱易小时候住在有十几户人的苏州大院，她说："邻居们知道母亲是教师，就把放学后无人看管的孩子送到我家上晚自习，母亲在身边来回走动，给每一个孩子辅导功课。"日子清苦，但母亲的教师形象却在钱易内心生根发芽①。何梅全心投入幼儿教育，选择成为一名教师，是受到家庭和学校的双重影响。她回

① 《只要一息尚存 也要把环境事业坚持到底——记中国工程院院士、清华大学教授钱易》，中华人民共和国教育部网站，2017 年 9 月 5 日，http://www.moe.gov.cn/jyb_xwfb/xw_zt/moe_357/jyzt_2017nztzl/2017_zt07/17zt06_qgjsyrkm/201709/t20170905_313422.html。

忆："小时候，爷爷喜欢中国传统文化，经常在我耳边念叨德高为师、身正为范，初中班主任上课严厉，课后却待学生如亲人……"①。刘发英出生在一个幸福的教师家庭，其父亲常说："如果每个山里的孩子都一心想着离开农村，那农村永远不可能富裕，农民只能世代贫穷。"这句话在刘发英的心里烙下了深深的印迹。②

正是截然不同于旧时代的教育和社会文化背景，才最有可能培育出新时代的女性，如若不然，大部分女性则难以卸下在家相夫教子的"天职"，很难追求自我发展。可见，一个人从小受到的外部环境影响，对于其人生轨迹和发展会产生重大作用。

二 专业发展与成长时期：家庭支持助力教育之花的培育

很长一段时间，女性被局限在家庭这样的私人领域，而公共领域则是男性大展才华的场域。"男主外，女主内"的思想观念成为跨越数个时代以及广大地域的刻板印象，评价女性的价值标准主要是"家庭是否和睦""丈夫是否幸福"等。但如今社会环境越来越开明，女性教师可以寻得自己的灵魂伴侣，并得到家庭的全力支持，最终不仅促进了学生的发展，也更加符合自我期许地实现了个人价值。王生英的丈夫大力支持她的想法，他们决定，就算砸锅卖铁、倾尽所有，也要建成一间教室。③ 杨毛吉的丈夫说："原来她这么做，我有些不理解，但是不抵触，主要是希望她能清闲一点，不要这么累。后来发现学生受益、家长受益，我觉得她这么做是对的。"④

即便家人最开始不理解甚至埋怨，但乌兰也用自己的决心和耐心感动

---

① 曹雯：《"全国教书育人楷模"何梅：用心关爱，才能更好守护孩子》，当代先锋网，2020 年 9 月 10 日，http://www.ddcpc.cn/news/202009/t20200910_1078286.shtml。
② 《托起山里孩子的读书梦——记湖北省宜昌市长阳县龙舟坪镇花坪小学教师刘发英》，中华人民共和国教育部网站，2017 年 9 月 5 日，http://www.moe.gov.cn/jyb_xwfb/xw_zt/moe_357/jyzt_2017nztzl/2017_zt07/17zt06_qgjsyrkm/201709/t20170905_313423.html。
③ 郭炳德：《王生英：太行山下的"瓦尔瓦拉"》，中华人民共和国教育部网站，2010 年 12 月 1 日，http://www.moe.gov.cn/jyb_xwfb/xw_zt/moe_357/s3582/s4672/s4887/s4888/201011/t20101130_112054.html。
④ 刘言：《杨毛吉：拥有好品德的人，才配做教育学生的人》，中华人民共和国教育部网站，2018 年 9 月 11 日，http://www.moe.gov.cn/jyb_xwfb/xw_zt/moe_357/jyzt_2018n/2018_zt18/zt1818_yxdx/201809/t20180911_348187.html。

爱人的心。她对爱人说:"100 多名学生患了流行性感冒,都在住校,我是一名班主任,如果我不去照看,还叫老师吗?学生们在家也都是父母手中的宝贝,现在出来念书,已经很不容易了,我们虽然苦点,可我们毕竟是在旗里,各方面条件比起住校生活好多了,困难是暂时的。"多么朴实的话语,多么无私的心灵,她的奉献和话语震撼了爱人的心。[1] 艾米拉古丽·阿不都"为了幼儿园的孩子,舍弃了陪自己孩子的机会。在维稳工作的严峻形势下值班任务重,她就把仅仅 2 岁半的儿子送到 300 公里外的父母家中。为此父母和丈夫也曾不解,但最终还是被她的敬业精神感动,最终给了她全力的理解和支持"[2]。

由此可见,来自伴侣的全力支持至关重要,女教师无须为家庭和工作的有机协调耗费过多的精力和时间,从而能够有足够的时间和条件准确认识自我、追寻自我,在成就孩子们卓越成长的同时,也实现了自身的职业价值乃至人生价值。

第二节 惜生重师:女性"楷模教师"的职业贡献

一 "母职"身份为育人育才奠定基石

"母职"被定义为女性成为母亲之后自身所能意识到并且积极主动践行的职能,它不仅表现在母亲与儿女的家庭场域中,也能跨越多个场域,表现在各种社会环境中。而学校这一场域为女性教师践行"母职"提供了合适的"职能对象"。作为母亲,女性"楷模教师"可以以"母爱之名"对学生的道德产生积极影响;作为教师,女性"楷模教师"的气质也可为学生的成长成才保驾护航。

---

[1] 《爱心与创新谱写出讲台上的璀璨人生——记内蒙古锡林郭勒盟镶黄旗蒙古中学副校长乌兰》,中华人民共和国教育部网站,2019 年 9 月 4 日,http://www.moe.gov.cn/jyb_xwfb/xw_zt/moe_357/jyzt_2019n/2019_zt24/jygzzfc/jsyrkm/km2014/201909/t20190925_400873.html。

[2] 《艾米拉古丽·阿不都:用爱心托起明天的太阳——记新疆喀什地区巴楚县巴格乡双语幼儿园园长艾米拉古丽》,中华人民共和国教育部网站,2017 年 9 月 5 日,http://www.moe.gov.cn/jyb_xwfb/xw_zt/moe_357/jyzt_2017nztzl/2017_zt07/17zt06_qgjsyrkm/201709/t20170905_313434.html。

（一） 母性光辉滋润道德心田

从单方面强调成绩的应试教育到强调全面发展的素质教育，学生综合素质的发展，尤其是道德发展引起了社会各界的关注和重视。"立德树人"生发出新的指引功能。育才先育人，对于具有"母职"身份的女性教师群体而言，为学生提供良好的道德成长土壤是其母性关怀的价值所在。从"母职"践行的角度出发，女性"楷模教师"的关怀和关爱可以满足学生，尤其是低年级学生在道德成长过程中情感方面的需求，从而使学生具有良好的道德认知、热切而积极的道德情感、坚韧的道德意志。"多年来，杨毛吉认真履行职责，在师德师风建设、学生品德培养方面提出了很多建议；她用朴实的语言宣传立德修身的意义，宣传师德精神；她结合生活实例为更多家庭指明教育子女的方法。"① 贺红岩"即便知道学生早恋，也从来不会在公众场合批评学生，她像妈妈一样，耐心细致地做早恋学生的思想工作，让他们树立正确的恋爱观、人生观"②。细心和耐心是大多数女性具有的优良品质，女性"楷模教师"将其用在学生的身心发展上，激发出的教育力量可谓巨大。"桂贤娣说，爱学生无时不在，无处不在。她不但细心读懂了学生的微妙心理，而且以真诚的心态、细腻的教育手法，唤醒了班上孩子美好的人性"③。这些美好的人性为学生的全方面发展提供了根本性指引，关系到学生的发展质量。而对于特殊儿童的身心发展，女性"楷模教师"的母性关怀和爱显得更加重要。"二十四载从教路，一十四年特教情。党红妮凭着共产党员的赤诚，挚爱着特教事业，倾注一腔慈母般的亲情，用爱滋养着每一个听障和智障的孩子。"④ 刘文婷"特别注重智障

---

① 王英桂：《学生心中的"毛吉额娘"——记青海省大通县第二完全中学教师杨毛吉》，中华人民共和国教育部网站，2018 年 9 月 14 日，http://www. moe. gov. cn/jyb_ xwfb/moe_ 2082/zl_2018n/2018_zl62/201809/t20180914_348686. html。

② 蒋夫尔：《"小心思"做出德育"大文章"——记新疆察布查尔锡伯自治县第一中学教师贺红岩》，中华人民共和国教育部网站，2011 年 9 月 16 日，http://www. moe. gov. cn/jyb_ xwfb/moe_ 2082/s5936/s5885/201109/t20110916_124209. html。

③ 《爱的教科书——记湖北省武汉市汉阳区钟家村小学教师桂贤娣》，中华人民共和国教育部网站，2013 年 1 月 9 日，http://www. moe. gov. cn/jyb_ xwfb/xw_ zt/moe_ 357/s6211/s6210/s6259/s6260/201301/t20130109_146628. html。

④ 《在特教苗圃里辛勤耕耘的园丁——记陕西省商洛市特殊教育学校教师党红妮》，中华人民共和国教育部网站，2018 年 8 月 30 日，http://www. moe. gov. cn/jyb_xwfb/xw_ zt/moe_ 357/jyzt_2018n/2018_zt15/zt1815_km/201808/t20180830_346630. html。

儿童的品德与生活教育，并以自己高尚的道德情怀和爱心教育开启智障儿童的心灵，帮助他们回归社会"①。众所周知，特殊儿童的社会性发展比普通学生存在更多的困难，对教师来说也是更高难度的挑战。特殊儿童脱离家庭环境进入学校之后，是处于情感断裂的环境中，而女性"楷模教师"的母性光辉——关心和关爱则是一切教育的基础，能够让特殊儿童感到自己持续处于一个"柔性场域"，从而使得他们更加有勇气和自信去面对真实的自己并更好地成长。以身作则是教师影响学生道德成长的重要方式。研究表明，学生具有向师性，尤其是低年级的学生，即教师的言行会对学生的言谈举止和行为习惯产生深层次的影响。张赛芬以自己良好的行为习惯给学生塑造了一个好标杆，促使其良好生活习惯的养成。"一天早晨，一位学生家长看到自己的儿子在非常认真地打扫着房间，感到惊讶万分，要知道以前儿子在家里从来不做家务。几个月后，这位家长去学校探望，发现儿子的寝室非常整洁。询问之下才知道，原来儿子是看到张赛芬老师时常打扫卫生，耳濡目染之下也养成了这样的好习惯。"②

综上所述，由"母职"身份衍生出的关怀关爱对学生的道德影响是不容忽视的。不管是人性的启发，还是特殊儿童社会性的发展和学生良好行为习惯的养成等道德层面的发展，都与女性教师的"母职"关怀与关爱有着十分密切的关联。女性教师如果将这些天然的有利条件运用到教育教学情境中，那学生道德的高质量提升将事半功倍，"立德树人"的教育根本任务也将得到落实。

（二）"母职"身份助力学识培育

女性教师不仅可以利用"母职"身份为学生提供优质的道德成长土壤，还能在学生的成才路上担任保驾护航的角色，用爱为学生打通一条无后顾之忧的发展路径。在众多女性"楷模教师"中，视学生如己出、为学生提供经济支撑的老师不胜枚举。程惠芳是"一位受人尊敬的长者，在熙熙攘攘的大学校园里，对年轻人无微不至：天冷了，买毛衣送给贫困学

---

① 《做一名幸福的特教教师——记河南省洛阳市老城区培智学校教师刘文婷》，中华人民共和国教育部网站，2016 年 9 月 8 日，http://www.moe.gov.cn/jyb_xwfb/xw_zt/moe_357/jyzt_2016nztzl/2016_zt15/16zt15_jsyrkm/201609/t20160902_277512.html。

② 《2012 年度全国教书育人楷模候选人：张赛芬》，央视网，2012 年 9 月 5 日，http://kejiao.cntv.cn/program/2012jsj/20120905/100068.shtml。

生；让家境不宽裕的研究生当科研助理，定期发补贴，给回家路费……"①
被学生称为"妈妈老师"的胡遂，对来自吉林通化农村的研二学生李婷婷
很照顾。"老师把我当女儿一样"，李婷婷说。老师隔三岔五会偷偷给她一
些零花钱；在网上买旧电脑发现还不错，又给她买一台；偶尔逛街买衣
服，也会给她捎上一件。② 乌兰的学生在信中说："老师，感谢您的辛勤培
育，您就像我的妈妈一样，关心我、帮助我、教育我，无论走到哪里，我
都不会忘记您给予我的恩惠！"③ 用身体为学生挡下农药的石雪晖老师也将
爱生如子的教育情怀表现得淋漓尽致。采访中一位同学回忆："大四那年
我在实验基地里实践，学习打农药。石老师手拿喷杆，仔细教我正确使
用。一阵风吹过，细细的药水珠向我们飘来，石老师立刻斜了身体把它们
挡住。有害的药水珠轻轻地附在了她的身上，却沉重地砸在我心里。我要
抢过喷杆，老师不让，她说，农药有毒，你们年轻人受不了，我老了，手
皮厚，比你们抵抗力强一些。"④ 妇女儿童被视为社会的弱势群体，是需要
更多保护和关心的群体，但身负"母职"的女性"楷模教师"，则体现出
"为母则刚"和"为师则刚"的双重特征，职责的叠加使得女性"楷模教
师"内心更为强大，在帮助学生成长发展上有着举足轻重的作用。

二 合作精神为集体发展添砖加瓦

心理学研究表明，男性比女性更加专注于竞争，而女性比男性具有更强
的合作精神。所以，从这个角度出发，女性对集体的发展来说意义非凡，尤
其是对于行政管理岗位的女性。身居管理岗的女性"楷模教师"，不仅为其
他女性教师提供了打破"玻璃天花板"的范例，使其充分地认识到自己作为
女性该如何促进自身发展，也充分发挥了自身的领导力，带领大家积极合

---

① 蒋亦丰：《为了学生，她也是蛮拼的——记浙江工业大学经贸管理学院院长程惠芳》，中
华人民共和国教育部网站，2015 年 9 月 19 日，http://www.moe.gov.cn/jyb_xwfb/xw_zt/
moe_357/jyzt_2015nztzl/2015_zt09/15zt09_2015jsyr/201509/t20150929_211364.html。

② 李伦娥、阳锡叶：《犹自风华如锦绣——记全国教书育人楷模、湖南大学教授胡遂》，中
华人民共和国教育部网站，2013 年 9 月 4 日，http://www.moe.gov.cn/jyb_xwfb/s5147/
201309/t20130905_156968.html。

③ 《爱心与创新谱写出讲台上的璀璨人生——记内蒙古锡林郭勒盟镶黄旗蒙古中学副校长乌
兰》，中华人民共和国教育部网站，2019 年 9 月 4 日，http://www.moe.gov.cn/jyb_xwfb/xw_
zt/moe_357/jyzt_2019n/2019_zt24/jygzzfc/jsyrkm/km2014/201909/t20190925_400873.html。

④ 唐湘岳、龙翊雯：《真棒！石雪晖》，《光明日报》2010 年 9 月 9 日，第 4 版。

作，为教师提供良好的工作环境，为学生创造更好的学习环境。封莉容"告诫每一名园部工作人员，对接到的每一个找员工的电话，都要加倍礼貌、热情和亲切，要让对方感觉到他要找的这个员工在这里非常优秀，是在一个温暖的大家庭中工作，被家人们真诚地关爱着"。她认为："我们把老师当天的时候，老师才会把学生当天——这已成为幼儿园和学校领导班子的共识。"① "孙明霞在人心涣散时，带领全体教师制订了 50 条规章制度，并严格要求逐条落实。有的老师之间有矛盾，她就把他们找来谈心，直到两人握手言和。"② 吴邵萍"在对待同事时，同样不忘'爱'。作为园长，她时时处处爱护园里的老师，关心她们的生活，特别是对青年教师，更是像大姐姐一样给予无微不至的关心"③。何桂琴"将妇女维权和素质提高作为工作的重点，积极深入女教工了解她们的渴求和呼声，并及时反馈给上级领导，力争为妇女赢得政策上的保障，得到领导的支持"④。

可以看出，这些"楷模教师"中的女性领导不仅重视学校集体发展过程中的团结性、制度性、人文性等，对于了解女性教师自身发展需求也有较高的自觉性，对女性教师素养的提高也给予了高度关注和严格要求。这些对于女性教师集体突破"玻璃天花板"都具有重要意义。

三　初心犹在，为教育花蕾择先"浇灌"

对女性教师的解读，"先是女性，再是教师"的社会定位被很多学者所认同。但这些女性"楷模教师"是如何认识自身并做出选择的呢？这将涉及女性教师在私人和公共两大生活领域的抉择问题，前者倾向于"女性"身

---

① 《以爱传承，做缔造未来的燃灯者——记上海宋庆龄学校党支部书记、校长、宋庆龄幼儿园名誉园长封莉容》，中华人民共和国教育部网站，2019 年 9 月 4 日，http://www.moe.gov.cn/jyb_xwfb/xw_zt/moe_357/jyzt_2019n/2019_zt20/jsfc/jsyrkm/km2019/201909/t20190904_397455.html。

② 赵婀娜、贾娜：《"孩子就是全世界"——记安徽省淮南市直机关幼儿园园长孙明霞》，中华人民共和国教育部网站，2012 年 9 月 25 日，http://www.moe.gov.cn/jyb_xwfb/moe_2082/s6236/s6843/201209/t20120925_142674.html。

③ 陈瑞昌、缪志聪：《"爱就是我的教材"——记南京市北京东路小学附属幼儿园园长吴邵萍》，中华人民共和国教育部网站，2010 年 9 月 26 日，http://www.moe.gov.cn/jyb_xwfb/moe_2082/s5936/s4620/201009/t20100926_108749.html。

④ 《"教书是我最大的幸福"——宁夏回族自治区固原市回民中学教师何桂琴》，中华人民共和国教育部网站，2013 年 1 月 29 日，http://www.moe.gov.cn/jyb_xwfb/xw_zt/moe_357/s7093/s7099/s7100/s7101/201301/t20130129_147297.html。

份，后者则倾向于"教师"身份。面对双重身份的调和，女性"楷模教师"不约而同地践行"教育优先，学生第一"的原则，在学生和自己的子女之间，象征社会责任的、处于公共生活领域的学生成为她们的第一选择。"刘文婷甚至为此推迟了婚期、牺牲了婚假。对别人的孩子她投入了全部身心，而自己的孩子刘文婷却常常没时间照顾。"① 在周小燕心底，"学生就是她的孩子。为了学生，她宁愿和儿女分开；为了学生，她甘于奉献一切"②。支月英面对女儿"山里的学生才是你亲生的"的抱怨，无奈说道："我何尝不想做女儿的好妈妈，可我把自己交给了山村教育，只能亏欠家人。"③ 当然，也有"楷模教师"在竭力平衡和调和两种责任，把自己的时间和精力高效利用，"一天宁作两天用"的劲头让她们再苦也不会耽误学生、落下工作。"张赛芬的丈夫因为企业转制，到舟山一家船配公司担任了生产主管，近年来船配生意较好，基本没有双休日，所有的家务活都落在了张赛芬的身上。为了不影响工作，她常常是每天 5 点起床，晚上到 11 点半才睡觉……"④

哪有母亲不疼爱孩子的？这些女性"楷模教师"也想要投入私人生活领域，可是她们却选择优先肩负更为重大的社会责任。因为她们相信，教好一个孩子，就能保证一个家庭的未来，就能促进整个社会的发展。

第三节 女性教师专业发展的有益启示

一 全方位加强"母职"观念

在教育教学场域中，"母职"身份的说辞无形中给女性教师尤其是已

---

① 史晓琪：《刘文婷：为折翼天使撑起一片天》，大河网，2017 年 8 月 24 日，http://newpaper. dahe. cn/hnrb/html/2017 – 08/24/content_178686. htm。

② 董少校：《金嗓丹心的"中国之莺"——记上海音乐学院终身教授、著名女高音歌唱家周小燕》，中华人民共和国教育部网站，2011 年 9 月 15 日，http://www. moe. gov. cn/jyb_xwfb/xw_zt/moe_357/s6211/s6210/s6253/s6254/201207/t20120702_138710. html。

③ 顾仲阳：《乡村教师支月英 托起山里孩子的未来》，中华人民共和国教育部网站，2020 年 11 月 6 日，http://www. moe. gov. cn/jyb_xwfb/xw_zt/moe_357/jyzt_2020n/2020_zt11/redian/202011/t20201106_498541. html。

④ 《海岛上的职教守望者——记浙江省舟山职业技术学校教师张赛芬》，中华人民共和国教育部网站，2017 年 9 月 5 日，http://www. moe. gov. cn/jyb_xwfb/xw_zt/moe_357/jyzt_2017nztzl/2017_zt07/17zt06_qgjsyrkm/201709/t20170905_313428. html。

为人母的女性教师施加了更多的工作压力，同时也赋予了她们更多育人育才的责任。为了更好地建设女性教师队伍，社会各界应对"母职"身份进行合理化阐释。社会主流文化应利用大众传媒对"母职"身份的价值和意义建构给予宣传和赞扬，同时也要为女性教师提供丰富全面且优质的教育教学范例。再者，师范院校应增强课程的多样性，加设"母职"身份和性别文化平等的相关课程，使师范生对"母职"的认识来源多元化、认识程度专业化。就女性教师自身而言，应该提高对自我性别角色的领悟力，正确认识"母职"身份价值。"母职"身份的自我赋予并不是对社会性别文化平等的弱化，相反，它是促进社会性别文化平等的加速器。"母职"身份所带来的性格、人格特征（无微不至的爱与关怀、敏感的知他力等）与学生细腻的情感需求是匹配的，为脱离家庭场域、处于情感断裂带的学生们建构了另一个情感寄托场域。这不仅体现了女性教师"母职"身份与"女性化"气质的价值和不可缺失性，还有利于学生成才。

二 整体性突破"玻璃天花板"

在"男主内，女主外""男将女兵"的由父权文化主导的社会中，绝大多数职业的决策层和分管层存在性别失衡的问题，教育行业也是如此。女性教师在职业生涯中遭遇"玻璃天花板"的数不胜数。所谓"玻璃天花板"，就是女性在职业发展到一定阶段时，就会受到社会文化、家庭等无形的影响，且阻隔力较大，它们阻碍其职业向上发展。要突破"玻璃天花板"，首先，处于领导层的女性教师要成为其他位于执行层的女性教师职业发展的榜样，要充分发挥自身的职能作用，强化合作及团结意识；其次，政府和学校要出台相关的政策和制度，系统全面地提高女性的经济和社会地位，保障其由于婚育耽搁而可能受损的权益，为她们的职业向上发展尽可能地扫除障碍。

三 精准化追求自身的性别价值

在父权话语体系下，部分女性不能客观真实地定位和追寻自身的人生价值，而是把自己局限在家庭的"藩篱"中，工作成为"次要品"甚至"牺牲品"。女性教师该如何定位自己在新时代的性别角色和性别责任，是其职业生涯发展的重要问题。除了让女性教师自身树立高尚的职业素养，践行爱学生、学生第一、教育优先的精神之外，还需要外部大环境为其营造更加平等的社会性别文化氛围，提供重要的家庭支持，尤其是后者。作为私人生活领域的家庭，是女性教师除了教育教学工作以外的首要牵挂，如果其伴侣积极支持，家务上分工合理，那么女性教师在家庭和工作之间的切换力就会增强，从而利于其教育教学能力和自信力的提高。这对于女性教师队伍建设也有着持续而深刻的影响。

"楷模教师"是当代女性教师职前培养、职后培训以及教师自我发展的标杆。随着女性教师队伍的不断扩大，这些"楷模教师"事迹的影响力也在不断增强。通过学习楷模精神，未来女性教师会运用"女性气质"和"母职"身份等在教育行业创造新的辉煌。

第十八章　教师流动视域下扎根基层的 "楷模教师"群像[*]

　　习近平总书记在 2018 年全国教育大会上提出了当前我国教育改革发展的主要方向与原则：坚持党对教育事业的全面领导，坚持把立德树人作为根本任务，坚持优先发展教育事业，坚持社会主义办学方向，坚持扎根中国大地办教育，坚持以人民为中心发展教育，坚持深化教育改革创新，坚持把服务中华民族伟大复兴作为教育的重要使命，坚持把教师队伍建设作为基础工作。[①] 其中，"扎根中国大地办教育"从立足点上回答了"怎么办教育""如何办教育"的问题。这对当前乃至今后的教育事业、教育理论发展都提出了明确的要求，而且"九个坚持"本身也是扎根中国大地办教育的理论成果。2010 年以来，教育部联合权威媒体发起、由社会公众评选出来 100 多位"楷模教师"。笔者通过对其中 25 名扎根基层的"楷模教师"的先进事迹材料进行文本分析，在"教师流动"的理论支撑下，梳理其个人经历，试图挖掘这部分教师职业流动的特征，并尝试提出新时代扎根基层的教师优化路径。25 名扎根基层的"楷模教师"中，当选时最小年龄为 37 岁，最大年龄为 81 岁，平均年龄为 57 岁，广泛分布在全国 16 个省区市。其中来自东部省份的教师有 14 人，中部省份有 4 人，西部省份有 7 人（见表 18 - 1）。

---

　　*　本章系重庆市儿童发展与教师教育研究中心立项课题"'全国教书育人楷模'乡村教师群像研究"（课题编号：JSJY2102）、四川乡村教育发展研究中心立项课题"'全国教书育人楷模'乡村教师群像研究"（课题编号：SCXCJY2023A03）的结项成果。
　　①　《习近平在全国教育大会上强调 坚持中国特色社会主义教育发展道路 培养德智体美劳全面发展的社会主义建设者和接班人》，河北新闻网，2018 年 9 月 11 日，https://hbrb.hebnews.cn/pc/paper/c/201809/11/c95270.html。

表18－1　2010～2022年扎根基层的"楷模教师"的基本信息

序号	当选年份	姓名	性别	出生年份	当选年龄（岁）	当选时从教年限（年）	所在省区市	所在单位
1	2010	王生英	女	1956	54	37	河南	河南省林州市横水镇卸甲平村小学
2	2010	于漪	女	1929	81	59	上海	上海市杨浦高级中学
3	2011	石利颖	女	1974	37	18	北京	北京市第五幼儿园
4	2011	李吉林	女	1938	73	55	江苏	江苏省南通师范学校第二附属小学
5	2011	莫振高	男	1957	54	32	广西	广西壮族自治区都安瑶族自治县高级中学
6	2013	刘占良	男	1963	50	32	陕西	陕西省商洛市商洛中学
7	2014	李广	男	1958	56	38	河北	河北省围场县棋盘山学区中心校莫里莫幼儿园
8	2014	陆苏新	男	1960	54	36	新疆	新疆生产建设兵团第六师五家渠高级中学
9	2015	熊照才	男	1960	55	31	云南	云南省麻栗坡县董干镇上弄小学
10	2015	李庾南	女	1939	76	58	江苏	江苏省南通市启秀中学
11	2016	游向红	女	1962	54	35	北京	北京市丰台区第二幼儿园
12	2016	文天立	男	1957	59	40	四川	四川省广元市青川县红光小学
13	2016	支月英	女	1961	55	36	江西	江西省宜春市奉新县澡下镇白洋教学点
14	2017	沈茂德	男	1958	59	35	江苏	江苏省无锡市天一中学
15	2017	苏富梅	女	1957	60	41	河北	河北省张家口市特殊教育学校
16	2018	应彩云	女	1963	55	35	上海	上海市杨浦区本溪路幼儿园
17	2018	吕文强	男	1959	59	41	山东	山东省平度市朝阳中学
18	2018	卢桂英	女	1963	55	31	海南	海南省商业学校
19	2019	张俐	女	1968	51	33	江西	江西省南昌市启音学校
20	2019	李琳娜	女	1960	59	28	海南	海南职业技术学院
21	2019	顾昌华	女	1964	55	33	贵州	铜仁职业技术学院
22	2020	窦桂梅	女	1967	53	34	北京	清华大学附属小学

序号	当选年份	姓名	性别	出生年份	当选年龄（岁）	当选时从教年限（年）	所在省区市	所在单位
23	2020	丁海燕	女	1967	53	34	陕西	陕西省咸阳市旬邑县马栏齐心九年制寄宿学校
24	2021	王丹凤	女	1966	55	31	黑龙江	黑龙江省牡丹江市职业教育中心学校
25	2022	安文军	男	1969	53	30	甘肃	甘肃省张掖市肃南县明花学校

资料来源：教育部网站、《中国教育报》、《中国教师报》等。

第一节　扎根基层的"楷模教师"群体的职业流动

25 名扎根基层的"楷模教师"，从事教育事业几十载，最短的教龄有 18 年，最长的教龄有 59 年，平均教龄约为 37 年。在这漫长的教书生涯中，李广所在的学校几经调整，从初中变成了小学，又改办幼儿园，他也从最初的初中教师流动为幼儿园教师。石利颖从最初的青年教师到为人母，每天早出晚归，到家后继续忘我地工作，女儿依偎在她的身上睡熟了她也全然不知。在游向红的带领下，北京市丰台区第二幼儿园不断进步、发展，一步步地成长为丰台区示范幼儿园、北京市示范幼儿园，从一园多址发展成"丰台二幼教育集团"，游向红也从一名普通的幼儿园老师成长为园长。30 年的教育实践，安文军通过踏实的努力，从普通教师跃升为明花学校的负责人。19 岁的丁海燕被推荐到金盆村小学当教师，这一干，就是 30 多年。其间由于身体原因，由语文老师转型做了体育教师。教育，是薪火相传的事业，李吉林所在的学校成立了江苏省第一家以学校为基地的"青年教师培训中心"，李吉林从年轻教师经过多年不断努力提升为导师，对青年教师加以悉心扶持、培养，带领青年教师共同成长。王生英放弃了在县城教书的机会，自愿到偏僻、艰苦的学校任教。熊照才 1984 年走上代课老师岗位，按照国家有关政策，直到 1999 年才转为编制老师。应彩云几十年来从未离开过自己所在的课堂，始终坚守在教育一线，从未离开过孩子们。这些扎根基层教育的"楷模教师"，几十年来，不论在哪所学校、哪个岗位，身份发生了什么样的变化，始终兢兢业业，用自己对教育事业的赤诚与热爱，点燃了无数学子的梦想与未来。

第二节 扎根基层的"楷模教师"群体的个人经历

一 爱岗敬业，忘我工作

扎根基层的"楷模教师"，从站上讲台的那一天起就怀着一片真诚，对教育有一颗执着的心，把教书育人当成人生中最神圣的使命。多年的教书生涯，石利颖除了结婚和怀孕时带幼儿园的日托，其余时间她全部都是带整托，这样就可以有更多的时间去了解自己所带的孩子。春去秋来，石利颖每天面对性格迥异的孩子，从教育到生活，又从吃饭到睡觉，与孩子们形影不离。每天5点多，石利颖就早早起床、洗漱，把自己女儿要穿的衣服放到床头。不到7点，她已经站到自己班门口，用微笑和拥抱迎接每个孩子的到来。晚上9点多回到家，石利颖打开电脑继续忘我地工作，自己女儿在身边睡着了也浑然不知。[1] 丁海燕热爱教书，爱孩子，从教30多年来，她几乎一直吃住在学校。每天从一睁眼忙到熄灯，满心满眼都是学校、学生的事儿。[2] 2014年初春，游向红不慎摔倒，腿部骨折。医生在她的腿内打了1块钢板和9颗钉子。然而，手术后不到一周，游向红就又回到学校工作了。[3]

二 爱生如子，乐于助人

扎根基层的"楷模教师"深深地知道，只有热爱自己的学生，才能教育好他们。生活中他们无微不至地关心学生，成了学生的良师益友。熊照才在艰苦的边境地区一线学校从教30余年，用一种简单执着的方式默默守

① 王超群：《"点子大王"陪孩子幸福成长——记北京市第五幼儿园教师石利颖》，中华人民共和国教育部网站，2011年9月11日，http://www.moe.gov.cn/jyb_xwfb/moe_2082/s5936/s5885/201109/t20110912_124101.html。
② 《深山红烛"丁妈妈"——记陕西省咸阳市旬邑县马栏齐心九年制寄宿学校教师丁海燕》，中华人民共和国教育部网站，2020年9月9日，http://www.moe.gov.cn/jyb_xwfb/xw_zt/moe_357/jyzt_2020n/2020_zt16/2020jiaoshuyurenkaimo/202009/t20200909_486652.html。
③ 施剑松、瞿六琴：《游向红："游"向幼儿心灵的最深处》，中国教育新闻网，2016年10月10日，http://www.jyb.cn/sq/201610/t20161010_24976.html。

护着苗寨教育的星火。安文军的学生王某是单亲家庭的孩子,自卑还不合群,经常迟到,不愿去上学。安文军利用节假日家访,还在王某生日那天的晚自习买了蛋糕和水果来到教室,给王某戴上生日礼帽,点上蜡烛,全班齐唱生日歌。从那以后,这名学生变了,学习刻苦勤奋,初中毕业之后还顺利考入了普通高中。① 莫振高是都安高中校长,多年来用自己微薄的工资资助贫困生,让他们顺利地进入大学。②

三　严爱相济,教书育人

扎根基层的"楷模教师"真正做到了严爱相济、教书育人。他们知道只有赢得学生们的信赖,才能走进孩子们的心灵,才能在教书的同时育好人。在多年的教育教学生涯中,刘占良一直从事中学数学教学和研究。他酷爱研究,勤钻研、善思考,27 岁就担任数学教研组组长,逐渐形成了独具魅力的教学风格,成为学校数学教学的领军人。③ 他具有高尚的育人本领和超群的教学水平。他的教法学生喜欢、同行佩服。④

第三节　扎根基层的"楷模教师"群体的职业流动特征

一　流动与坚守

随着经济的不断发展,我国的农村和城市也呈现出截然不同的面貌。城市交通发达,基础设施先进,而农村基础设施短缺且落后。在教育方面是最为明显的,甚至差距还在越拉越大。乡村教师为了更好的待遇,一般

---

① 《2022 年"全国教书育人楷模"安文军:坚守牧区 润物无声》,中国教育新闻网,2022年 9 月 6 日,http://www. jyb. cn/rmtzcg/xwy/wzxw/202209/t20220906_2110942703. html。

② 周仕敏、宋潇潇:《甘做瑶山教育的"化缘"人——记广西河池市都安高中校长莫振高》,中华人民共和国教育部网站,2011 年 9 月 18 日,http://www. moe. gov. cn/jyb_ xwfb/moe_2082/s5936/s5885/201109/t20110919_124277. html。

③ 冯丽、柯昌万:《他是学生心中的偶像——记全国教书育人楷模、陕西商洛中学副校长刘占良》,中华人民共和国教育部网站,2013 年 9 月 14 日,http://www. moe. gov. cn/jyb_xwfb/s5147/201309/t20130916_157419. html。

④ 《教书的表率 育人的楷模——记新疆生产建设兵团六师五家渠高级中学教师陆苏新》,中华人民共和国教育部网站,2019 年 9 月 4 日,http://www. moe. gov. cn/jyb_xwfb/xw_ zt/moe_357/jyzt_2019n/2019_ zt24/jygzzfc/jsyrkm/km2014/201909/t20190925_400865. html。

会选择到城市的中小学任职。乡村教师不断流失是一个严重问题，同时也是城市和乡村之间差距逐渐拉大的原因之一。而这些扎根基层的"楷模教师"，即使有过多次调岗的机会，也没动摇过自己的教育初心。他们凭着坚定不动摇的初心和执着的追求，把爱心、知识、信仰的种子播到孩子们的心田，点亮文明之光，滋润教育沃土。

二　弹性与韧性

面对繁华城市和更好的个人发展，"楷模教师"做出了艰难的选择。面对艰苦的乡村地区，他们克服困难，最终在教育领域扎下根来。乡村教师在农村辛苦工作，生活条件受到限制，有时还需要自己解决饮食问题。另外，农村地区缺少休闲娱乐设施，交通也不便利，想要回家一次也不容易。艰苦的生活条件是需要乡村教师克服的。

三　大局与小我

教育是民族振兴、社会进步的重要基石，教师是立教之本、兴教之源。扎根基层的"楷模教师"，把异乡当作家乡，把孤儿当作自己的孩子，拥有大爱无疆的博大胸怀，无私奉献。他们不惜牺牲个人的利益，坚持党和人民的利益高于一切，个人利益服从党和人民的利益，吃苦在前，享受在后，克己奉公，多做贡献。作为教育者，他们讲贡献、做贡献，用有限的生命、有限的力量为孩子们多做实事。

第四节　扎根基层教师的优化路径

一　贯彻落实教育兴国方针

要想真正解决扎根基层的教师队伍建设过程中优秀人才流失、生活待遇偏低等问题，提高教师的职业竞争力，就要从政策方面做出强制性规定，真正提高教师的薪酬待遇，提高教师职业的吸引力。统一城乡教职工编制标准的前提是解决城乡教师结构性失衡的问题。在职称评比时要向偏远学校倾斜，为优秀教师制定教师荣誉制度等。对于已经在偏远地区任教的老师，根据任教年龄给予一定的生活补贴或奖励金，鼓励教师扎根基层，为教育奉献自己的一分力量。还可以高薪聘请退休的或在职的优秀教师到偏远地区支教讲学，提高教师队伍的质量。

二　重视基层学校建设

政府要加大对基层学校的投资力度，重视学校建设。首先要改善基层学校的设施，各部门应建立联动机制，进一步完善基础设施和教育设施配套建设。扩大宽带网络的覆盖范围，方便教师们的日常生活，也方便教师利用教学新技术带领学生学习最新的知识，提高乡村的教育质量。其次要落实解决外地教师居住问题的"教师周转房"制度，为基层教师提供便利舒适、功能齐全的"教师之家"，解决基层教师"住危房，租民居"的问题，为基层教师提供基本的生活服务，吸引更多的优秀青年扎根留校。最后要加强对师资的培训，为基层教师提供各种类型的培训。更重要的是，这些培训应符合本土教育的实际需要，帮助教师解决在教学过程中所遇到的具体问题。

三　提高扎根基层的教师队伍的整体素质

外部的环境和条件为扎根基层教育的教师的发展提供了可能，内部的专业发展意识为扎根基层教育的教师的发展提供了动力。要增强教师专业发展的意识，帮助他们意识到自己能力的不足，提高专业成长的内驱力，使他们主动去参加培训，提高专业化水平。扎根基层教育的教师还要加强自身的教学反思，增强自身的职业幸福感和职业认同感，培养自我学习能力，重视对科研能力的培养。

后　记

　　对"全国教书育人楷模"群体的研究来自一场精彩的讲座。2020年底，来自泸州市特殊教育学校的"楷模教师"肖敏莅临四川师范大学开展师德讲座。她的话语朴实无华却感人至深，与学生相处的点点滴滴看似平淡无奇却格外闪亮。经过一段时间的资料收集、数据清洗以及文献阅读，我们发现该类教师群体既具有为人师的高尚师德，也具有"教育家"的教学智慧，还时时刻刻扮演着学生的"知心人"和"引路人"的角色。

　　"一支粉笔，三尺讲台，四季坚守"，道出了教师工作的本质与艰辛。出于对"楷模教师"的崇敬，我们召集了一批对生命历程研究、教师专业发展等有浓厚研究兴趣且富有学术激情的青年学者，以该类群体为研究对象，多视角、多维度、多面向地深入其事迹文本，寻找他们的共性，也比较他们的个性。在研究中我们发现，尽管世界上并不存在两片相同的树叶，但"楷模教师"却存在相同的教育情怀和精神信仰，他们为教育事业奉献自己宝贵的青春，并挥洒着热血。尽管有的"楷模教师"已经远去，但他们所铸就的丰碑永远不会消失。我们可能无法超越他们的成就，但其不灭的精神和品质却值得我们终身学习和践行。

　　我们期盼能够扎根于"楷模教师"研究的沃土，探寻新时代高素质教师队伍建设的路径，弘扬尊师重教的社会风气。基于此，课题组先后将已有研究成果或分学段或分类别地形成课题申报书投向四川中小学教师师德研究中心、重庆市儿童发展与教师教育研究中心、四川乡村教育发展研究中心等研究机构，无一例外，全部获得立项，并在上述三个中心获得重点课题立项。这些课题后来相继在四川高等职业教育研究中心、成都市工匠文化研究中心、四川省教育发展研究中心、四川中小学教师专业发展研究中心、四川特殊教育发展研究中心、统筹城乡教育发展研究中心、四川教师教育研究中心、农村学前教育研究中心、高校思想政治工作队伍培训研修中心以及广东海洋大学等十余家科研单位获得立项。这也是 2022 年成立的首届质性研究方法训练营的集体研究成果。本书还获得四川师范大学校院两级学术专著出版计划立项支持。

课题立项后，课题组潜心收集案例、挖掘素材、访谈人物、分析数据、撰写文本……在此过程中，我们越发被"楷模教师"的精神风貌所打动，产出了越来越多的系列研究成果。李攀和易静合作的《"全国教书育人楷模"职业教育教师群像研究——基于 2010—2021 年度的先进事迹材料的文本分析》一文发表在《当代职业教育》2022 年第 4 期，并荣获该期刊社组织的"第一届主题论文征集及评选活动"的二等奖。李攀的《"全国教书育人楷模"群像研究的十年进展》和易静的《生命历程视野下"全国教书育人楷模"教师的文本分析及启示》两篇论文被收录在 2022 年出版的《西部教育论坛》（第二辑）中。2022 年 11 月，余莉受邀参加武汉科技大学马克思主义学院主办的第四届全国"人民英雄研究论坛"暨"新时代英雄文化建设"学术研讨会，做了题为《"全国教书育人楷模"职业教育教师的工匠精神研究——基于 2010～2022 年度 22 位教书育人楷模事迹材料的文本分析》的主题发言，并荣获优秀论文三等奖。2022 年 12 月，李攀受邀参加中国高等教育学会教师教育分会学术年会暨"第二届"中国教师教育改革与创新发展研讨会，并做题为《"全国教书育人楷模"乡村教师群像研究——基于 2010—2022 年度先进事迹材料的文本分析》的主题发言。本书付梓之际，刘璇烨和寇雅雯也分别完成了题为《"全国教书育人楷模"小学校长群像研究》和《卓越幼师专业素养及成长途径研究——以全国教书育人楷模为例》的学位论文，并获得校级优秀毕业论文的荣誉。其中，刘璇烨的本科学位论文荣获四川省普通本科高校教育学类专业教学指导委员会评选的 2023 年度教育学类专业优秀本科毕业论文二等奖。2023 年 8 月，李攀、易静和兰天鸿合作的《"全国教书育人楷模"乡村教师群像研究——基于 2010－2022 年度先进事迹材料的文本分析》一文，获浙江省乡村教育研究中心 2023 年度"乡村教育主题优秀论文"入围奖。可以说，丰富的前期研究成果为本书的产生奠定了良好基础。

在成书的过程中，胡若雪提出了颇具建设性的修稿建议，经过课题组轮番修改，才让本书呈现了焕然一新的样貌。在这个过程中，整个课题组感受到她认真、较真、求真的学术精神，也感受到她对学术研究的执着与热爱。易静在承担了大量研究任务的同时，还组织成员进行集中学习、数据抓取、资料整理、书稿校对、团队协调等颇为繁杂的事务性工作，为又好又快地向前推进研究进程做出了巨大贡献。刘鲸和杨丝洁也在关键时刻加入团队，完成了本书的若干重要章节。其文笔之优美、思路之清晰、基本功之扎实让人心生佩服，一并在此表示感谢。还要感谢2020年度"全国教书育人楷模教师"荣誉称号获得者泸州市特殊教育学校的肖敏老师对课题的支持和关心。真心感谢陈思睿对本书出版的支持。感谢课题组全体成员以及首届质性研究方法训练营的全体成员，正是这些年轻学者的加入让研究过程充满了活力和蓬勃的朝气。要特别感谢赵晶华编辑，正是她卓越的专业素养和强大的沟通协调能力，才能让本书得以顺利出版。还要感谢四川开放大学徐春梅副研究员，四川文理学院黄培森教授，四川师范大学杜学元教授、靳彤教授、曾军老师和张渝浠老师，成都师范学院张燕老师和罗莹老师，成都大学刘晓老师，成都市技师学院孙建东老师，四川交通职业技术学院杨小燕教授、王朔副研究员和魏会超副研究员，乐山师范学院梁剑老师等在研究过程中提供的帮助。感谢四川师范大学社会科学处和教育科学学院提供的宽松研究环境以及对本书出版的大力支持。

　　本书各部分执笔人分别是：胡若雪（前言），李攀、陈思睿（导论），刘鲸（第一章），杨丝洁（第二章），邹娟（第三章），王倩（第四章），胡志颖（第五章），易静（第六章、第九章、第十五章），余莉（第七章），李攀、陈静（第八章），唐婼灵（第十章），马姝漫（第十一章），李佳（第十二章），杨亦菲（第十三章），兰天鸿（第十四章），张星祎（第十六章），苏意（第十七章），肖小杰（第十八章），李攀、赵俊（后记）。

　　希望所有课题组成员在未来的研究中秉持初心、不忘来路，在"楷模教师"研究的道路上，越走越远！

课题组
2023年10月2日

图书在版编目（CIP）数据

"全国教书育人楷模"教师生命历程研究／"全国
教书育人楷模"教师群像研究课题组著. -- 北京：社会
科学文献出版社，2023.11

ISBN 978 - 7 - 5228 - 2193 - 1

Ⅰ.①全…　Ⅱ.①全…　Ⅲ.①师资培养 - 研究　Ⅳ.
①G451.2

中国国家版本馆 CIP 数据核字（2023）第 141215 号

"全国教书育人楷模"教师生命历程研究

著　　者／"全国教书育人楷模"教师群像研究课题组

出 版 人／冀祥德
责任编辑／赵晶华
文稿编辑／林含笑
责任印制／王京美

出　　版／社会科学文献出版社·联合出版中心（010）59367180
　　　　　地址：北京市北三环中路甲 29 号院华龙大厦　邮编：100029
　　　　　网址：www.ssap.com.cn
发　　行／社会科学文献出版社（010）59367028
印　　装／三河市尚艺印装有限公司

规　　格／开　本：787mm×1092mm　1/16
　　　　　印　张：16.25　字　数：260 千字
版　　次／2023 年 11 月第 1 版　2023 年 11 月第 1 次印刷
书　　号／ISBN 978 - 7 - 5228 - 2193 - 1
定　　价／108.00 元

读者服务电话：4008918866

版权所有 翻印必究